Eso no estaba en mi libro de historia de la política

ALFRED LÓPEZ

Eso no estaba en mi libro de historia de la política

ALMUZARA

© Alfred López, 2019
© Editorial Almuzara, s.l., 2019

Primera edición: noviembre de 2019

Reservados todos los derechos. «No está permitida la reproducción total o parcial de este libro, ni su tratamiento informático, ni la transmisión de ninguna forma o por cualquier medio, ya sea mecánico, electrónico, por fotocopia, por registro u otros métodos, sin el permiso previo y por escrito de los titulares del *copyright*.»

Cualquier forma de reproducción, distribución, comunicación pública o transformación de esta obra solo puede ser realizada con la autorización de sus titulares, salvo excepción prevista por la ley. Diríjase a CEDRO (Centro Español de Derechos Reprográficos, www.cedro.org) si necesita fotocopiar o escanear algún fragmento de esta obra.

Editorial Almuzara • Colección Historia
Director editorial: Antonio Cuesta
Corrección: José López Falcón
www.editorialalmuzara.com
pedidos@almuzaralibros.com - info@almuzaralibros.com

Imprime: Gráficas La Paz
ISBN: 978-84-17954-49-9
Depósito Legal: CO-1717-2019
Hecho e impreso en España-*Made and printed in Spain*

Para Eva. Sin ti, nada de esto hubiera sido posible.
Para Diego y Esperanza. Siempre en mi recuerdo y corazón.

Índice

Prólogo innecesario 17
Introducción 21

I. IZQUIERDA, IZQUIERDA, DERECHA, DERECHA,
DELANTE, DETRÁS, UN, DOS, TRES 25
    Vayan colocándose a cada lado 26
    Amalgama de ideologías 27
    Plumeros, perros y un rey felón 28
    Eres un carca 31
    ¿A qué cámara debo mirar? 31
    ¿Son leones o gatos? 33
    Chaquetero a tu chaqueta 35
    ¡Voto a bríos! 36
    Sufragio universal… masculino 37
    El derecho al sufragio de los presos 38
    Vota a Gundisalvo 39
    Españoladas 44
    Un buen eslogan vale más que mil palabras 45
    Cómo realizar una perfecta campaña electoral 50

II. ALGUNOS AMIGOS IRRECONCILIABLES
QUE DA LA POLÍTICA 53
    No siempre el roce hace el cariño 53
    Desgracia frente a catástrofe 54
    Entre camaradas anda el juego 55
    Apunten, disparen y fallen 57
    Rifirrafes con Lincoln 59
    El estado único franco-británico 61
    Dando leña al presidente 63
    Lápices letales como balas 65
    Cuanto más primo menos me arrimo 67
    La catalanofobia de Galinsoga 68
    Tarradellas, Pujol y el viva España 71
    Un 15M en el siglo xv 73
    Guerra fría, casi helada 74
    Pedos de arenque 77
    La doctrina Sinatra 79
    Molesta como una piedra en el zapato 81

III. ESOS CÁNDIDOS CANDIDATOS ... 83
Ponga una ama de casa en la Casa Blanca ... 85
No se va ni con agua hirviendo ... 86
El candidato perpetuo ... 89
Vota a mi mascota ... 90
A Dios rogando ... 94
Curiosos candidatos ... 94
Un candidato con sentido del humor ... 95
Durmiendo en el escaño ... 99
Independencia para Nueva York ... 101
Rey por designio democrático ... 104
Gobernemos a pachas ... 108
Encargado del retrete real ... 111

IV. MUJERES QUE CAMBIARON LA HISTORIA ... 113
Primeros pasos hacia la igualdad ... 113
El disputado derecho al sufragio femenino en España ... 115
Una feminista en el olvido ... 117
La libertadora del libertador ... 119
El tiro por la culata ... 121
Escraches en la Antigua Roma ... 124
Presidenta en la sombra ... 127
Candidatas a la Casa Blanca ... 129
Rosa parks no fue la primera ... 131
Pioneras en votar ... 133
Pionera en un cargo político ... 139
La primera mujer ministra en España ... 143
Evita que venga ... 146
La divorciadora ... 147

V. EL TRÁNSITO HACIA LA TRANSICIÓN ... 149
Juego de tronos ... 149
Un error que no lo fue ... 153
La calle era suya ... 155
Café para todos ... 158
Camarada Carrillo ... 160
A cada rey su trono ... 167
Habla, pueblo, habla ... 168
Las promesas de Suárez ... 169
Constituyendo la Constitución ... 171
El dicho y hecho de Suárez ... 173
Presidente efímero ... 175
Llega el momento del Cambio ... 177

VI. POR LA BOCA MUERE EL POLÍTICO 181
- Manos blancas no ofenden 181
- Una Dama de Hierro 183
- No es lo que parece 186
- Un joven JFK admirando al Führer 189
- Correspondencia epistolar de Gandhi 190
- La fascinación yanqui de Fidel Castro 193
- A mi marido ni lo nombre 195
- Fallido golpe a la británica 198
- Di solo lo que yo quiero que digas 199
- Prohibido piropear 202
- Decir piquiponadas 203
- Piñerismos 205
- Parco en palabras 206

VII. INTERESES OCULTOS DE LA POLÍTICA 207
- Los lobos del *lobby* 207
- Genocidio gitano 209
- Una hora menos en… Portugal 211
- Hitler contra Franco 212
- La aspiración atómica de Franco 215
- El desmedido ego de Benjamin Franklin 218
- Persiguiendo comunistas 221
- Los 40 principales de Nixon 225

VIII. TRASTADAS POLÍTICAS 229
- Homenaje a alguien que no existió 229
- Destrozando la Casa Blanca 231
- Un presidente besucón 234
- El fallido calendario juliano universitario 236
- Mago oficial de Nueva York 237
- El supuesto zapateado de Jrushchov 239
- El perro de Alcibíades 241
- El primer político corrupto de la historia 242
- Corruptos sobrecogedores 244
- Poniendo y quitando políticos 244
- Un místico bioterrorismo político 248
- Delatando al padre 251
- Repartiéndose el pastel europeo 253
- Un desfavorable tratado para los holandeses 255

IX. CHURCHILLADAS ... 259
Tomando el té con Lady Astor ... 261
Qué chachi es Churchill ... 261
Sangre, sudor y lágrimas ... 262
Burlando la ley seca ... 263
Un visitante incómodo ... 266
Arriesgada glotonería ... 269
Cápsula aérea ... 271
Una icónica imagen ... 273
Telón de acero ... 275

X. AMERICANADAS ... 277
El español que puso la primera piedra ... 277
El hombre que jamás sonreía ... 278
Predicando con el ejemplo ... 279
Harrison el breve ... 281
Marcha reivindicativa hacia Washington ... 282
Con faldas y a lo loco ... 285
Mejor con barba ... 285
El presidente que debía sentar la cabeza ... 286
Un país en manos de una astróloga ... 287
En martes vota, pero ni te cases ni te embarques ... 291
Marketing electoral ... 293
Un presidencial coche anfibio ... 297
Recogiendo autoestopistas ... 298
¡Que vienen los tecnócratas! ... 299
El cambio climático viene de lejos ... 301
Doble intento de magnicidio ... 302
Un influyente español en Washington ... 305
El emperador de los Estados Unidos ... 309
Peligroso populismo radiofónico ... 313
Nazis en Nueva York ... 315
La supuesta segunda lengua oficial de Estados Unidos ... 318
Contra el *lobby* de las tabacaleras ... 319
Rompiendo cadenas ... 322
Complot para asesinar a George Washington ... 324
Mitin con una bala en el pecho ... 327
Jurando lealtad a la bandera ... 329

XI. *SPAIN ISN'T DIFFERENT* 333
  Pioneros en la lucha laboral 333
  Hacer las cosas por el artículo 33 337
  Vagos y maleantes durante la República 339
  El rey de Jerusalén 339
  La ley de la silla de Canalejas................................340
  Prohibiendo la tauromaquia 344
  Así se las ponían a… 345
  Una real estafa 347
  Haciendo el primo..349
  Caer bien a los dos bandos 351
  Bombas contra lápices..353
  Fallidos atentados contra Franco.......................... 357
  Un dinero extraordinario 360
  El lepero que fue rey.. 361

Bibliografía y fuentes de consulta....................................365

Prólogo innecesario

No lean estas líneas, sáltenselas. Pasen directamente a la introducción y a disfrutar con un libro con el que van a pasar un buen rato y van a descubrir una serie de historias ocultas, de anécdotas inverosímiles y de ocurrencias llenas de ingenio, que solo alguien de la capacidad investigadora de ese conocimiento hermético de lo curioso como es Alfred López, es capaz de sacar a la luz, de dar a conocer con ese estilo suyo tan mediterráneo, que contiene esa socarronería propia de su tierra. Ya, ya… Entiendo que arqueen una ceja y frunzan el morro pensando: «¡Qué va a decir este, que seguro que es su amigote y por eso le han encargado el prólogo!». ¡*Touché*! Han acertado. Por eso ya les avisé que no siguieran leyendo, pero no me hicieron caso. Y aunque no puedo negar la mayor, tras la lectura de este libro que tú, amable lector, tienes entre las manos, verás cómo no podrás hacer otra cosa que darme la razón. Si me has hecho caso y has vuelto a este innecesario prólogo tras haber finiquitado esta flor de antología política, estarás conmigo en que no has podido hacer mejor elección.

Pero también has de saber que conozco a Alfred López antes de conocer a Alfred, o mejor dicho, al *listo que todo lo sabe*, como así se titulaban, haciendo alusión a una conocida expresión coloquial, unos libros que me hicieron pasar magníficos momentos de lectura entretenida para los que nos gusta eso que me precio de llamar *conocimiento inútil*. Aunque para mí (y convencido que a muchos otros viendo el éxito de esos libros) me resulta de lo más útil, pues consigue despejarme dudas cotidianas, muchas impregnadas en lo más puramente académico. Cuando llegué a conocerle de manera personal en la Ciudad Condal, tras disfrutar con sus artículos en la prensa y en su blog, me reafirmé en que era imposible que me hubiera equivocado en la personalidad de un amante del saber recóndito, especialmente siendo como es un gran *gourmand* y un *connaisseur* de los mejores sitios para comer, beber y darse a los *llintonis*.

¿Que qué tiene que ver esta exaltación de la amistad y del *bonvivantismo* dandista del que estoy haciendo gala? Pues reafirmarles en que tras una buena obra siempre hay un gran autor, pero no siempre una buena persona —cosa que no se da en este caso, pues hay una grandísima persona—. Y para colmo, su entrega para con el lector es el único objetivo de este *listo que todo lo sabe*, y que como dijera una de las revistas políticas satíricas más celebres españolas, sabe escribir con el mejor humor para el lector más inteligente. Y si usted se ha acercado con morbo de encontrar algún chisme más propio de cadenas quintacolumnistas en nuestras neuronas, abandone tal esperanza. Este libro está ya en mi biblioteca junto a mis clásicos sobre este tema que atesoro.

Porque verdad es, a veces se me olvida, que uno es politólogo y, sobre todo, amante de la historia y de la política al mismo tiempo. Y entre mis volúmenes se hayan títulos como las memorias del político español por excelencia, como fue el conde de Romanones (que obviamente aparecerá por estas páginas); las *Acotaciones de un oyente*, del indispensable Wenceslao Fernández Flórez; los *Apuntes parlamentarios*, del politólogo y periodista Víctor Márquez Reviriego; las *Impresiones parlamentarias*, del inimitable Azorín; o la obra del maestro del periodismo Luis Carandell, barcelonés como Alfred y con varios libros sobre este contenido. Y ahora ya, junto con todos ellos, este *Eso no estaba en mi libro de historia de la política* de Alfred López.

De todo tiempo. De todo el mundo. Porque vamos a viajar por el espacio y por el almanaque a través de los siglos, con lo que no nos quedaremos en chascarrillos de actualidad o locales. Vamos a disfrutar (yo ya lo he hecho y si me hiciste caso al principio, insisto, tú también) de un paseo que no lo igualan todas las temporadas de *El ala oeste de la Casa Blanca, Game of cards* o *Sí, ministro* juntas, series míticas, pero que beben de historias como las que aquí aparecen, pues nada mejor para sorprender al lector o al ahora apasionado con las series de pago que la realidad puesta ante ti. Que yendo al tópico, la realidad no es que supere la ficción, es que no se asemeja ni de coña. Si no fuera porque te lo cuenta alguien jurando por sus muertos que es un sucedido de veras, incluso pensarías que qué pena que no haya quedado nada de lo que han fumado los guionistas para poder flipar de esa manera.

No flipemos más. ¡Miento! Flipemos, pues, parafraseando lo que dijera un político de talla de esos que a todos nos gusta citar en esa Corrala 2.0 que son las redes sociales (aunque ni sepamos si lo hizo o no), con la política pasa como con las salchichas: es mejor no ver cómo se hacen. Pero de una u otra manera, Alfred nos va a meter de lleno en esa elaboración a través de un libro que, de bueno que es, es innecesario que tenga prólogo alguno. Repito cansino, pero que sí es de necesidad que tú, amable lector, leas y disfrutes para que no quede tertulia sin tu intervención erudita, trino donde no puedas epatar con tu adquirida sabiduría, o Trivial donde conseguir triunfante un quesito amarillo. Y ante todo y sobre todo, que hayas aprendido cosas tan interesantes como no vas a imaginar. ¡Yo lo he hecho y soy un friki pedante del tema! Es más, cuando he terminado de leerlo y de disfrutar aprendiendo (Cielos, ¡qué frase más políticamente correcta!), he cerrado la tapa de mi lector electrónico, mirado al horizonte por mis amplios ventanales que dan al sur desde mi cómodo Chéster, he saboreado el último sorbo de un malta de 12 años y he exclamado para mí: «¡*Amosnomejodas* lo que sabe el Alfred!».

Javier Santamarta del Pozo
Politólogo y escritor
San Lorenzo del Escorial, junio 2019

Introducción

SE CONOCE COMO POLÍTICA A TODOS AQUELLOS ASUNTOS QUE TIENEN QUE VER CON UN TERRITORIO (YA SEA PAÍS, COMUNIDAD O UNA PEQUEÑA COMUNA) Y LAS DECISIONES QUE SE TOMAN (DEMOCRÁTICA O UNILATERALMENTE) PARA LA ORGANIZACIÓN COMÚN DE QUIENES ALLÍ RESIDEN. LOS POLÍTICOS Y POLÍTICAS SON LAS PERSONAS QUE SE ENCARGAN DE LLEVARLO A CABO. SUS DECISIONES (ACERTADAS O NO) REPERCUTIRÁN EN EL CONJUNTO DE INDIVIDUOS A LOS QUE REPRESENTAN.

Desde que los seres humanos tuvieron el poder del raciocinio y se organizaron en grupos y escalas ha existido la figura del representante, que se ha encargado de legislar y hacer que se cumplan una serie de reglas y leyes que, más acertadas o no, servían para la correcta convivencia.

Se le atribuye al célebre Groucho Marx la frase: «La política es el arte de buscar problemas, encontrarlos, hacer un diagnóstico falso y aplicar después los remedios equivocados». Y no le faltaba razón al genial escritor y actor cómico.

Pero este no es un libro que trata de explicar qué es y para qué sirve la política o a qué se dedican quienes trabajan en ello; todo lo contrario, el ejemplar que tiene en sus manos, estimado lector, pretende acercarle un buen puñado de historias, anécdotas y vivencias que han sido protagonizadas por todo tipo de profesionales que se han dedicado a ejercer la política, la mayoría de ellos sumamente famosos, y que han aparecido en infinidad de artículos de prensa o en los libros de Historia. Pero algunas de las cosas que encontrará aquí, posiblemente, no las haya leído o escuchado nunca. La mayoría de las entradas recogidas en este volumen no aparecen normalmente en libros de texto o recopilaciones biográficas de esos personajes.

También podrá encontrar una serie de individuos de los que, posiblemente, no haya escuchado hablar en su vida, pero que han tenido un peso muy importante dentro de la política.

Y es que, lamentablemente, es muy frecuente encontrar otro tipo de obras y libros en los que mayoritariamente siempre se habla de los mismos personajes, solo porque fueron los más populares de sus respectivas épocas o países (por ejemplo Churchill, Hitler, Kennedy, Suárez o Stalin, por nombrar unos pocos). Pero no se preocupe, si le apasiona la política y las historias o anécdotas relacionadas con estos, en este libro también encontrará un puñado de ellas, pero con la salvedad de que muchas de las aquí recogidas son menos conocidas para el gran público.

Tampoco me voy a olvidar de incorporar en este libro un gran número de etimologías y orígenes curiosos de términos o expresiones relacionados con el mundo de la política, ya que en esta hay infinidad de vocablos que definen tanto a los representantes que se dedican a ello (candidato, alcalde...) como una nomenclatura muy específica (escaño, plebiscito, referéndum...).

Fue el genial escritor y filósofo bilbaíno Miguel de Unamuno (o al menos a él es a quien se le adjudica) quien acuñó en 1895 el término y concepto de *intrahistoria*, refiriéndose a esta como aquella parte de la Historia y los hechos que no aparece normalmente en los libros ni en la prensa.

Este libro pretende explicar la parte menos conocida, que ha pasado desapercibida o ha sido ignorada, de hechos protagonizados por políticos y políticas de todos los tiempos. Estos son, en realidad, los protagonistas de las siguientes páginas. Deseo que las lea y que las disfrute y que, además, le sirva como punto de partida en el aprendizaje de nuevas anécdotas que quedaron semiocultas en la intrahistoria de la historia.

Historias que he estado recopilando durante las últimas décadas gracias a mi afán por coleccionar todo tipo de datos y anécdotas curiosas y que después he ido compartiendo a través de mis blogs «Cuaderno de Historias» (en Yahoo! España) y «Ya está el listo que todo lo sabe» (en 20minutos.es).

Estimado lector, espero que la selección de temas y relatos que he realizado sea de su agrado y que, tras acabarlo, haya podido aprender y disfrutar de un buen puñado de historias sobre el mundo de la política.

La abolición del feudalismo en Francia, 4 de agosto de 1789.
Asamblea Nacional Constituyente, Revolución Francesa.

I. IZQUIERDA, IZQUIERDA, DERECHA, DERECHA, DELANTE, DETRÁS, UN, DOS, TRES

Permítame la licencia que me he tomado al titular la primera entrada de este libro con el estribillo de una famosa canción llamada *La yenka*, que se hizo inmensamente popular en 1965 (año en el que nació este que escribe) por un dúo de hermanos llamados Johnny & Charly. Posiblemente, dependiendo de su edad, la versión con la que usted la conoció fue de Enrique y Ana o, más recientemente, los Cantajuegos.

Y es que en política las tendencias tienen mucha importancia. Hoy en día podemos encontrarnos partidos de cualquier signo político, aunque lo más común es encontrar las denominaciones de *izquierda* y *derecha*. A partir de ahí se crea todo el arco o espectro político: centro, centro-derecha, centro-izquierda, extrema-derecha, extrema-izquierda, y así un largo etcétera. Todo ello sin contar aquellos que no se definen en un margen conservador o progresista sino por empatizar con causas como animalistas, ecologistas, humanistas, propensionistas...

En la antigüedad no existían partidos políticos, sino tendencias y corrientes, y los correligionarios de unas ideas u otras se unían alrededor de alguno de los candidatos que se presentaba para ser elegido para un determinado cargo. La forma de escogerlos era a mano alzada, pero, si se quería hacer de forma privada, no era echando una papeleta en una urna como actualmente conocemos, sino depositando algún tipo de piedra e incluso la concha de un molusco en las que se ponía una marca determinada que identificaba hacia quién iba ese voto. Otra curiosa forma utilizada para elegir a algunos de sus representantes públicos (magistrados, senadores…), por ejemplo en Grecia y Roma, era metiendo piedras blancas y negras en una vasija (incluso también se utilizaban habas de esos colores). Cada candidato a ocupar el cargo metía la mano para sacar una. Aquellos que cogían la blanca eran los elegidos y por tanto les sonreía la fortuna; a quienes les tocaba la negra tenían el infortunio de no ser elegidos y quedar fuera. Muchos son los etimólogos que apuntan a que este es origen más probable de la famosa expresión *tocar la negra*, como sinónimo de tener mala suerte.

VAYAN COLOCÁNDOSE A CADA LADO

Políticos de todas las tendencias y corrientes ha habido siempre, pero hubo un momento determinante en la Historia en el que comenzó a designarse a los partidarios de las políticas más progresistas como de izquierdas, y de derechas para quienes preferían aquellas ideas más conservadoras. Fue concretamente el 11 de septiembre de 1789 (hay que ver la cantidad de hechos históricos relacionados con la política que han tenido lugar el decimoprimer día del noveno mes). Esa fecha, en plena efervescencia de los inicios de la Revolución Francesa, se constituía en la Gran Sala de Versalles la w, que reunió a 1 200 representantes. Estos decidirían cómo debía ser el futuro del país. Eran representantes de diversas ideologías y tendencias, pero que, hasta aquel momento, no se reflejaban en los conceptos de izquierda y derecha. A quienes pertenecían a una formación política se les denominaba por el nombre de esta e incluso de su líder, no se utilizaban términos para determinar qué ideas promulgaban o defendían.

En torno a la mesa de la presidencia de la asamblea comenzaron a realizarse pequeños grupos que discutían y aportaban sus opiniones. Acabaron por situarse en dos grupos, muy diferenciados: aquellos que apoyaban una opción y los contrarios a ella. Fue precisamente esa colocación la que dio nombre a las dos principales ideologías políticas: derecha e izquierda. La explicación es que en la diestra de la mesa se situaron los más conservadores, aquellos que querían seguir con la monarquía y defendían que Luis XVI y su familia continuasen gozando de todo su privilegio y poder; en el otro lado, en la siniestra de la mesa, estaban situados los representantes más progresistas, quienes defendían la abolición de la monarquía y apoyaban la instauración de una república. Nadie les había indicado cómo ni dónde debían situarse dentro de la sala, surgió de un modo natural, llevados por el bullicio de la multitudinaria asamblea que había propiciado que se formaran esos dos grupos. Así, de esta forma espontánea y casual, fue como desde entonces comenzó a definirse a los grupos, partidos e ideologías políticas en derechas e izquierdas, y desde ahí al amplio espectro que hoy en día tenemos.

AMALGAMA DE IDEOLOGÍAS

Pero la derecha, la izquierda e incluso el centro son tan solo etiquetas para definir en qué doctrina o ideario político se sitúa alguien o le representa. Nos podemos encontrar que, dentro de cada uno de ellos, existe una infinidad de formaciones e ideologías con una extensa nomenclatura. Entre ellas destacan el socialismo, el conservadurismo, el liberalismo, el comunismo, el anarquismo, el democratacristiano, la socialdemocracia, el fascismo, el nacionalismo, el radicalismo..., y dentro de cada una de ellas una amalgama de ramificaciones que han dado de sí a centenares de formaciones políticas de todo tipo.

Se tardó varias décadas en comenzar a designar a los bandos políticos como de derechas o izquierdas. En España, durante la mayor parte del siglo XIX (que por cierto fue una de las etapas más convulsas y movidas de la historia política del país), fueron cuatro los bloques que aglutinaron a su alrededor a más correligionarios: absolutistas, liberales, progresistas y moderados. El primer grupo representaba a las facciones más conservadoras y a quienes defendían la monarquía absolutista como modelo ideal de Estado (un rey como cabeza del Estado que mandaba y disponía sobre las decisiones políticas del país). Los liberales, siendo también conservadores, defendían los ideales de la democracia y la división de poderes (el rey reina pero los políticos son quienes gobiernan y deciden). Los progresistas, que se situaban en el espectro político de la izquierda, defendían la libertad por encima de todas las cosas, la democracia y la igualdad entre los individuos o libertad religiosa, dejando las decisiones políticas en manos de los representantes del pueblo elegidos mediante sufragio democrático. Los moderados se situaban en el centro ideológico, defendiendo algunas de las tesis e ideas que se propugnaban tanto desde sectores liberales como progresistas. Cabe destacar que, aunque la defensa del republicanismo casi siempre ha estado asociado a los partidos de izquierda o progresista, hay que tener en cuenta que, dentro de la derecha liberal, también hay (y ha habido) grandes defensores de un sistema de Estado sin rey y cuyo poder reside en el pueblo.

PLUMEROS, PERROS Y UN REY FELÓN

Tras la Guerra de la Independencia española (1808-1814), con la que se logró acabar con la ocupación francesa en la nación (y que supuso el regreso a la corona de Fernando VII, que pasaría a la Historia como «el Rey Felón» o «el peor rey de la Historia de España»), se restauró el absolutismo y empezó la persecución de liberales y progresistas. Otra de las medidas que tomó el monarca fue la derogación de la Constitución de Cádiz, célebremente conocida como «la Pepa» (por haber sido aprobada el 19 de marzo de 1812, día de san José), además de ordenar la desaparición de la Milicia Nacional, un cuerpo militar compuesto por ciudadanos que se había originado a raíz de la invasión napoleónica y que, tras la disolución del ejército español por parte de los franceses, se creó para defender con las armas los intereses políticos, sociales y de libertad de los españoles. Los integrantes de esta milicia eran mayoritariamente de ideología progresista y liberal.

Esta milicia estaba dividida en diferentes cuerpos (caballería, infantería y artillería), y cada uno disponía de su propio uniforme. Tenían algo en común todos ellos: un vistoso y llamativo penacho de plumas que coronaba el gorro militar. Y fue precisamente ese penacho (conocido popularmente como «plumero») el que dio origen a una famosa expre-

Uniformes de la Milicia Nacional en 1810.
(Ilustraciones de Antonio Pereira Pacheco vía «losejercitosdelrey.es»).

sión utilizada cuando se quiere hacer saber a alguien que se conocen sus intenciones (buenas o malas): «Se te ve el plumero». Esto parece ser que era lo que decían (o algunas de sus variantes como «que te he visto el plumero» y «que se te ha visto el plumero») durante las tertulias o discusiones políticas los conservadores a los liberales o progresistas, echándoles en cara que conocían su filiación ideológica al haber vestido tiempo atrás el uniforme de la Milicia Nacional con su vistoso penacho.

Muchos son quienes defienden que en aquella misma época nació otra famosísima expresión, repetida hasta la saciedad a lo largo de los dos últimos siglos, para indicar que, a pesar de un aparente cambio de Gobierno o sus representantes políticos, la forma de gobernar sigue siendo la misma: «Son los mismos perros con distintos collares». Eso sí, se dividen en dos posibles orígenes, ambos coetáneos y con prácticamente los mismos protagonistas. Por una parte hay quien señala que fue el propio Fernando VII quien la popularizó, al pronunciarla tras pasar revista al nuevo cuerpo del restaurado Ejército español y comprobar que entre sus filas se encontraban algunos miembros que habían pertenecido a la disuelta Milicia Nacional. Pero hay quien defiende otro origen para esta frase, indicando que, cuando se pronunció, se hizo haciendo una directa alusión a los numerosos cambios de ministros que había habido durante el conocido como «Trienio Liberal» (bajo el reinado de Fernando VII) en el que, durante tres años, (1820-1823), tras producirse un pronunciamiento militar, los liberales tomaron el control del Gobierno, restauraron la Constitución de 1812 y obligaron a acatarla al Rey Felón. A lo largo de ese corto periodo de tiempo se produjeron hasta una quincena de cambios de Gobierno, con la consiguiente sustitución de presidentes (llamado el cargo, por aquel entonces *secretario de Estado*) y los respectivos ministros. Pero un cambio tras otro de representantes políticos no hacía que las cosas cambiasen o mejorasen para la ciudadanía, por lo que no se tardó en decir que se trataba de «los mismos perros con distintos collares». El ilustre dramaturgo canario Benito Pérez Galdós hace mención de ello en su novela *El Grande Oriente* de 1876, la cual formaba parte de la extensa obra *Episodios nacionales* que escribió y publicó entre 1873 y 1912.

ERES UN CARCA

Se utiliza el término *carca* para indicar, despectivamente, que una persona es retrógrada y de ideas extremadamente conservadoras. Este vocablo es también usado para decir a alguien que es un anticuado, un decrépito, y señalar que está acabado. Este otro uso es incorrecto, ya que estas acepciones pertenecen al término *carcamal*, que nada tiene que ver con la palabra *carca*. Esta es un apócope del término *carcunda*, ampliamente utilizado a mediados del siglo XIX para referirse a los carlistas, partidarios del infante Carlos María Isidro de Borbón, hermano de Fernando VII y aspirante al trono de España, quienes destacaron por la defensa del absolutismo y por ser excesivamente conservadores.

Pero el vocablo *carcunda* no es originario de España, sino un préstamo que nos llegó desde la lengua portuguesa que, con idéntico significado, había sido la palabra con la que los lusos se referían a los absolutistas portugueses que se opusieron, a mediados de 1820, a la Revolución Liberal de Oporto.

¿A QUÉ CÁMARA DEBO MIRAR?

Tras el fallecimiento del Rey Felón, el 29 de septiembre 1833, y el fin de la conocida como Década Ominosa, en la que se había restaurado el absolutismo, se inició la regencia de María Cristina de Borbón, viuda de Fernando VII, debido a la minoría de edad de la heredera al trono Isabel II. Dio comienzo la batalla por la sucesión. El otro aspirante al trono era el hermano del fallecido, Carlos María Isidro. Esto es el origen de la primera guerra carlista, entre el 2 de octubre de 1833 y el 6 de julio de 1840, que este perdería.

La regente María Cristina, partidaria de realizar profundos cambios en la nación y dejar atrás el absolutismo de su esposo, dispuso todo para que en España se crearan unas nuevas Cortes, con representantes políticos de las diferentes ideologías. Optó por el modelo de parlamento bicameral, tal y como había en el Reino Unido, en el que por un lado estaban los representantes políticos elegidos democráticamente (la Cámara de los Comunes) y por otro los miembros de la aristocracia y la clase alta (la Cámara de los Lores). En el caso español los nobles e insignes hombres del país se reunirían en el Estamento de Próceres, también llamado próceres del Reino, que a partir de 1836 pasó a denominarse Cámara Alta o Senado. Por otra parte, los representantes políticos trabajarían en el Estamento de Procuradores o procuradores del Reino, denominada Cámara Baja o Congreso de los Diputados a partir de 1836.

El Palacio del Senado se ubicó en un antiguo edificio del siglo XVI, que fue rehabilitado para la ocasión. Allí se reunirían los próceres del Reino, representantes de la aristocracia y nobleza. El Palacio de las Cortes fue una edificación de nueva construcción. Las obras se iniciaron en 1843 y finalizaron en 1850. Durante aquel periodo los procuradores del Reino o diputados estuvieron reuniéndose en el Teatro Real, más concretamente en el salón de baile. Un año después se decidió colocar un par de leones custodiando la entrada principal de la carrera de San Jerónimo. Estos fueron bautizados como Daoiz y Velarde (en alusión a Luis Daoiz y Torres y Pedro Velarde y Santillán, oficiales de artillería y héroes del 2 de mayo de 1808, día en el que comenzó la Guerra de la Independencia española).

¿SON LEONES O GATOS?

La pareja de leones colocada en 1851 no es la misma que podemos contemplar actualmente. Los originales, diseñados por el escultor Ponciano Ponzano, habían sido elaborados con yeso y pintados de negro, lo que provocó que tan solo un año después de ser colocados acabasen totalmente deteriorados por culpa de la lluvia y las inclemencias meteorológicas. Por tal motivo se decidió sustituirlos. Se le encargó el trabajo en esa ocasión al escultor José Bellver, quien realizó dos nuevos leones, esta vez de mármol. Debido al caro precio del material y el apretado presupuesto que se le asignó, el artista abulense los hizo de un tamaño ridículamente pequeño para lo que debían representar (90 centímetros de alto por 140 de largo), algo que se convirtió en el chascarrillo de los habitantes de Madrid, que se referían a aquellos leones del Congreso como «los gatos». Incluso hubo quien se refirió a ellos como «los perros», tal y como figura en numerosas crónicas de prensa de la época.

Por tal motivo se decidió hacer, nuevamente, otra pareja de leones y, de nuevo, se le encargó a Ponciano Ponzano. Esta vez se le pidió que fuesen de un tamaño considerable y que estuvieran realizados de un material resistible al paso del tiempo y la lluvia. El escultor zaragozano optó por el bronce y, ante el insuficiente presupuesto que había para ello, se decidió obtener el material necesario de los cañones enemigos que se habían aprehendido durante la batalla de Wad-Ras (1859-1860), que enfrentó al ejército español con el marroquí. Los cañones fueron fundidos en la Real Fábrica de Artillería de Sevilla y en 1865 ya estaban listos para ser colocados, pero se encontraron con la oposición de un importante grupo de diputados. Creían indigno que algo que estaba realizado con un material obtenido de una guerra (el bronce de los cañones) estuviese en la entrada del lugar donde se defendía la libertad y los principios de la soberanía nacional. Tal largas discusiones, que duraron siete largos años, en 1872 se decidió por unanimidad colocarlos donde se encuentran desde entonces.

Los leones que el Congreso rechazó, esculturas de José Bellver en el jardín de Monforte de Valencia (Salva G.C.).

Por cierto, si en alguna ocasión tiene la oportunidad de visitar el jardín de Monforte, en la ciudad de Valencia, entre los diferentes estanques, fuentes de agua y estatuas, podrá encontrarse con la pequeña pareja de leones de mármol Daoiz y Velarde, realizada por el escultor José Bellver.

CHAQUETERO A TU CHAQUETA

El hecho de que alguien pertenezca a un partido o ideología, y los defienda con vehemencia y enérgicamente desde un estrado o un mitin, no es garantía de que sea fiel a perpetuidad con esos principios. Famosos han sido algunos casos de transfuguismo político en el que un individuo, por conveniencia o porque ha cambiado de parecer, decide dar su respaldo y trabajo a otro partido o candidato. Esto es conocido comúnmente como «chaquetero» o «cambio de chaqueta», y a pesar de que parezca que se trata de un término o expresión relativamente modernos, se originó hace unos cinco siglos.

Carlos Manuel I (1562-1630) fue un ambicioso individuo que se iba colocando al lado del monarca que más le convenía según fuesen sus intereses y el beneficio que sacase de ello. Ostentaba el ducado de Saboya y consiguió contraer matrimonio con la infanta Catalina Micaela, hija del rey Felipe II de España. Esto le proporcionó recibir apoyo de la Corona Española cuando decidió enemistarse con los franceses a raíz de la ocupación que hizo del marquesado de Saluzzo, bajo protección gala hasta aquel momento. Pero el duque de Saboya era un tipo hábil y también supo ganarse las simpatías y favores de los franceses cuando se alió con estos en contra de los intereses españoles. A lo largo de casi cinco décadas estuvo pasando de un bando al otro, haciendo y deshaciendo pactos con españoles y franceses, e incluso declarándose en alguna que otra ocasión como «neutral», cuando veía que tenía todas las de perder si daba apoyo a uno u otro país. Según consta, Carlos Manuel I de Saboya vestía un elegante jubón (algo parecido a una chaqueta generalmente con faldones que se llevaba ceñida al cuerpo) que había mandado que le confeccionara uno de los más afamados sastres de la época. La particularidad de esta prenda residía en que era reversible, de color rojo por un lado y blanco por el otro. Estos eran los colores que representaban las casas reales de Francia y España. Dependiendo del país en el que se encontraba se ponía la chaqueta (jubón) de un lado o del otro.

¡VOTO A BRÍOS!

Esta famosa y antiquísima expresión no proviene de ningún acto de ejercer el derecho al sufragio con intención de dar apoyo a un candidato político que se denomine Bríos. En realidad se trata de un eufemismo con el que se expresaba la intención de rogar o jurar por Dios sin nombrarlo y, por tanto, no tener que blasfemar. Debemos tener en cuenta que, durante gran parte de la Historia, todo aquello que era mentar el nombre de Dios en vano estaba considerado como pecado y era perseguido por la justicia. Gracias al ingenio de la época, se buscó una fórmula con la que se enmascaró el nombre del Creador. Se obtuvo una sonoridad similar y fue una forma de que no pudiese ser acusado de herejía el que la pronunciaba. Algo muy similar ocurrió por la misma época con el otro famoso eufemismo: *¡Pardiez!*» (¡Por Dios!). Podemos encontrar ambas formas ampliamente referenciadas en textos del Siglo de Oro español por autores como Cervantes, Lope de Vega o Quevedo, y posteriormente en obras de Zorrilla, Jovellanos o Bretón de los Herreros. Ya en el siglo XX, el eufemismo *¡Voto a Bríos!* apareció con frecuencia en las aventuras del Guerrero del Antifaz, unas historias ilustradas sobre un heroico batallador de la época de la Reconquista Española que lo exclamaba mientras luchaba contra los llamados *infieles*. Fue creado en 1943 y se publicó ininterrumpidamente a lo largo de dos décadas. Posteriormente se realizaron nuevas reediciones.

SUFRAGIO UNIVERSAL... MASCULINO

Mucho se ha hablado a lo largo del último siglo y medio de las sufragistas y el derecho femenino al voto (en este mismo libro encontrará algunos pasajes dedicados a célebres sufragistas), pero muy poco se ha citado el hecho de que, durante gran parte de la Historia, fueron bastantes los hombres (en referencia al género masculino) que tampoco pudieron ejercer el derecho al voto.

Durante siglos muchas fueron las naciones y regímenes en los que existía y se ejercía el conocido como *sufragio censitario*, que consistía en que tan solo podían votar determinadas personas. A estas se las facultaba en base a las rentas que poseía, el nivel de educación y la pertenencia a determinadas clases sociales, por lo que, cada vez que se producía una cita electoral en la que había que escoger a los representantes políticos o aprobar alguna ley mediante referéndum, era tan solo un reducido y escogido grupo de afortunados quienes podían ejercer aquel derecho al voto. De esa manera se descartaba de un plumazo a las mujeres (la mayoría no tenían posesiones a su nombre debido a las leyes de heteropatriarcado), a las clases más bajas y analfabetas, e incluso por cuestiones raciales.

Esta fue una norma que regía en la práctica totalidad del planeta (evidentemente de aquellos países y regímenes en los que se consultaba al pueblo). En España no se modificó el sufragio censitario por el universal hasta la aprobación de la Constitución de 1869. El artículo 16 de esta indicaba específicamente: «Ningún español que se halle en el pleno goce de sus derechos civiles podrá ser privado del derecho de votar en las elecciones de Senadores, Diputados a Cortes, Diputados provinciales y Concejales». Esta carta magna nacía para regir el nuevo camino del país, tras el triunfo de la Revolución de 1868, la Gloriosa, y el fin del reinado de Isabel II, con el que se iniciaba un Gobierno transitorio que llevaría a la designación de Amadeo I de Saboya como nuevo rey de España, en 1871, y el camino hacia un régimen democrático en el que se facultaba a todos los españoles a ejercer el derecho al voto.

Pero ojo, no nos confundamos: se otorgaba tal privilegio de votar a todos los españoles, pero que fuesen hombres como género. Por tanto, aquel era un sufragio universal masculino. Se volvían a ningunear los derechos de las mujeres.

En 1876, tras numerosos, y fallidos, intentos de nuevos regímenes políticos en España y dos años después de la restauración borbónica con la coronación como rey del joven Alfonso XII, se aprobó una nueva Constitución en la cual no se hacía ni una sola mención, en ninguno de sus 89 artículos, al tipo de sufragio que se ejercería en el reino. No fue hasta catorce años después, el 5 de mayo de 1890, cuando en el Senado se aprobaría una nueva ley de sufragio que había sido impulsada por el presidente del Consejo de Ministros, Práxedes Mateo Sagasta, quien puso todo su empeño en restaurar el sufragio universal masculino de 1869.

EL DERECHO AL SUFRAGIO DE LOS PRESOS

Tal y como contempla el artículo 23.1 de la Constitución Española, [...] los ciudadanos tienen el derecho a participar en los asuntos públicos, directamente o por medio de representantes, libremente elegidos en elecciones periódicas por sufragio universal [...], y recogido mediante la Ley Orgánica del Régimen Electoral General aprobada en 1985, en la que se especifican algunos supuestos en los que un ciudadano puede carecer de derecho al sufragio, como podría ser el estar declarado incapacitado por un tribunal médico, encontrarse internado en un hospital psiquiátrico por orden judicial, o aquellos condenados que estén en prisión y en cuya sentencia el juez haya dictaminado que el recluso estaría privado del derecho a sufragio durante el tiempo que dure la condena.

Por tal motivo, y siempre y cuando no se haya visto afectado por una decisión judicial, en nuestro país la mayoría de presos pueden hacer uso legítimo de su derecho a ejercer el sufragio desde la prisión. Eso sí, los reclusos que no están en régimen abierto y no pueden acudir a votar a un colegio electoral deben hacerlo mediante el voto por correo. La abstención entre la población reclusa suele superar el 90 %.

Cabe puntualizar que en otros lugares del planeta, por el hecho de estar cumpliendo una condena, se puede perder el derecho al sufragio durante el periodo que dure esta, e incluso hay casos específicos en los que, dependiendo del delito y motivo por el que se la juzgó, una persona puede perder su derecho total a ejercer el voto ya no solo durante el tiempo en el que esté preso, sino de por vida.

VOTA A GUNDISALVO

No todos los partidos que existen y se presentan a las diferentes convocatorias electorales defienden una determinada ideología o tendencia política. A lo largo y ancho del planeta, podemos encontrar que los hay de los más diversos pensamientos y tendencias, que defienden distintos intereses, que pueden ir desde la lucha por el medio ambiente y contra el cambio climático (como suele ocurrir con las formaciones calificadas como los Verdes) hasta la defensa del animalismo (en España tenemos el Pacma), e incluso por la legalización del cannabis (en 2003 se creó en Valencia el PCLYN, acrónimo de Partido Cannabis por la Legalización y Normalización) e incluso por la prohibición total del tabaco (PNF es el Partido de los No Fumadores).

Pero esto no solo ocurre en España. Si echamos un vistazo más allá de nuestras fronteras podemos encontrarnos con formaciones políticas tan estrambóticas o surrealistas como el PPPP, cuyo significado es Polska Partia Przyjaciół Piwa (su traducción al castellano sería Partido de los Amantes de la Cerveza de Polonia), que fue fundado en 1990 por el actor cómico Janusz Rewinski y cuyo objetivo principal era acabar con las altas tasas de alcoholismo en el país por culpa del vodka. Los miembros del PPPP estaban convencidos de que si se sustituía el consumo de vodka por el de cerveza se arreglaría el problema. En 1991 este partido se presentó a las elecciones generales de Polonia y consiguió el 3,27 % de los votos y una representación de 16 escaños en el Parlamento.

En Japón nos encontramos con el Partido de la Sonrisa, formación unipersonal cuyo candidato lleva presentándose en todas las elecciones que se han celebrado desde 2007 en el País del Sol Naciente para la Cámara de Representantes del Parlamento Nacional nipón, en múltiples municipios para alcalde o en diferentes prefecturas como aspirante a gobernador. Su único candidato es el empresario Mac Akasaka, quien se ha gastado parte de su fortuna personal en las campañas electorales (se calcula que rondará los 60 millones de yenes, al cambio medio millón de euros). Hay que tener

Janusz Rewinski, sentado, sostiene en su regazo a Leszek Bubel, y celebran junto a otros compañeros el éxito del PPPP (Polskiej Partii Przyjaciół Piwa) en 1991 (Halicki).

en cuenta que no imprime carteles ni paga anuncios televisivos ni radiofónicos (aunque sí usa activamente las redes sociales) y que el mencionado dinero fue invertido en viajes para realizar los mítines en plena calle y en los que aparecía disfrazado, entre otras cosas, de extraterrestre, superhéroe o angelito. Su lema y programa electoral es muy sencillo: desear la alegría de todo el mundo.

Aunque efímero, ya que duró tan solo un año (entre 2008 y 2009) en el Reino Unido apareció un curioso partido llamado Miss Great Britain Party, que estaba formado únicamente por candidatas que habían participado en alguna edición del concurso de belleza para Miss Gran Bretaña. Bajo el lema *Beauty for Britain* (Belleza para Gran Bretaña) su original programa electoral demandaba más glamur y belleza en el Parlamento británico y en las instituciones públicas. Se presentó solo a tres elecciones locales y obtuvo en cada una de ellas unos pésimos resultados, con unos pocos centenares de votos. La formación fue disuelta tan solo un año después tras los problemas financieros que tuvo el fundador, Robert de Keyser, quien durante varios años había sido el organizador del concurso nacional de belleza.

Bajo el acrónimo APPP se encuentra el suizo Anti PowerPoint Party. Se caracteriza por ser una formación política, surgida en 2011 para acabar con la tiranía y la obligatoriedad de utilizar los *softwares* de presentaciones en los trabajos, conferencias o reuniones laborales, quedando englobadas y representadas todas ellas en el archiconocido PowerPoint. Según aseguran los miembros de este singular partido, «causa un daño en la economía nacional suiza de 2 100 millones de francos suizos». Los del APPP abogan por que se utilicen para realizar presentaciones las convencionales pizarras o los rotafolios.

El 4 de marzo de 1989 se presentó a las elecciones para elegir a los 25 representantes a la Asamblea Legislativa del Territorio de la Capital Australiana la formación política Sun Ripened Warm Tomato Party (Partido del Tomate Cálido Madurado por el Sol). Se trataba de una organización fundada a modo de broma y con la que sus creadores pretendían echarse unas risas y demostrar lo fácil que era registrar un partido político en Australia y presentarlo a unos comicios. Obtuvieron 1 666 votos (el 1,17 %). Y no fue la única formación bromista que se presentó en aquellas elecciones. También lo hizo el Party! Party! Party!, un nombre de formación que literalmente significa ¡Partido! ¡Partido! ¡Partido!, pero que también podría traducirse como ¡Fiesta! ¡Fiesta! ¡Fiesta!. Obtuvo el 0,69 % de respaldo y 979 votos. E incluso el Surprise Party (Partido Sorpresa) con 166 votos (0,12 %). Esto provocó que se legislara en aquel país para evitar que pudiesen volver a presentarse en otras votaciones este tipo de formaciones, obligando a tener que estar registrados con antelación a una convocatoria electoral, tener como mínimo un centenar de afiliados y haber presentado previamente, para su aprobación, los estatutos de constitución.

Pero no todos estos partidos bizarros han sido de invención reciente. Si echamos la vista hacia atrás nos encontramos que en 1911 se fundó en la entonces Checoslovaquia el PMPWBL Party of Moderate Progress Within the Bounds of the Law (Partido del Progreso Moderado Dentro de los Límites de la Ley). Se trataba de una agrupación en la que se habían unido varios artistas e intelectuales de la época con el propósito de reírse de las instituciones políticas, de otras formaciones y candidatos y publicar uno de los más descabellaros y políticamente incorrectos programas electorales que quizá han existido. Cosas tan delirantes como pedir que volviese la inquisición y la esclavitud, oponerse a que se produjesen terremotos en México o la obligatoriedad de convertirse toda la población checoslovaca en alcohólica eran unas pocas de las absurdas propuestas que hacían, evidentemente en broma. Entre los asistentes habituales a las fiestas-mítines del PMPWBL se encontraban los célebres escritores Franz Kafka y Max Brod.

A las elecciones al Parlamento Europeo de 2014 se presentó en Alemania el Die PARTEI, contracción de Partei für Arbeit, Rechtstaat, Tierschutz, Elitenförderung und basisdemokratische Initiative, que en español se traduce como Partido por el Trabajo, Estado de Derecho, Protección de los

Animales, Fomento de las Élites e Iniciativas Democráticas de Base. Era una formación política de corte satírico fundado por los editores de la revista de humor *Titanic*. Obtuvo la nada despreciable cifra de 185 525 votos y consiguió tener un diputado en la eurocámara. La línea humorística de este partido y sus representantes provocó que en algunas elecciones federales no se les permitiera concurrir.

El célebre contrabajista de jazz Thomas Raymond *Red Kelly* formó con su banda de músicos (el pianista James *Band* Jack Perciful y el guitarrista Don *Earthquake* Ober) el partido OWL Party para presentarse a las elecciones legislativas de Washington en 1976. La sede social de esta formación política era el Tumwater Conservatory, un club de jazz de su propiedad en el que tocaba todas las noches y que era frecuentado por numerosos políticos y periodistas. En cierta ocasión Red Kelly dijo, a modo de guasa, que podría hacerlo mejor que muchos de los representantes estatales. Un periodista de la Associated Press le escuchó y quiso hacerle una entrevista. Al día siguiente la publicaban en un diario local. Kelly, animado por sus conocidos, acabó convencido y se presentó a las elecciones para gobernador de Washington: consiguió un honroso 8 % de los votos. Cabe destacar que fue un músico excepcional que había tocado junto a artistas de la talla de Frank Sinatra, Tony Bennett, Billie Holiday o Charlie Parker.

El Donald Duck Party o Partido del Pato Donald nunca ha existido ni ha sido registrado legalmente, pero en las elecciones de Suecia en 2002 aparecieron en las urnas de varios colegios electorales una decena de papeletas de una candidatura así llamada. Evidentemente se contabilizaron como votos nulos. Pero ahí no quedó la cosa, porque en las siguientes elecciones fueron 225 los votantes que decidieron dar su voto a esta candidatura fantasma; en 2010 consiguió 107 votos, y 133 en 2014. A pesar de que no existe como formación política oficial ni está registrado, el Donald Duck Party está situado en el puesto número 21 del ranking de los 40 diferentes partidos suecos que recibieron votos en las elecciones generales.

ESPAÑOLADAS

Regresando de nuevo a España no debo dejar de nombrar a media docena de esos curiosos partidos políticos que se han creado y presentado a alguna de las elecciones. Empezaré con el PMAR, siglas del Partido del Mutuo Apoyo Romántico, creado en 2003 por un ciudadano de origen chino y que deseaba ser elegido diputado en las elecciones generales de 2004 para «introducir la paz, la reflexión y la filosofía de la meditación en la política». En el año 2000 se inscribió en el registro de partidos políticos el PAVIEL (Partido de la Asociación de Viudas y Esposas Legales), aunque no hay constancia de que haya llegado a presentarse en algún proceso electoral. En las elecciones municipales de 2011 se presentó a la alcaldía de la población madrileña de Colmenar Viejo el partido Democracia Directa, del Amor, la Sonrisa y el Método Científico. Consiguió 284 votos, que se traduce en el 1,89 % del apoyo ciudadano. Quedó en el último lugar y sin representación política. De corte conspiranoico es el partido creado en la región de Murcia en 2011, Reforma del Estado de Nostradamus. Se presentó a las elecciones autonómicas de aquel año y consiguió 218 votos que lo colocaron en el penúltimo puesto. Los editores de la revista bilbaína de sátira humorística *Karma* crearon en el año 2000 el Partido del Karma Democrático, con el que, al igual que otras formaciones similares extranjeras que ya he mencionado, realizaban propuestas políticas absurdas, entre ellas pagar el sueldo de los funcionarios públicos con corticoles (vales descuento de los grandes almacenes El Corte Inglés). En las elecciones al Parlamento vasco de 2001 recibieron dos mil votos (0,14 %) y se convirtieron en la séptima fuerza política de la comunidad (aunque sin representación parlamentaria). Por último, el CORI (Coordinadora Reusenca Independent) una agrupación política de Reus que se presentó a las elecciones municipales de esta población tarraconense en 2007 y consiguió 1831 votos. Eso fue suficiente para que su cabeza de lista, Ariel Santamaria, lograra ser regidor.

Este no era un personaje desconocido para sus vecinos, tenía cierta popularidad en la localidad al ganarse la vida como imitador de Elvis Presley.

UN BUEN ESLOGAN VALE MÁS QUE MIL PALABRAS

De sobra conocido es el dicho «una imagen vale más que mil palabras». En el mundo de la política eso debemos trasladarlo al eslogan, el cual se trata de un lema o frase publicitaria creada explícitamente para ser recordada fácilmente y que sirve para referenciar el mensaje que, en pocas palabras, un candidato o partido quiere transmitir a los votantes durante una campaña electoral.

El término eslogan llegó al español por influencia del inglés. Apareció en nuestra lengua hace relativamente poco tiempo y no figuró en el diccionario de la RAE hasta 1984. Evidentemente, su origen es mucho más antiguo. Se trata de la castellanización del vocablo inglés *slogan*, de exacto significado y, a menudo, utilizado con esta grafía en nuestra lengua, aunque tanto el *Diccionario Panhispánico de dudas* de la RAE como la Fundéu aconsejan el españolizado *eslogan*. Pero *slogan* no es una palabra originaria del inglés, sino que ellos la recibieron en el siglo XVI, del gaélico (lengua indoeuropea celta) *slogorne* (consigna). Esta viene de *sluagh-ghairm*, que significa «grito de guerra» y que era utilizado por los clanes irlandeses y escoceses en sus correspondientes batallas como forma de arengar a sus soldados.

Posiblemente el eslogan electoral de mayor repercusión en lo que va de siglo XXI fue «*Yes, we can*» (Sí, podemos) utilizado por Barack Obama durante la campaña a las presidenciales de Estados Unidos de 2008. Curiosamente, para los votantes latinos se utilizó la variante «Sí se puede» que años después hemos podido comprobar que se convirtió en santo y seña de la formación política española Podemos, liderada por Pablo Iglesias, que nació en 2014. Podemos es una de las muchas organizaciones que surgieron a raíz del movimiento de indignados del 15M (15 de mayo) de 2011. Volviendo a las elecciones estadounidenses de 2008 y al famoso lema que encumbró a Obama hacia la Casa Blanca, cabe destacar que esta pegadiza frase se compartió hasta la saciedad a través de las redes sociales. Aquella fue la primera campaña electoral en la que internet jugó un destacadísimo papel para transmitir al electorado los mensajes y consignas políticas. Ello propició que alrededor del «*Yes, we can*» de Obama se creara incluso una canción compuesta por trozos de citas utilizadas por el entonces candidato demócrata y en la que participó un nutrido grupo de conocidísimos personajes. El videoclip se hizo viral.

Pero no siempre han existido los eslóganes electorales como reclamo al voto. Estos comenzaron a usarse de un modo habitual desde hace poco más de un siglo. También cabe destacar que se han usado como lemas algunas frases

Los Ángeles, California, 3 de febrero de 2008; campaña para la elección del representante demócrata, con los lemas «HOPE» y «YES, WE CAN» (Krista Kennell).

u citas extraídas de discursos de los candidatos, e incluso en algunas ocasiones se han hecho enormemente famosos algunas frases que no llegaron a ser pronunciadas por un candidato. Por ejemplo, a Herbert Hoover se le atribuye el haber dicho en las elecciones presidenciales de Estados Unidos de 1928, en las que se presentó por el Partido Republicano, la frase «*A chicken in every pot and a car in every garage*» (Un pollo en cada olla y un coche en cada garaje). Con ella se supone que pretendía subir el ánimo de los ciudadanos en unos momentos en los que se avecinaba una de las peores crisis de la historia del país y que acabó siendo conocida como la Gran Depresión o el Crack del 29 bajo su presidencia. Pero hay que remarcar que muchos son los historiadores que apuntan que eso jamás fue pronunciado por Hoover y que en realidad había sido introducido por sus opositores del Partido Demócrata con el fin de desacreditarlo tras la recesión que sufrió la nación durante los primeros meses de su presidencia.

Herbert Clark Hoover (1874-1964) ingeniero, empresario y político, trigésimo primer presidente de los Estados Unidos desde 1929 a 1933.

Una de las victorias más aplastantes en unas elecciones presidenciales de los Estados Unidos la obtuvo Ronald Reagan en 1984: ganó en 49 de los cincuenta Estados y cerca de cincuenta y cinco millones de votos conseguidos. Había presidido el país en la legislatura anterior y se presentó a la reelección con el lema «*Are you better off than you were four years ago?*» (¿Estás mejor que hace cuatro años?). Parece ser que una gran mayoría de estadounidenses dieron un gran valor a esta reflexión y que por eso apostaron por cuatro años más de prosperidad para el país. Pero aquel eslogan no había sido creado explícitamente para la campaña de las elecciones de 1984 debido a que en las anteriores, de 1980, ya había sido pronunciada por Reagan en un debate televisado que lo enfrentó a su oponente, el entonces presidente, Jimmy Carter. Se dirigió a los televidentes y formuló esta pregunta.

«Estamos mal pero vamos bien» fue un célebre eslogan que se hizo inmensamente popular en Argentina y que fue utilizado por Carlos Menem. El chileno Pedro Aguirre Cerda utilizó el lema «Pan, techo y abrigo» en las presidenciales de 1938 y el panameño Ricardo Martinelli, en las presidenciales de 2009, utilizó «Los locos somos más».

En España podemos encontrarnos con unos cuantos eslóganes que han sido claves a la hora de garantizarse el apoyo de los votantes. Posiblemente el mejor de todos ellos haya sido el archifamoso «Por el cambio», con el que el PSOE de Felipe González ganó las elecciones generales del 28 de octubre de 1982. Y es *cambio* una palabra que da mucho juego y ha sido utilizada en más de una ocasión durante las campañas electorales en diferentes lemas y partidos: en 2011 con «Súmate al cambio» con la candidatura de Mariano Rajoy a las elecciones generales en las que ganó con el Partido Popular; en 2015 Albert Rivera se presentó por el partido Ciudadanos con «El cambio» y en aquellos mismos comicios el PSOE de Pedro Sánchez utilizó, entre otros, «El cambio que une».

Y muy recordada es, cuatro décadas después, la frase lapidaria utilizada por Adolfo Suárez en su intervención televisiva con motivo del cierre de campaña de las primeras elecciones generales de la democracia en España, del 15 de junio de 1977, en las que dijo su célebre «Puedo prometer y prometo». En realidad fue esta frase la que quedó en la memoria de los ciudadanos, a pesar de que el lema de UCD en realidad había sido durante toda la campaña «Votar centro es votar Suárez».

A veces se ha utilizado un solo término como lema electoral, como por ejemplo en las elecciones generales del 29 de octubre de 1989 en las que se presentó por primera vez el candidato del renovado Partido Popular, José María Aznar. Lo hizo con el contundente lema «¡Palabra!». Cuatro años después el candidato popular repetiría con un eslogan similar, esta vez con «Ahora», aunque tampoco le sirvió para ganar.

Un lema que no podemos pasar por alto fue el utilizado en 1987 por el partido abertzale Herri Batasuna cuando se presentó a las primeras elecciones al Parlamento Europeo que se celebraban. Lo hacía con el eslogan «Lo que más les duele». Obtuvieron 360 952 votos, al ser unos comicios de circunscripción única, y un eurodiputado. Esta formación política, vinculada a la organización terrorista ETA, conseguía así sus mejores resultados electorales. Tuvo sorprendentemente más apoyo del esperado fuera de Euskadi y Navarra, que eran las autonomías por las que, hasta entonces, se habían presentado. Según los expertos y politólogos se debió a un voto de castigo por parte de un gran número de ciudadanos hacia la gestión política del Gobierno de Felipe González. En aquellas mismas euroelecciones también se presentó el Partido del Trabajo y Empleo–Agrupación Ruiz-Mateos, una formación política creada por el polémico empresario. En aquella ocasión no obtuvo el éxito deseado pero en las siguientes euroelecciones, las de 1989, sí que fue elegido eurodiputado con más de seiscientos mil votos. Obtuvo dos escaños. Su lema electoral fue «Déjese de pitorreo y vote a Ruiz-Mateos» y en 1994 volvía a probar suerte con el contundente «¡Que me votes, leche!», aunque esa vez el apoyo que recibió fue de apenas 82 000 votos.

CÓMO REALIZAR UNA PERFECTA CAMPAÑA ELECTORAL

La mayoría de historiadores y expertos en Historia de la Antigua Roma señalan que fue obra de Quinto Tulio Cicerón un manual, escrito en el año 64 a. C., que con el tiempo ha sido señalado como uno de los tratados electorales más perfectos. Mucho se ha discutido a través de los siglos sobre la verdadera autoría del texto. Aquellas voces discrepantes (las menos) apuntaban a que fue obra de un autor romano desconocido. Hoy en día prácticamente la mayoría de los expertos se lo adjudican al citado autor, quien era el hermano menor del político y filósofo Marco Tulio Cicerón, célebre por su poder de oratoria. El hecho de redactar aquel manual fue de cara a la convocatoria electoral en la que se presentaba para ser escogido como cónsul de la República Romana.

Estatua de Cicerón en el Palacio de Justicia de Bélgica (Reinhard Tiburzy).

Con una extensión de seis páginas se conoce como *Commentariolum petitionis*, que vendría a traducirse como *Manual sobre la campaña electoral*, y que en versiones modernas lo han publicado con textos explicativos y desarrollado bajo el título *Cómo ganar unas elecciones*. Quinto Tulio daba los consejos a su hermano Marco sobre qué debía decir y cómo tenía que dirigirse a los electores. También opinaba sobre los contrincantes políticos, mostrando los puntos débiles de estos, y marcaba los objetivos principales para alcanzar el triunfo y ser escogido Cónsul. Como lema personal para aquella campaña, Quinto instaba a Marco a que interiorizara la cita «*Novus sum, consulatum peto, Roma est*» (Soy un hombre nuevo, aspiro al consulado, Roma es mi ciudad).

Sabedor del gran poder de oratoria del más célebre de los miembros de la familia Cicerón, el menor de sus hermanos le remarcaba cómo debían ser sus discursos y soliloquios frente a la audiencia que tendría que darle su apoyo electoral. Le aconsejaba rodearse de un séquito amplio de personas leales, lo cual daría proyección de poder. El dirigirse a aquellos a los que en el pasado favoreció y que estaban en deuda con él también era conveniente, ya que algunos de estos tendrían gran influencia. Nadie pone en duda el poder de oratoria y la gran inteligencia que poseía el mayor de los hermanos Cicerón, pero es ampliamente reconocido que no hubiese alcanzado muchas de las metas políticas obtenidas de no haber sido por el apoyo y consejos de Quinto y su perfecto manual electoral.

Tras la campaña, en el año 63 a. C., Marco Tulio Cicerón era escogido cónsul, lo cual le convertía en un *Homo novus*, título que recibía aquel plebeyo que, dentro de su linaje familiar, era el primero en acceder a ese cargo (o al de senador). Hacía tres décadas que ningún otro político había recibido tal distinción, debido a que el acceso a los estamentos del poder estaban muy restringidos y los aristócratas y hombres importantes de la Roma antigua evitaban en la medida de lo posible la incorporación de quienes no fuesen patricios (descendientes de las curias primitivas).

II. ALGUNOS AMIGOS IRRECONCILIABLES QUE DA LA POLÍTICA

La política, a menudo, proporciona unos extraños compañeros de viaje. Individuos que, perteneciendo a la misma formación y teniendo la misma ideología, mantenían posturas encontradas y públicas son sus discusiones o enemistad. Tampoco podemos olvidarnos de aquellos rivales políticos que desde diferentes formaciones andan a la gresca durante largo tiempo, o cuando un representante, partido o ideología se convierte en el centro de los ataques de algún periodista o medio de comunicación, iniciando un feroz ataque mediático. Innumerables han sido los encontronazos y rifirrafes que nos ha proporcionado la Historia, la cual nos ofrece infinidad de curiosas anécdotas.

NO SIEMPRE EL ROCE HACE EL CARIÑO

De sobra era conocida la enemistad que se profesaban entre sí Francisco Romero Robledo (1838-1906) y Francisco Silvela y de Le Vielleuze (1845-1905), dos insignes políticos del Partido Conservador que ocuparon diversos cargos de responsabilidad en España (ministerios o presidencia del Consejo de Ministros) durante el último cuarto del siglo XIX e inicios del XX. A pesar de trabajar y servir a un mismo partido e ideales fueron dos voraces rivales políticos dentro de la misma formación. Bastantes fueron las ocasiones en las que debían coincidir en actos públicos, hecho que aprovechaba el uno o el otro para poner una ingeniosa excusa y no tener que acudir. En cierta ocasión, ambos fueron invitados a asistir a una tertulia política que reunió a un buen grupo de amigos comunes, por lo que ninguno de los dos pudo declinar la invitación. Durante la charla se hablaba distendidamente sobre la rivalidad que existía entre políticos de otros partidos de la época. En un momento dado, teniendo la palabra Francisco Silvela, de un modo jocoso le preguntó a su compañero sobre qué era lo que pensaba este de él, a lo que Francisco Romero respondió astutamente: «Exactamente lo mismo que usted piensa de mí».

DESGRACIA FRENTE A CATÁSTROFE

Y es que una buena dialéctica es, a menudo, la mejor arma para atacar a tu oponente. En la historia de la política ha habido unos cuantos ejemplos de frases épicas pronunciadas para descalificar al adversario. Este fue el caso en el que primer ministro británico por el Partido Conservador, Benjamin Disraeli, contestó sobre el representante del Partido Liberal, William Ewart Gladstone, cuando fue preguntado sobre cuál era para él la diferencia entre una desgracia y una catástrofe. Su ingeniosa respuesta fue: «Lo entenderá usted enseguida: Si Gladstone cayera al río Támesis y se ahogara, eso sería una desgracia; pero si alguien lo sacara del agua, eso sería una catástrofe»

ENTRE CAMARADAS ANDA EL JUEGO

Uno de los términos más utilizados entre correligionarios de una misma formación política (y sobre todo de izquierdas) es llamarse entre ellos *camaradas,* un vocablo que tiene tras de sí una curiosa etimología que no nos lleva al ámbito político, sino al militar. Grupos de ocho o diez miembros de un mismo regimiento vivían en una misma cámara (nombre que recibía la estancia o dormitorio donde se alojaban). Surgió de ahí que quienes compartían aposento eran camaradas. Muchos eran los casos en los que los militares que compartían una misma cámara eran de diferentes rangos, mezclándose en una misma estancia soldados rasos y oficiales. Aunque en los cuarteles y campos de batalla sí que existía y se aplicaba las diferentes jerarquías, a la hora de convivir la buena y cordial relación que los unía propició que surgieran otras palabras como camaradería. En esa no diferenciación de rangos es en lo que se basaron los bolcheviques durante la Revolución Rusa (1917), dando un trato de camarada (en ruso *továrishch*) entre todos los componentes de una misma unidad militar y posteriormente del Partido Comunista e incluso entre los ciudadanos soviéticos, algo que hizo que otros partidos políticos de signo marxista, del resto del planeta, utilizasen ese término para llamarse así entre sus militantes.

Esto nos lleva a una curiosa anécdota protagonizada por el camarada soviético Iósif Stalin y el estadista británico Winston Churchill durante la Segunda Guerra Mundial (1939-1945). Ambos mandatarios (de la Unión Soviética y Reino Unido, respectivamente) se reunieron en el Kremlin con motivo de la conocida como Segunda Conferencia de Moscú.

Tuvo lugar entre el 12 y el 17 de agosto de 1942 y aunque había una buena disposición por parte de los allí presentes en llegar a importantes acuerdos que serían determinantes para frenar a los nazis, existían algunas discrepancias por parte de Churchill y Stalin que impedían cerrar un acuerdo que fuese satisfactorio para todas las partes. Estados Unidos no estuvo representado por su presidente Franklin Roosevelt, sino por el diplomático Averell Harriman, quien sí consiguió entenderse con todos sus interlocutores. Pero la cabezonería de los líderes soviético y británico hacía que estos no llegasen a un total acuerdo. Esto motivó que se tomara la decisión de que Churchill y Stalin se encerraran en una de las estancias privadas del Kremlin (acompañados únicamente de sus correspondientes intérpretes) y no saliesen de allí hasta que consiguiesen cerrar un trato satisfactorio para las dos partes.

A las siete de la tarde comenzó la reunión a puerta cerrada y de la misma no trascendía nada. Alrededor de la una de la madrugada mandaron avisar a Alexander Cadogan (subsecretario del Ministerio de Relaciones Exteriores de Reino Unido) y Vyacheslav Molotov (ministro de Relaciones Exteriores de la URSS) para que se incorporaran a la reunión. Tal y como se presentaron allí se encontraron con que Stalin y Churchill estaban departiendo amigablemente y frente a ellos había una gran mesa llena de todo tipo de manjares y, sobre todo, licores y botellas de vino, muchas de ellas ya vacías. Parecía que, aunque no habían llegado a un acuerdo final en todos los asuntos, el buen rollo entre ambos se había apoderado de la reunión, la cual se estaba realizando de una manera distendida y en la que incluso se permitieron hacer alguna que otra broma. Pero la presencia de los responsables diplomáticos de ambas naciones no rebajó el tono de cordialidad con que se estaba celebrando hasta aquel momento la reunión, invitando a estos a tomar parte de aquel festín gastronómico y etílico.

El encuentro se alargó hasta las tres de la madrugada y, aunque Churchill se quejó a lo largo de la noche de un leve dolor de cabeza, no dejó de comer, beber y brindar por aquellos acuerdos a los que habían logrado llegar. Sin lugar a dudas una gran juerga entre Iósif Stalin y Winston Churchill que fue determinante en el futuros acontecimientos que se desarrollarían durante los siguientes tres años en la Segunda Guerra Mundial, en los que el bando Aliado se alzó con el triunfo final.

APUNTEN, DISPAREN Y FALLEN

Afortunadamente, a pesar de ser enemigos irreconciliables, de ideologías políticas diametralmente opuestas, Churchill y Stalin supieron dialogar y llegar a un acuerdo civilizado. Pero no siempre ha sido así. Tenemos a lo largo de la Historia un gran número de episodios en los que las disputas o desencuentros entre políticos no se arreglaban dialogando o discutiendo en un parlamento o a puerta cerrada, sino mediante un duelo a muerte. Y aunque retarse a un duelo suene a algo que se producía hace varios siglos, no tenemos que irnos mucho tiempo hacia atrás para encontrarnos con un enfrentamiento político que se intentó arreglar de ese peculiar modo.

Tuvo lugar en Santiago de Chile a primera hora de la mañana del 6 de agosto de 1952 y sus contendientes fueron los senadores Raúl Rettig, representante del Partido Radical, y Salvador Allende, del Partido Socialista y futuro presidente del país. Una acalorada discusión en el hemiciclo chileno por parte de ambos los llevó a citarse en el exterior para zanjar el asunto y hacerlo a la vieja usanza: batiéndose en duelo. Se desplazaron hasta una parcela privada, propiedad de Raúl Jaras, copropietario del diario chileno *La Tercera*, quien al mismo tiempo hizo de testigo. Se escogieron las armas (pistolas) y ambos contendientes se colocaron en posición de disparar. El primero en apretar el gatillo fue Rettig, quien erró, pero creyó que había herido de muerte a Allende, ya que este tropezó por culpa del suelo enfangado en el momento justo de disparar, errando también en la trayectoria del proyectil. Ambos salieron ilesos de aquel absurdo duelo y, aunque continuaron siendo rivales políticos, dos décadas después, cuando Salvador Allende fue proclamado presidente de la República de Chile, le ofreció a Raúl Rettig el puesto de embajador en Brasil. Ambos desempeñaron estos cargos hasta que se produjo el golpe de Estado, el 11 de septiembre de 1973, que dio inicio a la dictadura del general Augusto Pinochet.

Fotografía del presidente Abraham Lincoln (1809-1865), tomada el 8 de enero de 1864 por Mathew Brady.

RIFIRRAFES CON LINCOLN

Abraham Lincoln es, sin lugar a duda, uno de los políticos estadounidenses que más anécdotas y curiosidades ha proporcionado a la historia de su país. Son innumerables los relatos que se han escrito alrededor de él, aunque hay que tener en cuenta que un gran número de ellos son apócrifos o simples leyendas urbanas. Pero entre las muchas cosas que en realidad sí le ocurrieron hay una que no es de las más conocidas y que podría haber influido en el futuro de los Estados Unidos: cuando en 1842, en los inicios de su carrera política y dos décadas antes de ser elegido presidente del país, fue retado por un contrincante político a batirse en duelo.

En 1834, con 25 años de edad, poco después de haberse graduado como abogado, Lincoln inició su andadura política y fue elegido como representante por el Partido Whig (precursor del actual Partido Republicano) en la legislatura del Estado de Illinois. Este fue un puesto que ocupó durante 13 años, hasta que fue enviado como diputado a la Cámara de Representantes (Congreso). Antes de dar el salto a la política nacional, durante los debates políticos locales tuvo algunas disputas con James Shields, joven de origen irlandés representante del Partido Demócrata y que también parecía tener un prometedor futuro y una gran ambición política. A pesar de los continuos rifirrafes a ambos les unía una sincera amistad y en más de una ocasión trabajaron codo con codo para aprobar medidas que podían ser altamente beneficiosas para los habitantes de Illinois. Pero llegó un punto en el que en el mundo de la política la fraternidad con tu contrincante no servía si uno quería prosperar, por lo que empezaron a acentuarse la rivalidad y las diferencias ideológicas entre ambos, lo que provocó que se distanciaran del todo. La enemistad personal surgió a partir del momento en el que James Shields comenzó a trabajar como auditor del Estado y tomó ciertas medidas que no fueron del agrado de Abraham Lincoln, además de precipitarse la fallida del banco estatal de Illinois, en el verano de 1842. Fue entonces cuando

Lincoln quiso aprovechar uno de sus mejores recursos, la habilidad que tenía para satirizar a sus contrincantes. Así, escribió una serie de cartas a los periódicos *Sangamo Journal* y *Springfield Journal*, en las que criticaba duramente la gestión de Shields. No lo hizo de una manera abierta, sino bajo el seudónimo de Rebecca. En esas cartas no solo ponía en duda la gestión política de su contrincante, sino que también se metía con él y su forma de ser, todo ello de una manera brillante e ingeniosamente sarcástica. Para escribir esas cartas, Lincoln contó con la inestimable ayuda de su entonces prometida Mary Ann Todd, que junto a una amiga colaboraron para dar un toque más femenino a las palabras que la supuesta Rebecca le dedicaba al auditor del Estado. Pero lo que más molestó a James Shields de esas cartas no fue que se pusiera en duda su gestión política, sino todas las críticas y referencias personales que había en ellas, especialmente en una publicada el 2 de septiembre de 1842. Por este motivo, tras contactar con los directores de los diarios logró averiguar quién se escondía tras la identidad de la difamadora.

Ofendido por la burla que Abraham Lincoln había hecho de él lo retó a batirse en un duelo a vida o muerte. Tal y como estipulaban las reglas, la persona que era retada era quien debía elegir la fecha, el lugar y el arma. Lincoln era un tipo que poseía numerosas habilidades, pero la de retarse cara a cara con un contrincante no estaba entre ellas, por lo que pensó cuál sería el arma con la que podría tener más posibilidades de salir airoso. Llegó a la conclusión de que el sable le sería de gran ayuda al tener los brazos más largos que su contrincante. Como lugar donde batirse en duelo escogió la cercana Bloody Island, un islote en medio del río Mississippi y cuya situación geográfica, dentro de Missouri, hacía que la ley que prohibía los duelos en Illinois no pudiera aplicarse. La fecha elegida para el duelo fue la del 22 de septiembre de 1842.

Llegó el día y cada contendiente se trasladó hasta la pequeña isla con sus correspondientes testigos. En momentos previos Lincoln estuvo ejercitando algunos movimientos con el sable, haciendo uno con el que cortó la rama de un árbol que dejó algo preocupado a Shields, ya que este no tenía demasiada destreza con esa arma. Cuando los testigos que acompañaban a ambos, antes de empezar el duelo, trataron de buscar alguna solución o acuerdo para que no se llevara a cabo, se encontraron con la total disponibilidad de James Shields a zanjar el asunto y perdonar la ofensa de Abraham Lincoln (siempre y cuando este le pidiese disculpas públicas). Así lo hizo Lincoln y la cosa no pasó a mayores, por lo que finalmente el asunto quedó en una más de las muchísimas anécdotas que protagonizó el que sería elegido, diecinueve años después, decimosexto presidente de los Estados Unidos.

EL ESTADO ÚNICO FRANCO-BRITÁNICO

Jean Monnet, uno de los hombres a quien debemos la creación e impulso de la Unión Europea, años antes de que ésta se pusiera en marcha, fue el ideólogo, en 1940, de crear un proyecto de «Estado único franco-británico», con el fin de fortalecer ambas naciones contra el gran enemigo común, que en aquellos momentos era la Alemania de Adolf Hitler. Durante los primeros años de la Segunda Guerra Mundial, la hegemonía y poder del ejército nazi era muy superior al de sus enemigos. En la primavera de 1940 Francia estaba prácticamente desahuciada y su débil gobierno encabezado por Paul Reynaud se tambaleaba ante la posibilidad de acabar firmando un armisticio, algo que algunos miembros del propio gobierno francés eran partidarios de realizar. Por su parte, el Reino Unido gozaba de algo más de estabilidad política (aunque no mucho mayor), debido a las acertadas decisiones que estaba tomando el recién escogido primer ministro, Winston Churchill, quien había llegado al Gobierno para ocupar el puesto del dimisionario Neville Chamberlain.

Al contrario que el Gobierno de Francia, el británico se mostraba con fuerzas para plantar cara a los alemanes. Churchill inauguró su mandato con el discurso del 13 de mayo en el que pronunció las famosas palabras: «Nada puedo ofrecer aparte de sangre, esfuerzo, lágrimas y sudor» (*I have nothing to offer but blood, toil, tears and sweat*). En las siguientes semanas Jean Monnet contactó con premier británico con el propósito de proponerle crear un gran Estado con la unificación de ambas naciones. El estadista inglés recibió de buen agrado la propuesta y transmitió a su homólogo francés su buena disposición para llevar a cabo la unificación.

Pero Francia ya se encontraba al límite de la hecatombe y, a pesar de que tanto Reynaud como el secretario del Consejo de Defensa Nacional, Charles de Gaulle, apoyaban la idea de unificación, se encontraron con dos firmes frentes de oposición dentro del propio gobierno. Por una parte la de aquellos que ejercían el nacionalismo francés hasta el límite, quienes no querían ni por asomo unir su país con el Reino Unido, histórico enemigo a través de los siglos. Por otro lado se encontraban los que preferían firmar un armisticio con los alemanes y así poder vivir en una semitranquilidad durante los años que quedase de guerra, visto el poder nazi y calculando que a la contienda no le quedaría mucho más de un año (tal y como eran los pronósticos por aquel entonces). Esta fue una crisis más que se sumó a las que iba arrastrando el Gobierno de Paul Reynaud, quien presentó su dimisión el 16 de junio, el mismo que se había presentado el borrador de Jean Monnet para crear la Unión Franco-Británica.

Dicha propuesta comenzaba con el siguiente texto:

> [...] En este momento sumamente fatal de la historia del mundo moderno, los Gobiernos del Reino Unido y de la República Francesa hacen esta declaración de unión indisoluble e inflexible resolución en la defensa común de la justicia y la libertad contra el sometimiento a un sistema que reduce la Humanidad a una vida de robots y esclavos. [...]

Pero el sucesor en el cargo de Reynaud, Philippe Pétain, era de los que preferían firmar un armisticio, por lo que descartó cualquier posibilidad de unir a Francia con Gran

Bretaña y se convirtió en el Jefe de Estado de la Francia de Vichy, durante los siguientes cuatro años. La unión francobritánica, que había sido apoyada por los principales líderes y estadistas de ambas naciones, se quedó en agua de borrajas y el proyecto de crear organismos comunes para la defensa, la política exterior, la hacienda y la economía que defendiesen los intereses de ambas naciones quedó guardado en un cajón, al menos durante los siguientes años de conflicto bélico, ya que, una vez terminada la Segunda Guerra Mundial, Monnet retomó la idea y le fue dando forma hasta crear lo que sería los pilares de la Comunidad Europea del Carbón y del Acero (CECA) , aunque en esa ocasión no consiguió convencer a los británicos para que se unieran a los seis países fundadores: República Federal Alemana, Francia, Italia, Países Bajos, Bélgica y Luxemburgo , y no lo haría hasta el año 1973, cuando el consorcio de Estados ya se conocía como Comunidad Económica Europea (CEE).

DANDO LEÑA AL PRESIDENTE

Práxedes Mateo Sagasta llegó a ocupar hasta en siete periodos diferentes el cargo de presidente del Consejo de Ministros entre 1871 y 1902, representando al Partido Liberal. Lo hizo bajo los reinados de Amadeo I de Saboya, la Primera República, Alfonso XII y Alfonso XIII, sucesivamente.

Aunque Sagasta destacó por sus grandes dotes para la retórica, algo que le sirvió para ser admirado por muchos de sus conciudadanos, cabe destacar que no llegó a ser un político ampliamente querido y que recibió continuamente algunos feroces varapalos por parte de *El imparcial*, uno de los diarios más importantes y leídos durante la segunda mitad del siglo XIX. Era raro el día en el que desde las columnas de opinión o el editorial que escribía el director del rotativo no se le atacara y se dieran recomendaciones sobre cuál debía ser su gestión política o cómo se solucionarían los problemas del país. En cierta ocasión, mientras el político realizaba una visita oficial a San Sebastián, se le acercó un grupo de periodistas de diferentes medios. Uno de ellos le preguntó: «¿Qué hay de nuevo, señor presidente?», a lo que Sagasta respondió con gran ironía: «No sé nada. Todavía no he leído *El Imparcial*».

En las revistas satíricas, Sagasta era representado con un enorme tupé (Daniel Perea).

LÁPICES LETALES COMO BALAS

Cuando el régimen político de un país es una dictadura, difícilmente se puede criticar abiertamente a los gestores que gobiernan. Ahí es cuando la prensa, a través de sus periodistas, articulistas o dibujantes de viñetas cómicas, deben utilizar todo su ingenio para realizar una crítica al Gobierno de una manera tan sutil que los mandatarios no puedan ejercer la censura o cerrar el medio.

Como claro ejemplo tenemos la historia de Carlos Gómez Carrera, un dibujante de viñetas cómicas nacido en Madrid en 1903 y que se convirtió en un auténtico azote para los franquistas, gracias al uso mordaz e inteligente del doble sentido. Fue conocido bajo el apodo de Bluff y sus dibujos se incluían en las publicaciones más importantes de la época. Antológica fue una caricatura que realizó durante la Guerra Civil del general Franco en la publicación *La traca*, donde aparecía con unos rasgos totalmente afeminados y en el que pendía una ristra de plátanos sobre su cabeza mientras pensaba: «¡Ay! Cuando veo de cerca ciertas cosas, ¡cómo me acuerdo de Marruecos!».

Como era de esperar, tras finalizar la guerra el caricaturista fue detenido el 28 de abril de 1939 y, al igual que otros miles de intelectuales y artistas que no comulgaban con los ideales franquistas, acabó en prisión. Bluff fue llevado a la cárcel Modelo de Valencia a cumplir su condena. Los presos eran obligados a colaborar en una publicación llamada *Redención*, editada por la propia Dirección General de Prisiones. En ella los reclusos escribían textos (la mayoría relatos o poesía). Carlos Gómez pudo colocar allí sus dibujos. Creó un personaje: «Don Canuto, ciudadano peso bruto», y lo metió en mil aventuras. Con su fina ironía entretenía a los lectores.

Poco tardaron las autoridades en darse cuenta del doble lenguaje y sentido de los dibujos utilizado por Bluff y finalmente le prohibieron seguir realizándolos. Fue juzgado por rebelión, además de ser acusado de ser un «dibujante satánico». La última viñeta realizada por él y publicada en la revista penitenciaria fue una que representaba a dos pescadores que se peleaban por un mismo pescado. El dibujo fue interpretado por las autoridades del régimen como la clara pelea por el poder que estaban ejerciendo en esos momentos los sectores carlista y falangista. Esto le llevó hasta el paredón de fusilamiento el 28 de junio de 1940. Murió acribillado a balazos contra la tapia del cementerio de Paterna. Aquellas balas quisieron hacer callar un arma mucho más poderosa y peligrosa, un lapicero, que había sido utilizado por uno de los artistas gráficos más inteligentes y mordaces que existían. Bluff murió a la joven edad de 37 años por culpa de la intolerancia de aquellos que ganaron la Guerra Civil.

Caricatura de Franco según Carlos Gómez Bluff (vía «valenciaplaza.com»).

CUANTO MÁS PRIMO MENOS ME ARRIMO

A menudo, los asuntos políticos también ocasionan enemistad y rivalidad entre miembros de una misma familia, que se enfrentan hasta tal punto de que uno acaba con la vida del otro. Esto es lo que sucedió a inicios de la Guerra Civil española cuando el general Francisco Franco Bahamonde ordenó que su primo hermano por parte de madre, el comandante Ricardo de la Puente Bahamonde, fuese fusilado por declararse fiel a la República y contrario al alzamiento militar de julio de 1936.

La enemistad entre ambos no era algo nuevo y varios habían sido los encontronazos entre ellos, sobre todo porque dos años antes (1934) de la Puente no había acatado unas órdenes de su primo, que en aquellos momentos estaba al frente del Estado Mayor del Ministerio de la Guerra, para que Oviedo y otras poblaciones asturianas fueran bombardeadas, durante la insurrección obrera conocida como Revolución de Asturias, entre el 5 y el 19 de octubre.

Ricardo de la Puente era el jefe del aeródromo militar de León y dio una contraorden a sus pilotos para que no bombardearan a los insurgentes asturianos. De la base aérea leonesa salieron varios aviones, el 5 de octubre, que sobrevolaron toda aquella zona, pero no efectuaron ni un solo disparo ni soltaron bomba alguna de las que llevaban a bordo. Esto le costó ser destituido de su cargo como jefe de la base aérea y ser destinado, a modo de castigo, al conflictivo aeródromo de Tetuán. Este acto de desobediencia hizo que Franco montara en cólera y que volviese a ordenar que Asturias fuese bombardeada, algo que sí se llevó a cabo la mañana del 8 de octubre.

Dos años después, tras el alzamiento de la madrugada del 17 al 18 de julio de 1936, el comandante Ricardo de la Puente Bahamonde se negaba a tomar parte del golpe de Estado encabezado por su primo hermano y se declaraba fiel a la República. Fue apresado y juzgado el 2 de agosto por un tribunal formado por militares sublevados fieles a Franco. Se le hizo un Consejo de Guerra bajo la acusación de traición, en el que se le declaró culpable. Dos días después, a las cinco de la tarde, el comandante de la Puente era colocado frente a un pelotón de fusilamiento en uno de los muros exteriores de la fortaleza del Monte Hacho en Ceuta donde, por deseo expreso de Franco, moría acribillado a balazos.

LA CATALANOFOBIA DE GALINSOGA

El 1 de mayo de 1939 fue nombrado director de *La Vanguardia Española* el periodista murciano Luis de Galinsoga, quien llegaba de dirigir en los dos últimos años el diario *ABC* de Sevilla (edición que durante la Guerra Civil había apoyado al bando nacional, mientras que la de Madrid fue fiel a la República). Galinsoga destacaba por su férrea defensa del franquismo. En más de una ocasión se le había acusado de llegar a ser incluso más franquista que el propio Franco. Es recordado su adulador elogio al dictador en el libro publicado en 1956 *Centinela de Occidente*.

Entre las muchas cosas por las que Luis de Galinsoga dejó un mal recuerdo, en las dos décadas que estuvo al frente del diario barcelonés, destaca el incidente que protagonizó el 21 de junio de 1959 en la iglesia de Sant Idelfons de Barcelona. Fiel a su tradición de ir a la misa dominical, Galinsoga había acudido el 14 de junio a una ceremonia, pero lo hizo a las 9 de la mañana, una hora diferente a como lo hacía habitualmente. En aquel tiempo las misas se celebraban en latín pero la homilía solía ser en castellano; sin embargo, se encontró con la sorpresa de que aquel día y a aquella hora el religioso encargado del celebrar la santa misa, mosén Narcís Seguer, dio su sermón en catalán.

Quiso comprobar si había sido un hecho aislado o algo que se hacía con asiduidad, por lo que una semana después (el 21 de junio) volvió a acudir a la misa de las 9. Comprobó que la homilía del sacerdote era nuevamente en catalán. Por ese motivo Galinsoga se dirigió hasta la sacristía y allí encontró a dos personas (un cura y un sacristán). Allí les protestó por el hecho de que mosén Seguer estuviera hablando en catalán. Se le trató de explicar que, excepcionalmente, de vez en cuando en la misa de 9 se realizaba la homilía en catalán como deferencia a un grupo de feligreses que asistían asiduamente a ese horario y que así lo habían solicitado al sacerdote, pero que el resto de sermones (de la media docena de oficios religiosos que por aquel entonces se hacía cada domingo) eran en castellano.

Galinsoga empezó a gritar que aquello era intolerable. Sacó de su cartera una tarjeta de visita y se las lanzó sobre la mesa. Amenazó al sacristán y al cura de que no sabían con quién estaban tratando y acto seguido exclamó enfurecido que le dijeran al mosén y a todos los feligreses que eran una mierda. Salió de la sacristía y, mientras iba atravesando la iglesia, camino de la calle, seguía farfullando en contra de los catalanes. Una de las parroquianas allí presentes le llamó la atención al tiempo que le decía que era un grosero, momento en el que el periodista acabó gritando: «Todos los catalanes son una mierda», que resonó en toda la iglesia.

El incidente fue muy comentado a lo largo de las siguientes semanas, en las que grupos de católicos y catalanistas decidieron unir fuerzas para organizar actos en contra de Luis de Galinsoga y denunciar su actitud. Ese colectivo estuvo encabezado por un joven Jordi Pujol, quien lideró una serie de acciones que desembocaron en su encarcelamiento un año después (en el conocido como sucesos del Palau de la Música). Durante los siguientes meses muchos fueron los suscriptores que se dieron de baja del periódico. Las ventas descendieron notablemente y también retiraron sus anuncios numerosas empresas. Al mismo tiempo tuvieron lugar algunos actos de protesta por parte de representantes de todos los grupos sociales y económicos, así como de la burguesía catalana. Hicieron llegar hasta el mismísimo Franco el malestar general por el bautizado como «caso Galinsoga», que acabó con la destitución, por parte del Consejo de Ministros, del polémico director de *La Vanguardia Española* el 5 de febrero de 1960. Como dato anecdótico, cabe destacar que el susti-

Carta de Josep Tarradellas al director de *La Vanguardia* en 1981
(vía Hemeroteca *La Vanguardia*).

tuto de Galinsoga fue Manuel Aznar Zubigaray, uno de los fundadores en 1939 de la agencia EFE y abuelo de José María Aznar, presidente del Gobierno español entre 1996 y 2004.

TARRADELLAS, PUJOL Y EL VIVA ESPAÑA

Y sin abandonar Cataluña, pero avanzando en el tiempo 22 años, nos encontramos con otro famoso desencuentro verbal entre políticos, que tuvo como protagonistas a Josep Tarradellas, Jordi Pujol y el entonces director del diario *La Vanguardia*, Horacio Sáenz Guerrero.

El 20 de marzo de 1980 se celebraron las primeras elecciones al Parlamento de Cataluña desde la llegada de la democracia. Las votaciones las ganó la coalición electoral Convergencia i Unió, liderada por Jordi Pujol. Necesitó de una segunda vuelta en el Parlament para conseguir la mayoría simple suficiente y ser investido como presidente, con el apoyo de Centristes de Catalunya-UCD y Esquerra Republicana de Catalunya. Pujol reemplazaba en el cargo a Josep Tarradellas, un veterano político que había sido nombrado Presidente de la Generalitat en el exilio en 1954 y que fue oficializado tras su retorno a España en 1977, en los inicios de la transición democrática (estimado lector, en este libro encontrará todo un capítulo dedicado en exclusiva a aquel histórico periodo).

El acto oficial de toma de posesión de Jordi Pujol como nuevo presidente de la Generalitat de Catalunya tuvo lugar el 8 de mayo de 1980 y parece ser que hubo un pequeño desencuentro entre el *president* saliente y el entrante. Las consecuencias no se conocerían hasta un año después.

Josep Tarradellas, como presidente saliente, había sido invitado a realizar un brindis en tan solemne acto y la fórmula que el veterano político escogió para terminar su parlamento era con el grito de «*Visca Catalunya i visca Espanya!*» (¡Viva Cataluña y viva España!), parece ser que el propio

Pujol le prohibió taxativamente cualquier proclama de elogio hacia España. Esta anécdota pasó prácticamente desapercibida y quedó en el olvido de todos, menos del propio Tarradellas. Este, un año más tarde (concretamente en marzo de 1981), quiso hacer público el desencuentro aprovechando que, un par de meses antes había saltado a la prensa cierta polémica en torno al Gobierno de la Generalitat y su política de inmersión lingüística, tras la publicación en el rotativo *Diario 16* del conocido como «Manifiesto de los 2300», un documento firmado por intelectuales, políticos y personalidades relevantes en el que se reclamaba a Pujol la igualdad de derechos lingüísticos en Cataluña hacia todos los castellanoparlantes.

Tarradellas, muy hábilmente, supo aprovechar aquel momento de crispación política y social que había en la prensa hacia Jordi Pujol y envió una carta personal a su amigo, el director de *La Vanguardia*, Horacio Sáenz Guerrero, en la que le explicaba, entre otras cosas, la polémica ocurrida durante el brindis en la toma de posesión de Pujol y cómo este le prohibió gritar un «*Visca Espanya*», además de criticar al presidente por su política partidista y por no haber buscado consenso en el asunto lingüístico. El director del diario barcelonés, amigo de ambos políticos, decidió no publicar la mencionada carta en el rotativo que dirigía, al considerar que se trataba de correspondencia privada. Esta decisión no fue del agrado de Tarradellas, quien decidió filtrarla a otros medios. El 15 de abril, *El Periódico de Cataluña* (propiedad del Grupo Z), publicaba la carta del *expresident* y un día después, en vista al revuelo que ello había provocado, *La Vanguardia* decidió publicarla íntegramente, añadiendo en su inicio una pequeña explicación sobre por qué Sáenz Guerrero había decidido, en un principio, no hacerla pública.

Jordi Pujol prefirió no replicar públicamente a su antecesor, aunque desmintió que le prohibiese gritar el mencionado viva España y asegurando que él mismo, durante el acto de su toma de posesión, hizo un brindis «por Cataluña, por las comunidades autónomas y por España», algo que se corroboró también a través de *La Vanguardia*.

UN 15M EN EL SIGLO XV

Muchos fueron los que se refirieron a ella como la rebelión en la que «los gorriones corrieron detrás de los halcones». Y es que la «revuelta irmandiña», que tuvo lugar en Galicia entre los años 1467 y 1469, fue un levantamiento popular que se produjo tras décadas de injusticias y abusos por parte de los grandes señores feudales y la nobleza gallega hacia la población. No surgió de la noche a la mañana, estuvo gestándose durante mucho tiempo, décadas en las que indignados campesinos, artesanos, algunos miembros del clero e incluso hidalgos del escalafón más bajo de las clases nobles, prepararon, concienciaron y convencieron a cerca de 80 000 personas para que formasen parte de las diferentes hermandades que se iban creando. Entre todos llegaron a formar la Irmandade Xeral (Hermandad General).

Desde la unión de los reinos de León y Castilla, dos siglos atrás, Galicia dependía de la corona castellana, que en aquellos momentos se encontraba inmersa en disputas familiares y dinásticas y no prestaba demasiada atención a lo que estaba ocurriendo en la región gallega. El desproporcionado abuso por parte de la nobleza, que obligaba a pagar cada vez más impuestos, además del obligado diezmo (tributo del 10 % sobre todas las cosechas y ganancias), los robos que sufrían muchos colectivos a manos de forajidos que actuaban bajo el amparo del feudo o la violación de docenas de mujeres sin impunidad alguna hizo que finalmente el pueblo explotase y se alzara en armas contra sus opresores.

La primavera de 1467 miles de miembros de las hermandades, conocidos como los irmandiños, se levantaron contra los nobles: asaltaron sus castillos y posesiones y arrasaron con cuanto pudieron. Este alzamiento social provocó que en los siguientes meses muchos fuesen los *halcones* (nombre con el que se conocía a los partidarios de la nobleza debido a que esta ave los representaba) que huyeran de Galicia tras ser expulsados por los *gorriones* (animal que simbolizaba al pueblo). Los nobles fueron en busca de ayuda para reorganizarse y volver bien armados con la intención de recuperar todas sus posesiones, pero sobre todo para volver a dominar a la población.

A lo largo de los dos siguientes años los irmandiños tomaron el control de más de un centenar de castillos. Cuando todo parecía estar bajo el dominio de los sublevados fueron sorprendidos por el regreso de los halcones, quienes llevaban consigo potentes ejércitos armados hasta los dientes y con avanzadísimo armamento: la aparición de los primeros arcabuces. La revuelta irmandiña fue aplastada por completo: los principales cabecillas fueron asesinados o encarcelados y se volvió a someter a la población a repetidos abusos.

GUERRA FRÍA, CASI HELADA

Si tenemos que hablar de enemigos políticos irreconciliables, estos han sido, sin lugar a duda, los Estados Unidos y la Unión Soviética, quienes estuvieron enfrentados a lo largo de medio siglo de tensiones, en el periodo conocido como Guerra Fría, entre 1945 tras finalizar la Segunda Guerra Mundial e inicios de la década de 1990, con el fin del régimen soviético. El término supuestamente fue acuñado en 1947 por el consejero presidencial estadounidense Bernard Baruch (aunque hay discrepancias, debido a que hay quien señala como autor al escritor inglés George Orwell, quien la utilizó en un artículo publicado en *The Observer* en marzo de 1946).

La Guerra Fría fue una etapa de la Historia mundial en la que continuos fueron los conflictos diplomáticos por parte de los bloques occidental y oriental, numerosos los casos de espionaje de unos hacia los otros y numerosas las ocasiones en las que estuvo a punto de estallar la que hubiese sido la Tercera Guerra Mundial. El momento álgido en la tensión política entre los EE. UU. y la URSS es el periodo que va desde mediados de la década de los años 50 hasta finales de los

70. En los inicios del enfrentamiento entre los dos bloques uno de los puntos que mayores conflictos ocasionaba era el hecho de hablar idiomas diferentes, de ahí que en más de una ocasión se creara alguna crisis tras las declaraciones de algún responsable político al ser malinterpretadas o traducidas de modo erróneo. Por ejemplo, el que ocurrió el 18 de noviembre de 1956, cuando el máximo líder de la URSS, Nikita Jrushchov, pronunció unas palabras en la embajada de Polonia en Moscú que, tras una deficiente y poco exacta traducción por parte de los estadounidenses, causó un sonado alarmismo. Leyeron en ellas la provocadora frase: «Los enterraremos».

Este es tan solo uno de tantos casos que se dieron a lo largo de los siguientes años. Y ya no solo por algún tipo de declaración, sino cuando miembros de ambas delegaciones hablaban entre sí y quedaba en duda si una palabra de la conversación iba con algún doble sentido. Así que se decidió abrir un puente de comunicación, sobre todo tras la crisis de los misiles en Cuba de octubre de 1962, en el que los máximos responsables de la Casa Blanca y el Kremlin pudiesen estar directamente en contacto. Pero esa primera línea no era ningún teléfono, sino un teletipo por el que llegaba todo por escrito, así sabían que no podría haber ningún tipo de error o equivocación al creer que el interlocutor había dicho una cosa u otra, algo que sí pasaría si comunicaban por voz. Fue firmado el acuerdo de instalarla durante el mandato de John F. Kennedy, el 20 de junio de 1963, en un encuentro diplomático realizado en Ginebra y al que se le bautizó con el nombre de *Moscow-Washington hotline* (Línea caliente Moscú-Washington), aunque los estadounidenses preferían llamarla *Washington-Moscow direct communications link* (Enlace directo de comunicaciones Washington-Moscú).

El cable de la línea dúplex del teletipo hacía el recorrido Washington DC, Londres, Copenhague, Estocolmo, Helsinki, Moscú, y los mensajes iban convenientemente cifrados. Y aunque los mensajes que salían o se recibían en la capital rusa sí que llegaban directamente al Kremlin, los norteamericanos prefirieron que su teletipo estuviese instalado, en un principio, en el Pentágono, la sede del Departamento de Defensa de los Estados Unidos, y no en la Casa Blanca. El primer mensaje enviado se realizó desde Washington a Moscú el 30 de agosto de 1963 y el texto, a modo de prueba, era: «*The quick brown fox jumped over the lazy dog's back* 1234567890» (Un zorro rápido y pardo saltó sobre el lomo de un perro holgazán 1234567890), un pangrama sobradamente popular en el que se utilizan todos los números y letras del alfabeto latino. Existe constancia de su primer uso para realizar prácticas con la máquina de escribir, en 1885.

Así que el famoso teléfono rojo no existía como tal en las comunicaciones entre la Casa Blanca y Moscú, aunque fue bautizado de ese modo por la prensa, ya que sonaba mucho mejor que decir «línea caliente». Por qué se eligió el término es bien sencillo y simple: un teléfono es una línea de comunicación y el color rojo fue escogido para simbolizar esa tensión existente entre ambas naciones. En 1971 el cable submarino

Inicialmente, en 1963, el conocido como «teléfono rojo» entre Washington y Moscú era una línea dúplex de comunicación a través de un teletipo (vía «cryptomuseum.com»).

que unía los teletipos fue modernizado por una comunicación vía satélite y una década después, a mediados de los 80, se cambió por un fax. No fue hasta 1991 cuando realmente se utilizó un teléfono físico que comunicó directamente al presidente George H. W. Bush con Mijaíl Gorbachov, y que fue de vital importancia durante el final de la Guerra Fría, la disolución de la URSS y, de manera notable, en la Guerra del Golfo.

Los momentos de mayor tensión y conflicto internacional en el que fue utilizado el teléfono rojo (línea caliente) entre Washington y Moscú han sido el asesinato del presidente Kennedy (1963), la Guerra de Seis Días entre Egipto e Israel (1967), la guerra entre la India y Pakistán (1971), la Guerra de Yom Kipur (1973), la invasión turca de Chipre (1974), la invasión rusa de Afganistán (1979), amenaza de invasión rusa de Polonia (1981), invasión israelí del Líbano (1982), la Guerra del Golfo (1991), los atentados del 11S (2001) y la guerra de Irak (2003).

Cabe destacar que en el museo Jimmy Carter de Atlanta se exhibe un teléfono rojo utilizado por el trigesimonoveno presidente de los Estados Unidos; en realidad, ese teléfono, a pesar de ser rojo, no tenía comunicación con el Kremlin, sino que era utilizado por Carter para comunicarse con el secretario de Defensa en El Pentágono, en los difíciles años en los que, durante su mandato, además de los problemas y tensiones que existían por la Guerra Fría, se encontró con el delicado conflicto que enfrentaba a Egipto e Israel. Fue el artífice de los famosos acuerdos de paz de Camp David.

PEDOS DE ARENQUE

A inicios de la década de 1980 las autoridades militares suecas detectaron, a través de ultrasonidos, la presencia de submarinos extranjeros en sus aguas territoriales. Varias averiguaciones llevaron a la conclusión de que el Gobierno de la URSS había estado realizando algunas maniobras por la zona. Eran los años de la Guerra Fría, que tenía dividida al planeta en dos bloques. Cualquier movimiento extraño de los soviéticos era tomado como una provocación por el bando contrario y a la inversa. La casualidad llevó a que un submarino ruso U137 quedase varado en aguas suecas durante unas maniobras el 27 de octubre de 1981. El Gobierno de Suecia anunció que tomaría medidas y dispuso de un generoso presupuesto económico para que la marina nacional estuviese bien dotada de cara a detectar presencia enemiga en sus aguas territoriales.

Se creó un comité de seguimiento y se dotó de la más avanzada tecnología de detección, algo que costó millones de seks (moneda oficial de Suecia) a los contribuyentes, pero que ayudaba a salvaguardar la integridad nacional sueca, ante el posible intento de agresión soviética o de cualquier otra nación. Se realizaron miles de horas de escucha submarina a través de los radares instalados y en más de una ocasión sonaron las alarmas al detectar ciertos sonidos que señalaban supuestas presencias de submarinos enemigos. Ello llevó a que el Gobierno sueco enviara a lo largo de los siguientes años alguna que otra nota de queja a los diferentes líderes soviéticos que iban ocupando el cargo de mayor responsabilidad: desde Vasili Kuznetsov, pasando por Andréi Gromyko, el mismísimo Mijaíl Gorbachov e incluso, al por entonces presidente de Rusia, Borís Yeltsin, cuando la URSS ya se había desintegrado.

Casi dos décadas de tensión y conflicto diplomático que a partir de julio de 2003 quedó resuelto al publicarse en la web de divulgación «*Science Direct*» un estudio científico titulado «*Sounds produced by herring (Clupea harengus) bubble release*» (Sonidos producidos por el lanzamiento de burbujas de arenque) llevado a cabo por los biólogos marinos Magnus Wahlberg de la Universidad de Aarhus (Dinamarca) y Håkan Westerberg de la Universidad Nacional de Suecia, y que versaba en la curiosa forma de comunicarse que tienen los arenques a través del sonido de las ventosidades que expelen. Tras la publicación del mencionado artículo se pudo concluir que, tras examinarse las miles de horas de grabaciones que el Gobierno sueco tenía, quedaba demostrado que aquellos sonidos detectados de una posible presencia de submarinos soviéticos habían sido en realidad el sonido de las ventosidades de esos peces. Una hilarante historia, digna de novela de humor, si no hubiese sido por los años de conflicto político y diplomático que tuvo a Suecia y la URSS con unas tensas relaciones, además del dineral invertido en las escuchas submarinas.

LA DOCTRINA SINATRA

El 9 de noviembre de 1989 caía el muro de Berlín y con él se ponía fin a cinco décadas de tensión política y a la denominada Guerra Fría, que había enfrentado al bloque comunista de la URSS con el capitalista (u occidental), encabezado por EE. UU. Desde su llegada a la secretaría general del Partido Comunista Soviético, cuatro años antes, Mijaíl Gorbachov había trabajado para conseguir el aperturismo político de su país, acabar con las tensiones, ya no solo con las naciones consideradas enemigas, sino también con aquellos países afines en lo ideológico y que habían tenido bajo su control (los pertenecientes al Bloque del Este o «Pacto de Varsovia»).

Este aperturismo desde el Gobierno de la Unión Soviética debía llevarse a cabo del modo y plazos que cada país escogiera. Se definió el método como Doctrina Sinatra, en clara alusión al cantante estadounidense Frank Sinatra y a su famosa canción *My way* (*A mi manera*). Cada nación elegiría su manera de solucionar sus asuntos políticos internos, sin tener la injerencia soviética alguna, tal y como se había llevado a cabo a lo largo de medio siglo.

El término Doctrina Sinatra fue acuñado por Gennadi Guerásimov, portavoz del gobierno y secretario de prensa del Ministerio de Asuntos Exteriores de la Unión Soviética, quien llamó de ese modo a la política no intervencionista de

Mijaíl Gorbachov en una conversación mantenida el 25 de octubre de 1989 con un grupo de periodistas, cuando fue preguntado por unas declaraciones realizadas por Eduard Shevardnadze, titular de la cartera de Exteriores, sobre el futuro político de los países adscritos al Pacto de Varsovia. Señaló que, al igual que Frank Sinatra tenía una canción en la que indicaba que vivía a su manera (*My way*), el Gobierno soviético haría todo lo posible para que las naciones del bloque del Este pudiesen tener libertad de elección en sus futuras estructuras políticas.

Eduard Amvrósiyevich Shevardnadze (1928-2014), presidente de Georgia entre 1995 y 2003, y ministro de Asuntos Exteriores de la URSS bajo la presidencia de Mijaíl Gorbachov (Robert D. Ward).

MOLESTA COMO UNA PIEDRA EN EL ZAPATO

Y para cerrar este capítulo sobre odios, enemistades y desencuentros políticos he escogido la curiosa historia de Emma Goldman, una mujer que, a lo largo de varias décadas, se convirtió en un estorbo tanto para yanquis como para los bolcheviques.

Emma Goldman, nacida en 1869 en Lituania (en aquellos momentos formaba parte del imperio ruso) fue una mujer luchadora y anarquista que se hizo célebre durante las primeras décadas del siglo XX, tras convertirse en *persona non grata* tanto para los estadounidenses como para los soviéticos. Estaba decidida a dar todo lo que tenía para conseguir un mundo más justo, pacífico y en el que las injusticias sociales desaparecieran y su infatigable trabajo por lograr la igualdad entre hombres y mujeres, además de su pensamiento crítico sobre el sistema, siguen estando de actualidad, a pesar de haber pasado cien años desde entonces. Pero esa visión que tenía sobre el modelo de sociedad perfecto se convirtió en un estorbo para las autoridades de Estados Unidos (país al que había emigrado en 1884 con 15 años huyendo de un matrimonio concertado que le había acordado su progenitor) y de donde fue expulsada y deportada a la Unión Soviética en 1919, tras ser juzgada por sus actividades anarquistas. Cabe destacar que el presidente de la audiencia que la juzgó fue J. Edgar Hoover, conocido años más tarde por convertirse en el más famoso de los directores que han pasado por el FBI. Hoover dijo sobre Emma Goldman que la consideraba «una de las mujeres más peligrosas de América».

Durante las tres décadas en las que vivió en EE. UU., Emma participó en innumerables actos reivindicativos. Se convirtió así en una incansable luchadora, que defendió con uñas y dientes los derechos de centenares de trabajadores, en una época en la que eran frecuentemente pisoteados. Además fue una famosa sufragista y encabezó como líder el movimiento feminista. Esto le proporcionó un gran número de enemigos, quienes aguardaban cualquier pequeño indicio de ilegalidad para echarle encima a las autoridades.

Su fama como activista revolucionaria la precedía. Fue invitada en multitud de actos para dar charlas, mítines y gritar consignas que animasen a los diferentes colectivos a los que apoyaban desde la plataforma reivindicativa. Su creciente fama le reportaría más de un problema con la justicia. El 6 de septiembre de 1901 el anarquista Leon Czolgosz, ferviente seguidor de Emma, tiroteó al presidente de los Estados Unidos William McKinley. Este falleció ocho días después. Emma Goldman junto a otras nueve personas fueron arrestadas, acusadas de ser cómplices del magnicidio. Pero esta no era la única vez en la que fue detenida, ya que se dieron varias ocasiones a lo largo de los siguientes años, la mayoría de ellas acusada de conspirar contra la ley. La prensa escrita también aportó su granito de arena en la persecución a la que se había sometido a Emma, entre ellos desde el diario *Chicago Daily Tribune*, quien la endemonió y culpabilizó de estar tras el asesinato del presidente.

Tras ser expulsada de Estados Unidos y ser deportada a la Unión Soviética, en 1919, se dio cuenta de que la revolución no había llevado a ese país los cambios esperados. Eran más potentes las luchas internas por alcanzar el poder que el interés de los bolcheviques por cambiar realmente las cosas, por lo que acabó convirtiéndose en una pesada molestia para las autoridades soviéticas. Organizó y encabezó varias sublevaciones anarquistas, en un tiempo en el que la ruptura con los comunistas era latente. Tuvo que marcharse de la URSS, donde también había sido declarada *persona non grata*. Ahí comenzó un periplo por otros países, entre ellos Italia, Francia y el Reino Unido, donde intentó meterse en política, aunque se le impidió por todos los medios. También pasó por España en plena Guerra Civil (donde permaneció entre 1937 y 1939), colaborando con el Frente de Aragón y dando su apoyo a los milicianos de la CNT, donde conoció a destacados miembros de la famosa columna Durruti.

III. ESOS CÁNDIDOS CANDIDATOS

Conocemos como candidata a aquella persona que es designada o se postula para ocupar un cargo político, aunque también se utiliza frecuentemente el término para designar al aspirante a un puesto de trabajo. Este vocablo tiene una procedencia antiquísima y se originó para referirse a quienes pretendían acceder a un cargo público o político en la Antigua Roma. Para ello, esos aspirantes vestían una toga de color blanco, que es lo que dio origen al término, debido a que en latín, de donde proviene la palabra *candidatus*, significaba literalmente «el que viste de blanco». El blanco determinaba la pureza y la honradez de las personas destinadas a representar al pueblo o al Estado, que era las cualidades que debían poseer los aspirantes y motivo por el cual vestían de ese color.

A lo largo de la Historia infinidad han sido los candidatos y candidatas a ocupar cargos políticos que son dignos de mencionar en este libro, ya fuere por alguna peculiaridad personal, algo referido a su campaña o candidatura (por extravagante, original o singular) o simplemente porque no existieron como tal.

Cartel de propaganda electoral de Yetta Bronstein.

PONGA UNA AMA DE CASA EN LA CASA BLANCA

Y déjeme, estimado lector, que empiece por esto último y le explique la curiosa historia de Yetta Bronstein, una singular candidata a presidenta de los Estados Unidos que jamás existió.

En la campaña a las presidenciales de 1964 se presentó una curiosa candidatura encabezada por la desconocida Yetta Bronstein, un ama de casa judía que residía en el Bronx (Nueva York) y que pretendía acceder a dirigir la nación desde la Casa Blanca. Su eslogan de campaña fue «Vota por Yetta y las cosas van a cambiar» y «Ponga una madre en la Casa Blanca».

Entre sus promesas electorales incluía (junto a otras descabelladas propuestas):

— Poner un suero de la verdad en la fuente de agua potable del Senado.
— La instalación de un lector de mentes junto con el detector de metales.
— Instalación de salas de bingo nacionales.
— La impresión de una imagen desnuda de Jane Fonda en los sellos postales «para aliviar el déficit de la oficina de Correos y también dar un poco de placer por seis centavos a aquellos que no pueden pagar la revista *Playboy*».

Consiguió que un gran número de seguidores comenzaran a afiliarse a su partido político, llamado The best party, quienes se acercaban hasta la sede electoral situada en el 507 de la 5ª avenida de Nueva York. Los medios de comunicación comenzaron a interesarse por esta peculiar candidata y quisieron entrevistarla en multitud de radios y periódicos. Pero había algo extraño: la señora Yetta Bronstein solo concedía entrevistas telefónicas y en todo el tiempo de campaña solo se le había visto en una sola fotografía, pero en ningún acto público o mitin. Poco después, esta singular candidata, tal y como apareció en el panorama político y social estadounidense, desapareció.

En 1966 aparecía en los estantes de las librerías un libro titulado *The President I Almost Was by Mrs. Yetta Bronstein* cuyo autor era Alan Abel, un conocido bromista profesional que a lo largo de su carrera había dirigido un puñado de falsos documentales. Hizo acto de presencia en numerosos espacios televisivos y radiofónicos y se dedicó a crear noticias falsas (lo que actualmente llamamos *fake news*) que filtraba en los medios de comunicación para, posteriormente, demostrar la fragilidad de estos y de la sociedad en general a la hora de creerse cualquier tipo de noticia.

Cabe destacar que las entrevistas telefónicas realizadas durante la campaña a la falsa candidata las había contestado Jeanne, esposa de Alan Abel, y la mujer que aparecía en las fotografías de los carteles de la campaña electoral de Yetta era la señora Ida, madre del bromista ideólogo del engaño.

NO SE VA NI CON AGUA HIRVIENDO

Según indica un antiquísimo truco casero, un buen chorro de agua hirviendo es un eficaz remedio para desincrustar alguna cosa que se ha quedado adherida y que no hay manera de sacarla por el método tradicional. Por tal motivo se utiliza a menudo la irónica expresión «no se va ni con agua hirviendo» para referirse aquellos personajes que ocupan algún cargo y no hay manera de que se retiren o presenten su dimisión tras haber sido pillados por un escándalo o corrupción. Innumerables también son los políticos que se han pasado un buen puñado de años ejerciendo su cargo sin que nadie los moviera de ahí.

Por ejemplo, el de rey o reina es un cargo que suele alargarse durante toda la vida del propio monarca, desde que es coronado hasta el fallecimiento, a excepción de si es derrocado o abdica. El reinado más largo de la historia lo encontramos en el Antiguo Egipto en el que el faraón de la sexta dinastía, Fiops II, llegó al trono en el año 2281 a. C., cuando contaba con seis años, y permaneció en el mismo a lo largo de 94 años. Falleció centenario. Tampoco se queda corta Isabel II del Reino Unido, quien lleva ocupando el trono británico desde el 6 de febrero de 1952 (67 años ininterrumpidamente, en el momento de escribir este libro).

Teodoro Obiang Nguema llegó a la presidencia de Guineal Ecuatorial en 1979 mediante un golpe de Estado. Convocó elecciones democráticas diez años después y desde entonces ha ido ganado, mediante mayoría absoluta, una convocatoria detrás de otra. Se ha mantenido al frente del país africano a lo largo de cuatro décadas. De este mismo continente era el político angoleño José Eduardo dos Santos, quien a lo largo de 38 años se mantuvo como presidente de Angola (también desde 1979). Cedió el poder en 2017 tras destaparse numerosos casos de corrupción y la inmensa fortuna que había acumulado.

Pero estos no han sido ni de largo los mandatarios de regímenes no monárquicos que más tiempo han ocupado el cargo. Por delante de Teodoro Obiang Nguema se sitúan otros nueve personajes: el cubano Fidel Castro, con 52 años y 62 días (1959-2011); el norcoreano Kim Il-sung con 48 años y 203 días (1945-1994); el taiwanés Chiang Kai-shek, 46 años y 177 días (1928-1975); el mongol Yumzhagiyen Tsedenbal, 44 años y 137 días (1940-1984); el camerunés Paul Biya, todavía en el poder desde hace 44 años (desde 1975); el gabonés Omar Bongo, 42 años y 175 días (1966-2009); el libio Muamar el Gadafi, 42 años y 49 días (1969-2011); el albanés Enver Hoxha, 40 años y 171 días (1944-1985); el saharahui Mohamed Abdelaziz, 39 años y 275 días (1976-2016). En el decimoprimer lugar de este *ranking* nos encontramos a Francisco Franco, con 39 años y 50 días (1936-1975).

Nicolás Zúñiga y Miranda, Zacatecas, 13 de mayo de 1865 - Ciudad de México, 8 de julio de 1925 (Archivo Casasola).

EL CANDIDATO PERPETUO

También podemos encontrarnos casos curiosos como el del Nicolás Zúñiga y Miranda, quien se convirtió en el candidato perpetuo a la presidencia de México. Se presentó a las elecciones una y otra vez a lo largo de 32 años consecutivos (entre 1892 y 1924) y no logró jamás su propósito.

Nicolás Zúñiga era un personaje un tanto peculiar. Descendía de una adinerada familia de origen español y desde bien joven destacó por algunas de sus excentricidades. A pesar de que cursó estudios de Derecho, una de sus grandes aficiones fue la sismología y, de hecho, en 1887, con tan solo 22 años, aseguraba haber inventado un sismógrafo capaz de predecir cualquier movimiento sísmico. En sus primeras demostraciones tuvo la suerte o la certeza (los historiadores dicen que fue lo primero) de predecir y acertar que se produciría un pequeño terremoto que ese mismo año tendría lugar en la capital del país. Esto le dio cierta fama e incluso le proporcionó unas buenas ganancias económicas vendiendo panfletos con sus futuras predicciones, entre las que se encontraba un terremoto que debía asolar gran parte de México. Pero esa vez y las consecutivas se equivocó de pleno.

La popularidad adquirida lo animó a querer presentarse como candidato del pueblo para presidir la nación. Lo hizo en solitario y sin el apoyo de un partido político tras él, solo con el respaldo de la ciudadanía, con el convencimiento de que podría derrotar a Porfirio Díaz, el otro candidato y presidente en aquellos momentos desde 1884 (en intervalos interrumpidos). Zúñiga tenía una muy particular manera de ser, comportarse y vestir. Acudía a los actos públicos engalanado, portando un monóculo y un vistoso sombrero de copa, lo cual lo convertía todavía más en un burlesco personaje al que gran parte de los ciudadanos tomaban en chanza.

En las elecciones de 1892 los datos oficiales del recuento dieron un resultado de 17 277 votos a favor de Porfirio Díaz y tan solo 24 votos para Zúñiga. Cabe destacar que estas cifras estarían posiblemente manipuladas, debido a las continuas irregularidades que se cometieron durante los años en los que gobernó Díaz y que eran conocidas como *porfiriato*. El curioso aspirante no quedó convencido con el recuento y aseguró que estaba seguro de que había obtenido muchísimo más apoyo, debido al respaldo ciudadano que sentía tener. No admitió la derrota ante Porfirio y se autoproclamó vencedor de los comicios, algo que le costó un arresto carcelario de 25 días.

En efecto Nicolás Zúñiga tenía el apoyo de muchísimas personas que lo animaban a seguir presentándose, pero en realidad no era un respaldo verdadero debido a que posteriormente no se veía trasformado en votos. Por tal motivo el eterno candidato seguía intentándolo una vez tras otra, a lo largo de nueve elecciones más, y las fue perdiendo todas. Contra Porfirio Díaz en cuatro ocasiones más (1896, 1900, 1904 y 1910), en las que en el recuento se le concedían, sorprendentemente, cero votos, teniendo el presidente, supuesta y sospechosamente, el cien por cien del apoyo electoral.

Después llegaron las presidenciales de 1917, que ganó Venustiano Carranza, 1920, con el triunfo de Álvaro Obregón y en 1924, en las que obtuvo la mayoría de los votos el candidato Plutarco Elías Calles. Los recuentos nunca le otorgaron a Zúñiga más de un uno por ciento de los votos, en el mejor de los casos. Falleció solo y arruinado en 1925, a los 60 años. Se convirtió décadas después en un entrañable personaje dentro del folklore mexicano, aunque mientras estuvo con vida nunca se le tomó en serio.

VOTA A MI MASCOTA

Todo comenzó como una apuesta en un bar, como tantas otras que nacen tras una barra y unos cuantos tragos. Una noche de agosto de 1981, dos vecinos de la californiana población de Sunol, allí conocidos como *el honesto Paul Zeiss* y *Wolf* (de este último solo trascendió el apodo) se encontraban enfrascados en una conversación sobre la necesidad de tener en la localidad la figura de un alcalde honorario. Esto acabó en una discusión sobre quién de ellos dos conseguiría más votos en el hipotético caso de que se celebraran unas elecciones municipales. En el momento álgido del debate intervino Brad Leber, uno de los clientes del local que allí estaban presentes, quien aprovechó para añadir más leña a la encendida discusión: no se le ocurrió otra cosa que decir a los presentes que, de celebrarse unas elecciones, su perro llamado Bosco conseguiría muchos más votos que Zeiss y Wolf juntos.

Lo que parecía que iba a quedarse como una absurda conversación de bar, provocada por el ambiente etílico de una noche veraniega de copas, acabó convirtiéndose en todo un reto personal. Los presentes decidieron mover todos los papeles necesarios para poner en marcha unas elecciones en las que escoger a un alcalde honorario para la población y de ese modo medir los índices de popularidad de los dos vecinos y el perro. Y así lo hicieron. Montaron sus pequeñas campañas electorales e intentaron convencer a sus vecinos de que eran los candidatos ideales para representarlos en los actos institucionales. Brad Leber hizo lo propio con su perro, pegando carteles y repartiendo octavillas en los que se podía leer el lema: «Un hueso en cada plato, un gato en cada árbol y una boca de incendios en cada esquina».

Cabe destacar que Bosco era un perro sumamente popular entre los ciudadanos de Sunol, ya que, a pesar de tener propietario, siempre andaba campando a sus anchas por la localidad, acompañando a los vecinos en sus trayectos por la calle y haciendo todo tipo de simpáticas carantoñas propias de un can a cambio de un hueso.

Tras celebrarse las elecciones Bosco resultó el ganador por una inmensa mayoría de votos emitidos, apareciendo su nombre en 75 de las 120 papeletas introducidas en la urna. A partir de aquel momento se convirtió en el primer alcalde honorario de la población de Sunol y ocupó el cargo hasta el momento de su fallecimiento en julio de 1994.

Bosco, el perro que fue alcalde de Sunol.

Evidentemente era un puesto testimonial, pero en todos los actos públicos que se celebraron a lo largo de los 13 años en los que Bosco fue el alcalde honorario allí estaba él, ataviado con una pajarita y un lazo que lo distinguía como máxima autoridad municipal.

Pero el caso de Bosco no es algo aislado y podemos encontrarnos otros curiosos. Talkeetna es una pequeña población de Alaska (en el noroeste del continente americano) de alrededor de 800 habitantes. En 1997 decidieron escoger como alcalde a un cachorro de gato llamado Stubbs, que se encontraba en el comercio local Nagley's Store.

Un gran número de vecinos de aquella localidad estaban descontentos con todos los representantes que hasta la fecha se habían dedicado a defender los intereses de la población, debido a que consideraban que el cargo era simbólico al estar catalogada como distrito histórico y no como pueblo o ciudad, lo que hacía que el representante careciese de importancia dentro de la circunscripción de Matanuska-Susitna a la que pertenece. Por tal motivo, el 12 de julio de 1997, en una asamblea llevada a cabo en Nagley's Store, decidieron por unanimidad que, en vista de que ningún candidato humano les representaba, elegían al gatito Stubbs como nuevo alcalde honorífico. Este cargo simbólico proporcionó cierta fama a la población, atrayendo una media diaria de una cincuentena de turistas que se acercaban hasta Talkeetna con el propósito de visitar al alcalde Stubbs en el comercio. Así aprovechaba el propietario para vender todo tipo de *souvenirs*. El gato ocupó el cargo hasta el 21 de julio de 2017, fecha en la que falleció. Desde entonces el cargo de alcalde honorífico en Talkeetna está vacante.

Por si es de su interés conocer la etimología de *alcalde*, sepa usted, estimado lector, que el término proviene del árabe *al-qâdi*, que significa «el juez». Desde la antigüedad, y mucho antes de ser elegidos democráticamente, este cargo recaía en el juez de aquel lugar. Esta persona se encargaba de velar por el cumplimiento de la ley y legislarla en cada población.

A DIOS ROGANDO...

La influencia del poder eclesiástico dentro de la política también ha sido destacada. A lo largo de la Historia muchos han sido los religiosos que han tomado las decisiones políticas de una nación, la mayoría de veces tras haber sido colocado a dedo en un cargo relevante. Otra cosa es que en unas listas electorales nos encontremos como candidato a un sacerdote, algo que es difícil que ocurra, aunque no imposible, debido a que podemos leer en diferentes puntos de los artículos 285 (§ 3) y 287 (§ 2) del *Código de derecho canónico* que los religiosos no pueden participar de la vida política de un país ni presentarse en unas elecciones generales: [...]Está prohibido a los clérigos aceptar aquellos cargos públicos que llevan consigo una participación en el ejercicio de la potestad civil[...], [...]No han de participar activamente en los partidos políticos ni en la dirección de asociaciones sindicales[...]. Pero también podemos encontrar alguna que otra puntualización, como la que indica: [...]a no ser que, según el juicio de la autoridad eclesiástica competente, lo exijan la defensa de los derechos de la Iglesia o la promoción del bien común[...].

CURIOSOS CANDIDATOS

Candidatos que se han presentado a unas elecciones ha habido y habrá de todo tipo. Podemos encontrarnos que algunos lograron su propósito, como es el caso de la húngara, nacionalizada italiana, Ilona Staller, quien, tras una exitosa carrera como actriz pornográfica con el nombre artístico de Cicciolina, se presentó a las elecciones al Parlamento italiano en 1985 y consiguió un escaño de diputada por el Partido Radical. Ya lo había intentado anteriormente, en 1979, bajo las siglas del Partido Verde.

Hay quien no ha obtenido tanto éxito electoral, en cuanto a votos, pero sí en los medios, como lo sucedido con el actor colombiano Alexis Calvo, muy célebre en su país gracias a unas series televisivas en las que participó. Este señor se presentó para ser escogido senador por su circunscripción en 2018. Una de las peculiaridades de su campaña electoral fue el eslogan que utilizó: «Colombia con altura», que provocó algunos memes y bromas en las redes sociales debido a que este candidato mide un metro y cinco centímetros al padecer enanismo, aunque su presencia mediática y mensaje en pro de la inclusión social hizo que su candidatura tuviese una gran repercusión.

Otro célebre colombiano que hizo lo posible por tener una carrera política en su país, aunque no lo hizo de un modo demasiado limpio, fue Pablo Escobar, quien se presentó a las elecciones para la Cámara de Representantes de Colombia, en 1982, por el Movimiento Renovación Liberal. Iba como suplente de Jairo Ortega. Una vez elegido este, presentó la renuncia para que el famoso narcotraficante ocupase su escaño. Afortunadamente el tiempo que el conocido como «Patrón del mal» pasó en la política nacional de su país fue breve, gracias al acoso que recibió a través de algunos medios, que destaparon su verdadera identidad como jefe del cartel de Medellín y uno de los mayores capos del tráfico de cocaína mundial. Esto provocó, afortunadamente, que abandonase la política.

UN CANDIDATO CON SENTIDO DEL HUMOR

Otro singular personaje que también intentó su inclusión en el mundo de la política fue el cómico francés Michel Colucci, célebremente conocido por su nombre artístico, Coluche, quien se presentó como candidato en las elecciones presidenciales de 1981. Fue durante un delicado momento político de su país, pues Francia estaba atravesando una de sus peores crisis económicas, con una tasa del paro elevadísima y afectada de lleno por las dos famosas crisis mundiales del petróleo de 1973 y 1979. La etapa como presidente de Valery Giscard d'Estaing había provocado que se crearan un gran número de plataformas sociales y políticas de franceses descontentos e indignados que recordaba a la serie de protestas y revueltas que habían tenido lugar durante mayo de 1968.

Michel Colucci, el cómico candidato a las presidenciales de la república francesa en 1981 («lesitecoluche.free.fr»).

Coluche se presentaba a presidente de la República con un programa transgresor y con el propósito de acabar con las corruptelas y abusos de poder que estaban sufriendo en los últimos años. En boca de todos los franceses estaba el escándalo que relacionaba a Giscard d'Estaing con el dictador del imperio centroafricano, Bokassa, quien le había regalado algún que otro diamante. El mensaje electoral del humorista iba dirigido a todas aquellas personas que solían encontrarse excluidas de las políticas sociales; en definitiva, y en palabras del propio Coluche, esperaba el voto de «los vagos, los sucios, los drogados, los alcohólicos, los maricones, las mujeres, los parásitos, los jóvenes, los viejos, los artistas, las bolleras, los presos, los aprendices, los negros, los peatones, los árabes, los franceses, los melenudos, los locos, los travestis, los excomunistas, los abstencionistas convencidos y todos los que no cuentan para los políticos».

En un principio el resto de candidatos se tomaron la candidatura de Coluche como una broma de mal gusto y apenas le prestaron atención, convencidos de que a las pocas semanas se cansaría de hacer el payaso y dejaría la política para los profesionales. Pero, según fueron pasando los días, los apoyos a la candidatura del humorista eran cada vez mayores, hasta tal punto que, en uno de los primeros sondeos realizados en el mes de diciembre, el 16 % de los electores declararon su intención de votar y apoyar al peculiar aspirante. Esto hizo tambalear a los otros candidatos, sobre todo al gran pretendiente presidencial François Mitterrand, quien contaba en aquel momento con un respaldo del 25 %, un margen demasiado estrecho y que podría peligrar si el cómico decidía seguir adelante. Por eso se le intentó convencer, sin éxito, de que el Partido Socialista se comprometía a llevar en su programa electoral la mayor parte de los puntos propuestos por el humorista, a cambio de que este se retirara de la carrera electoral.

Desde los medios de comunicación afines a los dos grandes partidos se lanzó una feroz campaña contra el molesto e incómodo candidato, vetándolo. Intentaron sacar todos sus trapos sucios, siendo lo peor que encontraron de él una multa de 3000 francos que se le había impuesto un año atrás por desacato a la autoridad. Este hecho, cuando se hizo público, reforzó más aún el liderazgo del humorista como alguien contra el sistema y representante de los indignados e ignorados del país. Mientras la popularidad de Coluche, el candidato políticamente incorrecto, iba subiendo como la espuma, siguió la presión y el veto por parte de un gran número de medios. A pesar de ello decidió seguir adelante. Nadie lo callaría, y así lo decía en los cada vez más multitudinarios mítines que ofrecía. El cerco de acoso contra Coluche iba en aumento, hasta que se produjo una auténtica desgracia en el entorno del humorista: René Gorlin, su representante y amigo, apareció asesinado con dos tiros en la nuca. La policía nunca encontró al culpable y cerró el caso atribuyéndolo a un crimen pasional. A esto le siguieron amenazas de muerte anónimas por carta y teléfono, seguimientos, acoso y grupos de extrema derecha reventando los mítines y actos a los que acudía. Cuando quedaban tan solo tres semanas para las elecciones convocó una rueda de prensa en la que anunció la retirada de su candidatura. La presión, las amenazas y la muerte de Gorlin pudieron con él, pero, sobre todo, quiso hacer un acto de responsabilidad política, ya que la mejor de las encuestas lo situaban en el tercer lugar en intención de voto, lejos de sus aspiraciones y con el convencimiento de que si se presentaba restaría votos al otro candidato con muchísimas posibilidades de arrebatar el triunfo al derechista Giscard d'Estaing, por lo que tras su retirada pidió el voto de toda la izquierda y los descontentos para Miterrand, quien acabó ganando las elecciones en la segunda vuelta.

DURMIENDO EN EL ESCAÑO

Provenientes del mundo intelectual también encontramos célebres escritores que dedicaron una parte de su vida a la política. Es el caso de Camilo José Cela, galardonado con el Premio Nobel de Literatura en 1989, y que una década antes había sido escogido senador por designación real, de Juan Carlos I, en la legislatura constituyente de la democracia entre el 13 de julio de 1977 y el 2 de enero de 1979.

Y célebre es una anécdota apócrifa que el mismo literato explicaba como cierta pero que jamás ocurrió, o al menos no hay constancia de ello en ninguno de los diarios de sesiones del Senado y de su Comisión de Constitución (que fueron noventa y seis), donde se recoge todo lo dicho y ocurrido en la Cámara Alta durante aquel periodo. Según explicaba el propio Cela cada vez que era entrevistado y le preguntaban sobre su etapa como senador, durante la sesión del 17 de junio de 1978 al ilustre escritor se le cerraron un momento los ojos, motivo por el que, el entonces presidente del Senado, Antonio Fontán, le indicó que se había quedado dormido, a lo que el literato, con la agudeza e ironía que le caracterizaba, dijo que «estaba durmiendo, pero no dormido». Fontán aseguró que ambas cosas significaban lo mismo y Cela, supuestamente, concluyó con la célebre frase: «Pues, no, como no es igual estar jodido que estar jodiendo». Pero, como se dice en estas ocasiones, *se non è vero, è ben trovato* (que significa «si no es verdad, bien traído está», una locución atribuida al filósofo y astrónomo italiano Giordano Bruno en 1584).

Por cierto, déjenme aprovechar que estaba hablando de este ilustre senador de la joven democracia española para explicarle un par de etimologías relacionadas. Por un lado el origen del término *Senado*. Es frecuente encontrar, sobre todo en las redes sociales, algunas publicaciones que, erróneamente, indican que proviene de la palabra *seno*, añadiendo que, de hecho, esa cámara tiene forma de pecho, motivo por el cual a los senadores, y, por tanto, a los políticos en general, les cuesta tanto dejar el cargo, o sea, dejar de mamar de la teta del Estado. Pero no, esta explicación populista y absurda no deja de ser un bulo y nada tienen que ver los términos *senador* o *Senado* con el seno, es otra de las muchas mentiras virales con las que se intenta desprestigiar a la institución política utilizando la demagogia y la similitud entre esos vocablos. En realidad proviene del latín *senator*, término compuesto por *senex*, cuyo significado literal es anciano o viejo, y el sufijo *tor*, referente a una ocupación o profesión. Por tanto, el Senado era, en la Antigua Roma, el lugar en el que se reunían los hombres ancianos y más sabios que habían sido elegidos como miembros de esa institución cuya finalidad era aconsejar al gobierno, a los magistrados, a los emperadores o a los cónsules, entre otros, y que precisamente habían sido escogidos para tal responsabilidad debido a su avanzada edad y, por tanto, sabiduría.

Otra etimología interesante es la del término *escaño*, con el cual nos referimos al lugar que ocupa un candidato que ha sido escogido con los votos suficientes para representar a un partido político en cualquiera de las cámaras. Proviene del latín *scamnum*, que era el nombre que recibía en la Antigua Roma el banco de gran tamaño y con respaldo en el que se sentaban juntas varias personas, normalmente afines en ideas e intereses. Ese tipo de bancos solía estar en los foros públicos y en el Senado, por lo que no se tardó en relacionar el nombre del asiento (escaño) con el puesto que ocupaba un representante en él. Con el paso del tiempo la mayoría de parlamentos cambiaron los bancos en los que se sentaban varios representantes políticos por butacones individuales, pero a pesar de ello continuó llamándose escaño e incluso es muy habitual que se utilice el término *bancada* al conjunto de parlamentarios de un mismo grupo político (por ejemplo, bancada socialista, bancada popular, bancada republicana…).

INDEPENDENCIA PARA NUEVA YORK

Pero retomemos el hilo y volvamos a aquellos literatos que, a lo largo de la Historia, han querido probar suerte en el mundo de la política, como fue el caso del escritor estadounidense Norman Mailer, quien se postuló para alcalde de Nueva York en 1969 y cuyo propósito, en caso de haber ganado, era limpiar la ciudad de corrupción e independizarla para convertirla en el Estado número 51 de los Estados Unidos.

El aumento de brotes de delincuencia callejera se había multiplicado por tres en los últimos años. Harlem, Brooklyn o el Bronx se habían convertido en lugares inseguros. La gestión del alcalde John Lindsay, del Partido Republicano, era ineficaz, por lo que desde el bando demócrata se decidió presentar la mejor alternativa posible y desbancarlo. Las elecciones municipales de 1969 eran una perfecta excusa para encontrar al mejor candidato. Se habían dado cuenta de que hasta aquel momento lo que siempre primaba en los programas electorales era el partido. Había que cambiar todo eso y que fuesen las ideas de cada uno de los candidatos las que realmente cogiesen un peso específico.

Cinco candidaturas fueron presentadas en las primarias que debía celebrar el Partido Demócrata el 17 de junio de 1969 y en las que se elegiría a quién los representaría en las elecciones de ese otoño. De todos los presentados a las primarias el que más llamó la atención fue el binomio formado por el prestigioso escritor Norman Mailer y el no menos conocido columnista político Jimmy Breslin. Bajo el eslogan «*No more bullshit!*» (¡Basta de mierda!) quisieron propulsar una candidatura en la que la trasparencia y la honradez política fuese fundamental. Era un famoso grito de protesta que se utilizaba a menudo por los manifestantes y que un gran número de estudiantes había hecho suyo en el momento de salir a protestar. Con este lema, Mailer y Breslin querían dar a conocer sus intenciones de limpiar la ciudad de corruptos, mangantes y de toda aquella porquería que se había apode-

Norman Mailer en una imagen de la obra documental
Norman Mailer: The American (2010), de Joseph Mantegna.

rado de Nueva York en los últimos años. Devolver la ilusión y la esperanza a los neoyorquinos era su principal objetivo.

Una de las propuestas que llevaban en el programa electoral era declarar la secesión de la ciudad de Nueva York y convertirla en un Estado propio compuesto por sus cinco distritos (Bronx, Brooklyn, Manhattan, Queens y Staten Island), e incorporarlo como el Estado número 51 de los EE. UU. Al hasta entonces conocido como Estado de Nueva York se le cambiaría el nombre por el de Buffalo, el de la segunda ciudad más grande tras la Gran Manzana. Esta era una vieja aspiración que un siglo atrás ya se quiso llevar a cabo. Aunque tenía un compacto grupo de compromisarios que la apoyaban, no todos se decantaron por la candidatura Mailer-Breslin, al creer que se trataba de un programa demasiado extremista.

Lemas como «*Power to the neighborhood*» (Poder para el barrio), «*Throw the rascals!*» (Echar a los granujas) e incluso «*Vote the rascals*» (Vota a los granujas) junto a propuestas en las que se abogaba por una ciudad en la que estuviesen prohibidos los automóviles particulares, se hicieron inmensamente populares entre los seguidores de Norman Mailer y Jimmy Breslin, algo que los llevó a una semiborrachera de popularidad. Según fueron avanzando las primarias sus propuestas y eslóganes eran más surrealistas y lejos de cualquier lógica: «Declarar el amor libre y obligatorio». Esto provocó que no fuese tomado en serio por aquellos que debían votar para elegir al candidato a la alcaldía. La prensa afín a sus contrincantes políticos también puso su grano de arena en una campaña de desprestigio iniciada contra estos atípicos candidatos. Entre otras cosas, se sacó a la luz trapos sucios de Norman Mailer, como su alcoholismo o el suceso en el que en 1960 apuñaló a su esposa Adele Morales, tras asistir ambos a una fiesta y en el que el escritor iba completamente borracho. Los buenos propósitos de Mailer y Breslin no llegaron a buen puerto y en las primarias celebradas por el Partido Demócrata tan solo obtuvieron el 5 % del apoyo de los compromisarios. Quedaron en cuarto lugar.

REY POR DESIGNIO DEMOCRÁTICO

Pero no solo personas conocidas o anónimas, sino profesionales de cualquier rama o políticos han optado a ser elegidos para algún cargo a lo largo de la Historia. En España contamos con una de esas peculiaridades, que se han dado en muy pocas ocasiones a lo largo de la Historia de la humanidad: es la de haber elegido a un rey a través de un método democrático. Y es que estamos acostumbrados a que los monarcas vayan accediendo al trono de un país por vía hereditaria (de padres a hijos, descendientes o parientes directos o indirectos de un rey fallecido, etc.), o mediante guerras, batallas o matrimonios de conveniencia. Pero eso de que una nación se quede sin monarca y se decida democráticamente quién será el sustituto a través de la cámara de representantes ha sucedido en muy pocas ocasiones. La que sucedió en nuestro país tuvo lugar en la segunda mitad del siglo XIX y su reinado fue efímero.

Tras la revolución que tuvo lugar en septiembre de 1868, llamada popularmente «la Gloriosa», dio comienzo en España un periodo conocido como «Sexenio Democrático», que se inició con la abdicación de la entonces reina Isabel II, con el que se pretendía que el país se rigiese por un régimen democrático y no totalitario como hasta entonces a lo largo de la Historia de la nación. Durante poco más de dos años (entre septiembre de 1868 y enero de 1871) se puso en marcha un Gobierno provisional por el que llegaron a pasar hasta cinco presidentes del Consejo de Ministros. No se encontraba la fórmula perfecta y que tuviera satisfechos a todos los grupos políticos de la nación. A pesar de que la mayoría de ellos estaban a favor de un régimen democrático y apoyaban una posible república (esta llegaría en febrero de 1873), quienes todavía tenían una gran fuerza política era el sector monárquico más moderado, que, a pesar de haber hecho la concesión de permitir la abdicación de la reina, estaban convencidos de que la solución a las necesidades políticas del país pasaban por ser regidas bajo una monarquía constitucional.

Por tal motivo, tras las correspondientes reformas políticas y la aprobación de la Constitución de 1869, se buscó bajo consenso el encontrar al mejor candidato para ocupar el trono de España y que guiase a la nación por el camino de la democracia y la igualdad, por lo que cada grupo político propuso a quien creían que sería perfecto para tal responsabilidad. Se barajaron varios nombres de ilustres personajes relacionados con otras casas reales europeas, pero los conflictos de intereses entre los representantes políticos chocaban de un modo u otro. El candidato proveniente de Prusia no agradaba a unos; el que apoyaba al duque de Montpensier se encontraba también con la oposición de otro sector. De la Casa de Orleáns, miembros de la familia de los borbones (entre ellos Alfonso de Borbón, hijo de la destronada reina Isabel II), daneses, rusos, alemanes o el mismísimo Baldomero Espartero (regente durante la minoría de edad de Isabel II entre 1840 y 1843) eran algunos de los candidatos que habían sido propuestos.

Difícil tarea la de escoger a la persona perfecta, y que llevó a largas e interminables horas de discusión. Se quería hacer de un modo tan democrático que incluso se dejó opinar sobre quién debía ser el nuevo rey a representantes de otros países y monarquías. Finalmente se decidió y se escogió, en noviembre de 1870, a Amadeo de Saboya, duque de Aosta y proveniente de la familia real piamontesa (era hijo del rey de Italia Víctor Manuel II).

Amadeo de Saboya se caracterizaba por su talante progresista y demócrata, algo que necesitaba la nación tras siglos de reyes intolerantes y totalitarios. Sabía que tendría las cosas muy difíciles para reinar, pero decidió aceptar. Uno de sus grandes valedores era el entonces presidente del Consejo de Ministros, Juan Prim, alguien con quien el nuevo rey contaría y tendría como mano derecha. Pero el infortunio hizo que el 27 de diciembre de 1870, tres días antes de la llegada a España del que iba a ser nuevo monarca, Prim muriese víctima de un atentado que sacudió la escena política del momento.

Amadeo I, por Vicente Palmaroli y González (Museo Nacional del Prado).

A partir del 2 de enero de 1871 Amadeo I se hizo cargo de la Corona española. A lo largo de dos años (hasta febrero de 1873), innumerables fueron los contratiempos e inconvenientes con los que se encontró. A pesar de tener el respaldo de un numeroso bloque de representantes democráticos, aquellos que eran contrarios a él se hicieron escuchar y pusieron mil y una trabas para que su reinado tuviese un mínimo de conciliación política. Sus principales opositores fueron los jerarcas eclesiásticos, un sector de los militares, los representantes de la nobleza y gran parte de la burguesía, quienes minaban una y otra vez cualquier resolución que salía del Parlamento y exigían la vuelta de los borbones. Es curioso comprobar cómo tachaban a Amadeo de Saboya de «rey extranjero», sin tener en cuenta que la procedencia familiar del rey que reclamaban también lo había sido.

Visto el panorama, Amadeo I tuvo que hacer innumerables concesiones políticas, algo que descontentó al sector republicano, contrarios al rey, pero que se habían mantenido a la expectativa de lo que ocurría (mejor tener una monarquía constitucional y democrática que una absolutista). Tal y como iba trascurriendo el tiempo los republicanos contaban con más apoyos, por lo que estos también comenzaron a oponerse férreamente al monarca. Cambios de Gobierno tras numerosas crisis políticas, la insurrección carlista e incluso un intento de atentado que sufrió el rey junto a su esposa fueron tensando las relaciones de Amadeo I con las diferentes instituciones (entre ellas la militar) y representantes políticos. Todo ello desembocó en la abdicación del rey el 10 de febrero de 1873, un hecho que fue aprovechado para que se declarara la Primera República Española, la cual estuvo en vigor a lo largo de poco menos de dos años (hasta el 29 de diciembre de 1874), y que terminó tras el pronunciamiento militar a favor de la restauración de la monarquía borbónica y la llegada al trono de Alfonso XII.

GOBERNEMOS A PACHAS

Al igual que Amadeo de Saboya supo que no se le quería por una importante parte de la ciudadanía y optó por abdicar, también nos encontramos con infinidad de personajes que pretenden permanecer en un cargo político a perpetuidad, sin moverse de la poltrona. Algunos de un modo totalitario (como suelen ocurrir con los dictadores); pero ocasionalmente hay quien aspiran a seguir en el cargo a base de hacer extraños pactos contra natura, como sucedió en 1980, durante la convención del Partido Republicano, en la que Gerald Ford propuso copresidir los Estados Unidos junto al candidato Ronald Reagan. Evidentemente, este último se negó.

Tras más de dos décadas como congresista del Partido Republicano en la Cámara de Representantes de EE. UU. por Michigan, Gerald Ford fue escogido vicepresidente de la administración de Richard Nixon, tras la dimisión de Spiro Agnew, el 10 de octubre de 1973, quien presentó la renuncia tras verse salpicado en una trama de evasión fiscal y blanqueo de dinero. De ese modo Ford se convertía en vicepresidente. Tan solo diez meses después (el 9 de agosto de 1974) alcanzaba la presidencia tras la dimisión de Richard Nixon a causa de su implicación en el escándalo Watergate. Era el primero en la historia de Estados Unidos en ocupar los dos cargos más importantes del país sin haber pasado previamente por unas elecciones.

Entre el 16 y el 19 de agosto de 1976 tuvo lugar en Kansas City la tradicional Convención Nacional Republicana, en la que debía elegirse el candidato que representaría al partido en las elecciones presidenciales que se celebrarían en noviembre. Hasta la misma llegaban tres candidatos: el actual presidente Gerald Ford, el exgobernador de California Ronald Reagan y Elliot Richardson, embajador estadounidense en el Reino Unido (este último sin apenas posibilidades). Tras las votaciones, Ford, con el 52,57 % de los votos, fue designado como candidato presidencial por el Partido Republicano para las elecciones del 2 de noviembre, unos comicios que ganaría el demócrata Jimmy Carter por un estrecho margen de votos.

A pesar de la derrota, Gerald Ford continuó teniendo mucha influencia dentro del Partido Republicano, más aún tras haber recuperado los casi 30 puntos de desventaja que llevaba respecto a Carter cuando se inició la campaña electoral y quedando finalmente tan solo a un escaso 1 % por debajo. Cuatro años después, durante la Convención Nacional Republicana que se celebró en Detroit del 14 al 17 de julio de 1980, a pesar de que Gerald Ford no se presentaba como candidato sí que estaba estratégicamente bien situado para poder ir como vicepresidente en la candidatura de quien saliese ganador.

El candidato a presidente mejor situado era Ronald Reagan, quien volvió a intentarlo. En esta ocasión ganó a sus contrincantes republicanos. Cuando se le planteó a Reagan la posibilidad de formar tándem con Ford se produjeron largas conversaciones entre los equipos de asesores de ambos para llegar a un entendimiento.

Reagan deseaba que, de ganar las elecciones, su vicepresidente tan solo fuera su mano derecha con ciertas atribuciones, que fuese él quien tomase la inmensa mayoría de decisiones, algo que con Gerald Ford no sería posible. El expresidente tenía muy claro que, si volvía a saltar a la arena política, debía hacerlo por todo lo alto, y una vicepresidencia se le antojaba pequeña para él, por lo que exigió que, en caso de hacer tándem con Reagan y ganar las elecciones, la forma en que gobernarían debía ser una copresidencia que delimitase las áreas de competencia de cada uno, además de aportar una serie de nombres para formar parte del gabinete de Gobierno, entre los que se encontraba recuperar a Henry Kissinger como secretario de Estado.

Las exigencias de Ford no fueron del agrado de Reagan. Este se negó en rotundo y optó por llevar como vicepresidente a George H.W. Busch, quien se había presentado como candidato a encabezar la lista republicana, pero que apenas había conseguido apoyos ante el abrumador 97,44 % de votos que había conseguido Ronald Reagan en aquella convención. En las elecciones celebradas el 4 de noviembre de 1980, el candidato demócrata y presidente de los EE. UU. Jimmy Carter perdió frente al candidato republicano Reagan por una diferencia de casi diez puntos.

Respecto a la posibilidad real de que en Estados Unidos hubiese habido una copresidencia, en caso de ir juntos Reagan y Ford, muchas y diversas son las opiniones expresadas por los expertos. La mayoría señala que no habría funcionado y que el Gobierno se hubiese visto abocado a una crisis política y de liderazgo, ya que, como se suele decir, no hay que meter dos gallos dentro de un mismo corral, en este caso dentro de la Casa Blanca. Sin embargo, el tándem formado por Reagan-Bush funcionó perfectamente durante dos legislaturas, aunque evidentemente tuvieron sus pequeñas diferencias, pero nada trascendentales.

Reagan y Bush con Gorbachov en Governor's Island, Nueva York, 1988.

ENCARGADO DEL RETRETE REAL

Pero no siempre los candidatos a ocupar un cargo político de relevancia se han escogido democráticamente, un gran número de ellos han conseguido su propósito a través de designación directa. Durante la Historia infinidad han sido las monarquías en las que se escogía al jefe de Gobierno o primer ministro directamente por designación real. Y no todos aquellos que aspiraban a ocupar uno de esos puestos lo han tenido fácil para que el rey de turno los escogiera para tal cometido. La mayoría de ellos debían situarse como hombres de confianza del monarca de turno y, a través de ganarse la amistad del soberano, podrían alcanzar la meta. Entre las innumerables historias curiosas podemos encontrar la de John Stuart, tercer Conde de Bute, y cómo consiguió llegar a ser primer ministro de Gran Bretaña, entre 1762 y 1763. Para ello se ganó la confianza del rey Jorge III, trabajando para él como *groom of the stool* entre 1760 y 1761. Este cargo se traduciría por «novio del taburete» o, diciéndolo de otro modo más claro y gráfico, era el encargado del retrete real. Entre sus ocupaciones estaba el limpiar el trasero del monarca una vez este había acabado de evacuar, un desagradable cometido que tuvo que realizar con el fin de ganarse la familiaridad total del rey y poder así alcanzar su propósito político.

Cabe destacar que el caso de John Stuart como encargado del retrete de Jorge III de Gran Bretaña no fue algo aislado en la Historia de Inglaterra, este cargo fue ocupado a lo largo de cinco siglos, desde el siglo XV hasta recién iniciado el XX, explícitamente por aristócratas.

IV. MUJERES QUE CAMBIARON LA HISTORIA

Mujeres vinculadas al mundo de la política ha habido muchas a lo largo de la Historia, pero lamentablemente no tantas como deberían haber sido, debido al heteropatriarcado ejercido para que los cargos de responsabilidad y de representación del pueblo estuviesen casi siempre en manos de hombres. Afortunadamente desde finales de 1800, cuando surgieron los movimientos feministas y sufragistas, la cosa se ha ido normalizando paulatinamente y en el último siglo bastantes, aunque insuficientes, son las que han ocupado puestos de relevancia. En este capítulo trataré de acercar unos cuantos curiosos relatos sobre mujeres que, gracias a su esfuerzo, dedicación y valentía, cambiaron la Historia de la política.

PRIMEROS PASOS HACIA LA IGUALDAD

La influencia que ejerció Clara Zetkin en la Alemania del último cuarto del siglo XIX y las primeras décadas del XX fue fundamental para sentar las bases de la lucha de las mujeres por un trato más justo e igualitario. En 1874, con 17 años de edad, comenzó a frecuentar los ambientes donde se discutía de política social y se relacionó con personas de pensamiento afín que pertenecían a los movimientos obreros y que le abrieron la puerta para ingresar en el Partido Socialista de los Trabajadores. Pero la prohibición de cualquier actividad socialista en Alemania por parte del canciller Otto von Bismarck hizo que con tan solo 25 años se trasladara a vivir como refugiada a Suiza. Finalmente se exilió a París, donde residió hasta 1890. En ese año regresó a su país de origen debido a que fue derogada la ley promulgada por von Bismarck.

Su ánimo de lucha por la igualdad entre las clases y, sobre todo, entre hombre y mujer la llevó a una militancia política cada vez más radical y, según iban avanzando los años, más hacia la izquierda. Desde el diario *Die Gleichheit* (La igualdad), editado por ella misma en 1891, llevó una lucha continua a través de sus incendiarios artículos, que ponían en evidencia los tratos de desigualdad que sufrían millones de mujeres de toda Alemania. En 1907, fue la encargada de promover la celebración de la Conferencia Internacional de las

Arthur Holitscher, Clara Zetkin, y Claude McKay, Moscú, 1923.

Mujeres Socialistas en Stuttgart. Allí se sentaron las bases para la declaración internacional que solicitaba el derecho del voto para la mujer, que hasta entonces solo tenían las ciudadanas de dos países en todo el planeta: Finlandia y Nueva Zelanda. Tres años después la conferencia se celebró en Copenhague y una vez más Clara volvió a tener máximo protagonismo: propuso un día internacional para celebrar los derechos de la mujer trabajadora. Se celebró el 19 de marzo de 1911 y tan solo seis días después se produjo la trágica muerte de 123 trabajadoras en una fábrica textil de Nueva York, al parecer calcinadas durante una huelga en la que el propietario había cerrado las puertas de la empresa y le había prendido fuego. Posteriormente esa jornada reivindicativa sería trasladada al 8 de marzo y pasó a llamarse Día Internacional de la Mujer, tal y como lo conocemos en la actualidad.

Fueron años de militancia activa que llevaron a Clara a conocer a numerosos personajes claves en el pensamiento social y político de la época. Su amistad con Rosa Luxemburgo fue fundamental para radicalizar su mensaje y dirigirlo a las bases más desprotegidas de la sociedad, y que hicieron de ella todo un símbolo de la lucha por la igualdad y el voto femenino. Gracias al impulso y la lucha de mujeres como Clara Zetkin la igualdad entre hombres y mujeres ha dado pasos de gigante desde entonces.

EL DISPUTADO DERECHO AL SUFRAGIO FEMENINO EN ESPAÑA

Una de las grandes defensoras del sufragio femenino en España, y a quien se le debe en gran medida su aprobación, fue Clara Campoamor, diputada por el Partido Republicano Radical y de fuertes convicciones socialistas (unos años antes había estado muy cercana al PSOE, aunque no llegó a afiliarse). Paradójicamente, en las elecciones generales de 1931, en las que fue elegida diputada, las mujeres podían presentarse en las listas electorales pero no ejercer el voto. Pero la defensa a ultranza que hizo para conseguir el sufragio femenino, y que este fuese incorporado en la constitución, se encontró con la férrea oposición de Victoria Kent, diputada por el Partido Republicano Radical Socialista, quien defendía la teoría de que las mujeres españolas de la época todavía no estaban preparadas para ejercer el voto y que, en caso de hacerlo, estas acabarían votando a partidos de derechas influenciadas por estar tantos años bajo el yugo de la Iglesia.

Estas dos posturas encontradas entre Clara Campoamor y Victoria Kent proporcionaron algunos de los momentos más brillantes en el debate abierto en las Cortes. Una batalla dialéctica en la que cada una exponía de un modo magistral y razonado sus argumentos sobre si era conveniente y de ley permitir el voto a las mujeres o, por el contrario, todavía no se debía aprobar hasta que no se instruyese a la ciudadanía a votar con responsabilidad. Los grupos políticos contrarios al sufragio femenino y, sobre todo, a la presencia de mujeres en el parlamento, aprovecharon este enfrentamiento entre Campoamor y Kent para criticar que hubiera diputadas que, según éstos, entorpecían el normal desarrollo en la cámara con una discusión que, a su entender, era absurda.

Recordado será en los anales de la Historia parlamentaria en España el debate celebrado el 1 de octubre de 1931 en las Cortes entre Clara Campoamor, quien defendía la aprobación en la nueva Constitución del sufragio femenino, y Victoria Kent, que se oponía al mismo, pero en aquel momento, ya que defendía que la mujer debía votar pero para ello debía pasar mucho tiempo de adaptación democrática y a la República. Una vez finalizado el debate, los representantes políticos votaron y ganó la postura de Campoamor por 161 votos a favor de aprobar el artículo 36 y 121 votos en contra. Quedaba así aprobado el sufragio universal en España. A partir de aquel momento todos los españoles, sin distinción de sexo y que fueran mayores de 23 años, edad mínima para votar en aquel momento, podrían ejercer este derecho democrático.

Pero para ello se tendría que esperar un par de años. No fue hasta el 19 de noviembre de 1933 cuando tuvieron lugar las siguientes elecciones generales en las que las mujeres españolas pudieron votar por primera vez. En aquellos comicios la izquierda se presentó desfragmentada y dividida, lo que benefició a la derecha, que las ganó al presentarse en coalición bajo las siglas del CEDA (Confederación Española de Derechas Autónomas). El hecho de que la derecha ganase las elecciones de 1933 provocó que desde los partidos radicales y más a la izquierda del espectro político, que se habían opuesto a que se aprobase el voto femenino, se acusase a la inexperiencia femenina, haciéndose eco de ello la prensa de la época.

UNA FEMINISTA EN EL OLVIDO

Durante el último cuarto del siglo XIX, coincidiendo con el momento más activo y efervescente del feminismo y sufragismo en Estados Unidos, la escritora Marietta Holley se convirtió en una de las autoras que más libros vendió. Sus novelas fueron las más leídas por el público en general, pero sobre todo por las mujeres. Pero no se trataba de unas historias de corte romántico, como las que por aquella época solían publicar otras autoras que se dedicaban a la literatura. Sus libros estaban escritos desde el humor, eran divertidos, inteligentes y, además, con una gran dosis de ironía mordaz. Desde la sátira reflejaba (criticaba) la sociedad y la política estadounidense. A través de la protagonista de sus novelas, a la que bautizó con el nombre de Samantha Allen, ridiculizó en numerosas ocasiones el papel de los hombres en la sociedad, algo que hasta la fecha muy pocas personas se habían atrevido a hacer, y mucho menos una mujer.

La serie de novelas de Samantha Allen la hacían vivir numerosas aventuras y viajar a un buen puñado de lugares, convirtiéndola en una intrépida protagonista que hacía soñar a miles de lectoras con que algún día ellas podrían tener una vida así. Pero todos esos viajes y aventuras que escribió Marietta Holley no estaban basados en vivencias personales, ya que apenas se había movido de su entorno rural. Nació en 1836 en una granja de la población de Ellisburg, un pequeño pueblo situado en el condado de Jefferson (Estado de Nueva York).

También es de destacar lo enormemente tímida que era, algo que la obligó a publicar sus primeros libros bajo seudónimo. Inicialmente usó *Jemyma* y posteriormente *Josiah Allen's wife* (esposa de Josiah Allen), aunque cabe destacar que siempre se mantuvo soltera y no se le conoció relación sentimental alguna. Su timidez también le impidió acudir a eventos y presentaciones de sus libros, debido a que sentía auténtico pánico de hablar en público. Por tal motivo tampoco aceptó ninguna de las invitaciones que le hicieron persona-

Marietta Holley (1836-1926) fotografiada por C.M. Bell (Library of Congress).

jes tan importantes de la época como la sufragista Susan B. Anthony, quien la instó en multitud de ocasiones a participar en los mítines que las feministas realizaron. Numerosas son las crónicas del último cuarto del siglo XIX que comparan la narrativa de Marietta Holley con la del insigne Mark Twain, con quien llegó a forjar una buena amistad.

Gracias a la pequeña fortuna que ganó con la venta de sus libros (escribió alrededor de veinticinco y superó los diez millones de ejemplares vendidos) hizo construirse una mansión, donde residió la mayor parte de su vida hasta que falleció en 1926 a los 89 años. Cabe destacar que ya en el siglo XX su obra y su nombre quedaron prácticamente en el olvido, son muy pocas las personas que conocen o han escuchado hablar alguna vez de ella.

LA LIBERTADORA DEL LIBERTADOR

Durante la primera mitad del siglo XIX, cuando el movimiento feminista todavía no estaba organizado, vivió Manuela Sáenz Aizpuru, una mujer a la que la Historia injustamente ignoró a lo largo de un siglo y medio, y que destacó por haber participado activamente en la liberación de Sudamérica del dominio colonialista español. Hoy en día ya se conocen numerosos detalles sobre la vida y la obra de la que fuera bautizada como la Libertadora del Libertador, un mote que le fue asignado por el propio Simón Bolívar tras convertirse en amantes, pero, sobre todo, tras salvar la vida del héroe que fue decisivo para la emancipación de Hispanoamérica. Muchos de los logros conseguidos por el Libertador no se habrían podido llevar a cabo si no hubiese contado con la inestimable colaboración de Manuela. Lamentablemente, como otras muchísimas mujeres que han hecho grandes cosas a lo largo de la Historia, fue ninguneada y despreciada por las siguientes generaciones, que no supieron de sus grandes gestas y heroica vida.

Manuela nació en Quito en 1795. Fue fruto de una relación extramatrimonial de su padre, Simón Sáenz de Vergara, un hidalgo español al servicio del Virreinato, con una criolla que trabajaba como sirvienta. El fallecimiento de la madre, poco después de nacer la niña, hizo que el progenitor le procurase un adecuado lugar donde residir y la puso bajo la tutela de las monjas del Real Monasterio de la Limpia e Inmaculada Concepción, aunque a lo largo de los siguientes años muchas fueron las ocasiones en las que llevó a la pequeña a su propia casa, donde fue recibida y tratada por la esposa como una más de sus hijos. Recibió unos adecuados cuidados y una exquisita educación (aprendiendo entre otras cosas a hablar en un fluido inglés y francés). Pero al igual que la infancia de Manuela vino a ser bastante plácida, cuando llegó a la adolescencia su carácter cambió y la candidez de su niñez mutó en una jovencita contestataria en contra de lo establecido y con ansias de libertad.

Esto es lo que provocó que a los 17 años decidiera escapar del convento donde residía con el fin de disfrutar de una vida en libertad y sin ataduras. Algunas fuentes indican que su fuga se debió a un repentino enamoramiento de un amor no correspondido. Y fue en sus años de juventud cuando se involucró con los movimientos libertadores. Se convirtió en una gran defensora de la independencia y conoció a los grandes protagonistas de ese trascendental momento histórico de Sudamérica: José de San Martín, Antonio José de Sucre o Simón Bolívar. Precisamente con éste último iniciaría en 1822, cuando Manuela acababa de cumplir los 27 años, una apasionada relación sentimental. Se convirtió en una de las parejas de amantes más famosas de su época. Cabe destacar que por aquel entonces Manuela estaba casada con el médico inglés James Thorne y Simón llevaba dos décadas viudo (era 12 años mayor que ella).

Juntos hicieron un gran tándem, no solo como pareja sentimental, sino como compañeros de lucha. Uno de los hechos más destacables de la relación se dio cuando Manuela cayó en la cuenta, mientras se encontraban en Bogotá, de que se había organizado un complot para atentar contra la vida de

Simón Bolívar. Fue en la medianoche del 25 de septiembre de 1828. Ambos se encontraban en el Palacio de San Carlos, de la hoy capital de Colombia. Manuela, gracias a su pericia y a su intuición, se había enterado de los planes del militar Francisco de Paula Santander, quien encabezaba una conjura para acabar con la vida del revolucionario y líder libertador.

Manuela logró entretener a quienes pretendían asesinar a su amante, mientras que dio instrucciones a este para que escapara por una ventana del palacio. Logró de este modo, salvarle la vida. Fue entonces cuando el propio Simón Bolívar le acuñó el sobrenombre de la Libertadora del Libertador, por el que fue conocida durante el resto de sus días.

La relación, como amantes, de Manuela y Simón tan solo duró un par de años más, hasta el fallecimiento del libertador el 17 de diciembre de 1830 a los 47 años a causa de un deterioro de su salud que acabó en un fallo multiorgánico, aunque a lo largo de muchos años se dijo que la causa fue una tuberculosis.

Tras la muerte de Bolívar la vida de Manuela pasó a un segundo plano: quedó totalmente olvidada y fue ninguneada e injustamente ignorada en todas las crónicas y libros de Historia que se publicaron posteriormente (y a lo largo de un siglo y medio) sobre los decisivos años de la lucha y emancipación de gran parte de Sudamérica del imperialismo español. Afortunadamente, desde hace unas décadas se ha recuperado su figura: se le rinden homenajes y se le ha devuelto al lugar que le corresponde en la Historia. Ha sido considerada como una de las pioneras del feminismo en el continente americano.

EL TIRO POR LA CULATA

Hasta 1887 ninguna mujer había ocupado un cargo político en todo el continente americano. Fue en la pequeña población de Argonia (de tercera categoría en el Estado de Kansas y menos de 500 habitantes) donde una ama de casa de 27 años llamada Susanna M. Salter se convirtió en alcaldesa de forma inesperada. En realidad la señora Salter fue presentada como candidata sin su conocimiento ni consentimiento, como una maniobra de burla y escarnio hacia las mujeres por parte de un grupo de hombres, que quisieron dejarla en evidencia tras haberles llamado esta la atención durante una asamblea de la Unión de Mujeres por la Templanza, que abogaba por la prohibición del alcohol, a la que pertenecía y donde habían ido esos hombres a molestar.

Susanna M. Salter (1860 - 1961), alcaldesa de Argonia, Kansas y la primera mujer elegida para un cargo político en los Estados Unidos (Kansas Historical Society).

La señora Salter era una ferviente defensora de la abstinencia y había presidido alguna de las reuniones del Partido Prohibicionista, pero su papel no había pasado de ahí. De hecho, en aquel momento el alcalde de Argonia era su propio padre, quien llevaba en el cargo desde hacía dos años (por aquel entonces se elegía al edil anualmente). Su esposo, Lewis Salter, era el secretario municipal. La presentación de la candidatura de Susanna por parte del grupo de vecinos díscolos se había hecho de forma anónima. No se conoció el nombre de todos los candidatos a la elección municipal hasta última hora del día anterior a la votación, que sería el 4 de abril de 1887. Ese día, a primera hora de la noche, los representantes del comité electoral se presentaron en el hogar de los Salter, mientras ella estaba bañando a uno de sus hijos pequeños, y le comunicaron que su nombre se encontraba en la lista de candidatos. Le preguntaron que, en caso de ser elegida, si aceptaría el cargo de alcaldesa. Aunque no entraba en sus planes, no se lo pensó demasiado y contestó afirmativamente, pero en el fondo sabía que ningún hombre de Argonia, a excepción, quizá, de su padre y esposo, votaría para escogerla para tal puesto.

Cuando Lewis, su marido, se enteró de la candidatura no le sentó demasiado bien, pero decidió apoyar a su esposa, debido a que él y su suegro no se presentaban a la reelección. El grupo de vecinos de Argonia que la había presentado secretamente como candidata estaban convencidos de que nadie la votaría (cabe recordar que por aquella época las mujeres no podían votar). De ese modo dejarían en ridículo el papel de las mujeres que querían dedicarse a ocupar cargos políticos, gracias a la nueva ley estatal de Kansas que las facultaba para ello. Pero les salió el tiro por la culata y el nombre de Susanna M. Salter fue el más tachado en la papeleta, sobre todo gracias al apoyo de sus compañeros del Partido Prohibicionista y la Unión por la Templanza, que decidieron votarla en masa. Así es como fue elegida para un cargo político la primera mujer en todos los Estados Unidos, algo inaudito y que llenó muchas portadas de periódicos de la época. Muchos fueron los lectores de otros lugares de Norteamérica que creían que estaban siendo objeto de una broma pesada por parte de algún redactor del diario, ya que no daban crédito a que una mujer ocupase el cargo de alcalde.

Tan solo estuvo un año como alcaldesa y fue una legislatura en la que no hubo ningún problema municipal, pero a pesar de ello Susanna M. Salter decidió no presentarse a la reelección en 1888. Como dato anecdótico cabe destacar que por aquel año como primer edil de la población recibió el pago simbólico de un dólar. Tras retirarse de la política activa, en esa corta legislatura, la señora Salter no volvió a participar activamente en política y se dedicó a cuidar de su numerosa prole de hijos, ya que tuvo un total de nueve.

ESCRACHES EN LA ANTIGUA ROMA

La *Lex Oppia* era una de las muchas leyes restrictivas que se aprobaron en el 215 a. C., tras la derrota romana en la batalla de Cannas, durante la invasión cartaginesa en el transcurso de la Segunda Guerra Púnica y en la que el general Aníbal Barca consiguió una de sus grandes victorias. El desastre bélico se tomó como una tragedia nacional y las arcas de la República Romana se vieron gravemente afectadas, motivo por el que el tribuno de la plebe Cayo Opio elaboró la ley que llevaría su nombre y por la cual restringía a las mujeres llevar vestidos coloridos, el uso de carretas de dos o más caballos por la ciudad (a excepción de cuando fuese para asistir a algún cortejo fúnebre) y se les limitaba el lucir joyas que superasen la media onza de oro.

Eran tiempos de contención y quería evitarse cualquier demostración pública de riqueza. Muchas eran las mujeres que poseían grandes fortunas gracias a los botines de guerra que sus esposos, padres o hijos habían conseguido en infinidad de batallas en las que los romanos habían demostrado su superioridad. Pero el desastre que había provocado la batalla de Cannas había desmoralizado a gran parte de la población y dejado sin bienes a muchos ciudadanos, motivo por el cual se prohibió hacer alarde público de riqueza, siendo las mujeres, según la creencia de los romanos, quienes más presumían de sus posesiones y estatus económico. Cuando dos décadas después la situación cambió y el esplendor de la República Romana volvió a ser el de antaño, las mujeres, que durante todo ese tiempo habían estado sometidas a la Ley Opia, quisieron hacerse oír con el fin de recuperar sus antiguos privilegios.

En el año 195 a. C. una serie de manifestaciones públicas, a las que cada vez asistían más mujeres, se produjeron delante de los estamentos públicos. Algunas fuentes indican que esas protestas podrían calificarse como los primeros escraches de la Historia. Muchos fueron los representantes romanos que entendieron esa reclamación y abrieron el debate para poder derogar la *Lex Oppia*, entre ellos el cónsul Lucio Valerio Flaco, quien defendía que fuera abolida. Se encontró con la firme oposición de Marco Porcio Catón, de pensamiento conservador. Fue entonces cuando pronunció la histórica frase: «Aquel animal que ha probado la sangre una vez se vuelve salvaje para toda la vida», haciendo un símil al comparar, de manera grosera y desafortunada, a los animales salvajes con las mujeres. Argumentaba que, permitiéndoles hacer ostentación de sus joyas y riquezas, lo que provocarían es que se perdiera cualquier decoro hacía aquellas otras mujeres que no tenían la suerte de poseer riqueza alguna.

Pero frente a los argumentos de Catón se encontraban las cada vez más numerosas manifestaciones femeninas, que fueron sumando adeptos a la causa que defendieron la derogación de la ley y que finalmente se consiguió. Para celebrar ese triunfo sin precedentes, las mujeres romanas desfilaron por las calles de la capital montadas en fastuosos carros, vistiendo coloridos vestidos y luciendo sus más preciadas, lujosas y ostentosas joyas. Se había puesto fin a una restrictiva ley que, durante veinte largos años, no les había permitido disfrutar de sus posesiones y, sobre todo, exhibirlas públicamente.

Woodrow y Edith Wilson (Library of Congress).

PRESIDENTA EN LA SOMBRA

Edith Bolling Galt Wilson, más conocida como Edith Wilson, fue la segunda esposa del vigesimoctavo presidente de los Estados Unidos, Woodrow Wilson (1913-1921) y, por tanto, primera dama. Pero muchos son quienes han defendido que su papel y protagonismo fueron mucho más allá de ser la esposa del máximo mandatario estadounidense y que durante el último año y medio de la legislatura, fue ella realmente quien llevó las riendas del país y quien ejerció como presidenta en la sombra, tomando decisiones trascendentes para la nación.

En septiembre de 1919, una vez finalizada la Primera Guerra Mundial y firmado el Tratado de Versalles, el presidente Wilson realizó un viaje que lo llevó durante tres semanas seguidas a visitar veintinueve ciudades de los EE. UU., algo que lo dejó exhausto y que perjudicó a su delicado estado de salud. Aquello acabó pasándole factura en forma de apoplejía el 2 de octubre de 1919. Quedó largo tiempo postrado en la cama y con sus facultades muy mermadas. Su vicepresidente Thomas R. Marshall, temeroso de ser víctima de un atentado que acabase con su vida, pues ya había sufrido uno en 1915, decidió no hacer uso del derecho que lo facultaba como presidente en funciones, motivo por el que Woodrow Wilson, a pesar de estar incapacitado, completó su mandato hasta el 4 de marzo de 1921. Edith Wilson reprochó al vicepresidente su cobarde decisión y decidió que la legislatura de su esposo acabase lo más dignamente posible. Con tal fin se dispuso a tomar las riendas del Gobierno, reunirse con los responsables de los diferentes departamentos de Estado y dictar todas las decisiones presidenciales.

Evidentemente, el hecho de que la señora Wilson ejerciera como presidenta en la sombra era un secreto a voces que prácticamente toda la clase política conocía. Esto fue aprovechado por la oposición del Partido Republicano para protestar. El senador republicano por Nuevo México, Albert Fall, durante una de sus comparecencias, expuso la queja de que el país tenía un «Gobierno de las enaguas», en clara referencia a la prenda interior femenina que por entonces llevaban las mujeres bajo la falda y al poder de decisiones que había adquirido la primera dama. El mencionado político realizó una petición oficial para visitar la Casa Blanca y así comprobar el estado de salud del presidente Wilson y poder cerciorarse de que éste todavía estaba capacitado para ocupar la presidencia y tomar decisiones.

Durante la visita, tanto la señora Wilson como el médico personal del presidente lograron convencer a Albert Fall de la conveniencia de que Woodrow Wilson continuase en el cargo, debido a que corría el riesgo de caer en una depresión y perder la voluntad de vivir si se lo quitaban. El senador pudo comprobar que todos los mecanismos de gobierno eran estables y se encontraban a salvo a través de los diferentes departamentos y secretarías de Estado, por lo que aceptó, a regañadientes, que acabase la legislatura. Se cuenta de ese encuentro que Fall dijo a Wilson: «Todos rezamos por usted, señor presidente», a lo que éste le contestó con gran sentido del humor: «¿En qué sentido, senador?».

Así fue cómo, durante los siguientes meses, la primera dama de los Estados Unidos, Edith Wilson, estuvo ejerciendo desde la sombra como presidenta *de facto* y tomando las decisiones más convenientes para el país. Tras finalizar la legislatura, en 1921, el matrimonio Wilson se retiró a vivir a una casa en el mismo Washington DC, donde Woodrow falleció tres años después. Por su parte, Edith vivió hasta 1961 (falleció a los 89 años), siendo hasta entonces un referente y una de las mujeres más influyentes en todos los ámbitos de la sociedad norteamericana.

CANDIDATAS A LA CASA BLANCA

La primera mujer de la que se tiene constancia en postularse a la presidencia estadounidense fue Victoria Woodhull, una polifacética emprendedora que decidió hacer carrera política en una época en la que incluso las mujeres no tenían derecho al voto. Se presentó para las elecciones de 1872, cuando contaba con 33 años, por el Equal Rights Party (Partido por la Igualdad de Derechos). Su programa electoral no estaba exento de polémica. Entre lo más destacado estaba la petición del sufragio universal y el amor libre (que no libertad sexual). Abogaba por que las mujeres fueran libres de elegir esposo (en esa época un gran número de matrimonios eran concertados), libertad para divorciarse y que aquellas que tuvieran hijos sin estar casadas pudiesen tener los mismos derechos. Victoria también fue fundadora del periódico *Woodhull & Claflin's Weekly*, en el que acostumbraba a publicar algunos artículos polémicos y que llegaron a molestar a personajes muy poderosos. Ese fue uno de los motivos por el que unas semanas antes de celebrarse las elecciones de 1872, en las que era candidata, fuese detenida, lo que le impidió poder participar en ningún acto de la campaña electoral. Hay discrepancias entre los historiadores sobre si su candidatura se anuló o no, pero no hay constancia alguna de que consiguiese ningún voto.

Belva Ann Bennett Lockwood fue una famosa sufragista que lo intentó en dos ocasiones (1884 y 1888), también por el partido Equal Rights Party. Provenía de un entorno rural y pertenecía a una modesta familia de granjeros. Contrajo matrimonio a los 18 años y con 23 enviudó, quedando al cargo de una hija pequeña. Se dedicó a dar clases para mujeres adultas que no sabían leer o escribir y comenzó a mezclarse en ciertos ambientes de activismo político que la atraparon e hicieron que decidiera trasladarse a vivir a Washington DC donde, con coraje y con todo en su contra, cursó estudios superiores y se graduó años más tarde en Derecho. Tras mucho batallar consiguió en 1879, con 49 años, ser admitida para ejercer como abogada ante el Tribunal Supremo. En un principio, en 1884 se postuló para ser candidata por el Partido Republicano, pero los propios compañeros de partido la desestimaron y no aceptaron su candidatura. Este hecho lo aprovecharon en el Equal Rights Party para ofrecerle ser su candidata. Belva la aprovechó. Pudo hacer campaña, pero a pesar de todo el entusiasmo que le puso, tan solo recibió poco más de cuatro mil votos en todo el país. Esto no la desanimó y decidió prepararse a fondo para presentarse como candidata en las siguientes elecciones de 1888. Aunque no existe registro alguno sobre el número de votos que recibió, se calcula que fue muy inferior al de la primera vez, debido a la campaña de desprestigio que padeció por parte de otros candidatos, por el solo hecho de ser mujer. Según parece, en el recuento de votos se tiraron a la papelera las papeletas con el nombre de Belva Ann Bennett Lockwood como votos nulos.

Tendrían que pasar 76 años para que otra mujer se postulase a candidata a la presidencia, en 1964. Fue cuando se presentó Margaret Chase a las primarias del Partido Republicano. Tenía 67 años y contaba con una larga carrera política, ya que fue la primera mujer en ser representante en las dos cámaras. Aunque contaba con algunos apoyos de compromisarios en la convención nacional del partido, decidió retirar su candidatura ante los pesos pesados de la formación política que también presentaban su candidatura: Barry Goldwater y Richard Nixon. Finalmente el primero optó a las elecciones aunque no las ganó.

Posteriormente y hasta nuestros días, una veintena de mujeres, de todas las edades e ideologías, han intentado postularse para presidencia estadounidense, pero ninguna de ellas lo ha conseguido. La más famosa, y que estuvo más cerca de conseguirlo, Hillary Clinton, en 2016.

ROSA PARKS NO FUE LA PRIMERA

Han pasado casi siete décadas desde que tuvo lugar un hecho trascendental que ayudó a cambiar enormemente las cosas en lo que respecta a los derechos civiles de las personas negras, y se menciona con asiduidad a Rosa Parks como la mujer que consiguió dar el primer paso, al negarse a ceder su asiento a una persona blanca en un autobús de Montgomery (Alabama) el 1 de diciembre de 1955. Pero hay otra mujer que también debería figurar con letras de oro junto a Parks en todos los homenajes que se han rendido desde entonces a la mencionada activista afroamericana y cuyo nombre es injusta y frecuentemente olvidado: Claudette Colvin. Esta adolescente de quince años nueve meses antes (el 2 de marzo de 1955) había hecho el mismo acto, al no querer levantarse para que una mujer blanca se sentara en el asiento que ocupaba en el autobús.

Claudette, al igual que Rosa Parks, fue detenida, juzgada y acusada de alteración del orden, atacar a los policías que la arrestaron y violar la ley de segregación racial. Su caso realmente dio pie a que el joven abogado Fred David Gray, que llevó su defensa, consiguiese que el asunto llegase hasta la Corte Suprema de Estados Unidos y estos dictaminaran que se debía poner fin a la segregación racial en los autobuses del Estado de Alabama. Pero entonces ¿por qué la historia de la joven Claudette Colvin ha pasado casi desapercibida y sin embargo es sumamente conocida la de Rosa Parks? Muy sencillo: por quedarse embarazada.

La adolescente Claudette, aquel mismo verano de 1955, fue agredida sexualmente por un hombre mayor que ella, que además era de piel blanca. Víctima de la violación quedó en estado. Si a esto le sumamos que la muchacha no quiso delatar a su violador por miedo a las represalias y que, por tanto, iba a quedarse como madre soltera, provocó que los encorsetados y puritanos miembros de la comunidad religiosa que había tras las plataformas en defensa de los derechos de las personas negras en Estados Unidos se opusieran

Claudette Colvin, a los 13 años, en 1953. El 2 de marzo de 1955, fue la primera persona arrestada por resistir la segregación racial en autobuses en Montgomery, Alabama. (The Visibility Project, Claudette Colvin).

a hacer público su apoyo en un caso de denuncia racial en el que la protagonista era una joven adolescente embarazada. Para ellos era más grave el hecho del embarazo que la discriminación racista que padecían como colectivo.

Así fue como el caso de Claudette Colvin, el juicio, la sentencia y las posteriores apelaciones son ampliamente desconocidos por la inmensa mayoría de personas. La «NAACP» (siglas en inglés de la Asociación Nacional para el Progreso de las Personas de Color) a la que pertenecía como miembro Claudette también prefirió no dar bombo al asunto y buscó una mejor ocasión en la que volver a poner en marcha otro acto de protesta por la segregación racial en los autobuses. Y encontró esa nueva oportunidad en la persona de Rosa Parks, que ocupaba el puesto de secretaria en la NAACP, además de ganarse la vida como costurera. Fue quien protagonizó el incidente, mundialmente conocido, el 1 de diciembre de 1955 y por el que pasó a la Historia como una de las figuras más importantes e influyentes del movimiento por los derechos civiles de los EE. UU. junto a Martin Luther King, Bob Moses, Ella Baker o Malcolm X, entre otros activistas afroamericanos. Por su parte Claudette Colvin llevó una vida prácticamente anónima en todo estos años. Un año después de dar a luz se trasladó a vivir a Nueva York, donde residía su hermana, y entró a trabajar como auxiliar de enfermería en una residencia de ancianos. Se jubiló en 2004 y a partir de ese año retomó su activismo pro derechos civiles.

PIONERAS EN VOTAR

En 1924, cuando en Ecuador todavía no se había legislado ni aprobado el sufragio universal y, por tanto, el derecho a voto para las mujeres, Matilde Hidalgo se convirtió en la primera mujer en hacerlo, ya no solo de su país sino de toda Hispanoamérica. Ocurrió el 10 de mayo, día en el que se celebraban las elecciones en las que se debía elegir un nuevo presidente de la República, en un momento en el que José Luis Tamayo, quien ocupaba tal cargo, estaba atravesando su etapa de popularidad más bajo, debido a una matanza y brutal represión que se realizó sobre los participantes de una manifestación el 15 de noviembre de 1922 y que se saldó con cerca de un centenar de muertos y el doble de heridos.

Unos días antes de las elecciones presidenciales Matilde Hidalgo había anunciado su intención de acudir a ejercer el voto, consiguiendo que se abriera un debate político en el país, y que de manera extraordinaria el Consejo Electoral solicitase una autorización al Consejo de Estado de la nación para que inscribiera en el censo electoral a Matilde. El órgano gubernamental tras estudiar la petición concedió el permiso. Mucho se ha especulado sobre la razón de esa sorprendente autorización en una época en la que ni tan siquiera se había legislado en Ecuador sobre el sufragio femenino y dos eran las causas que motivaron ese permiso. Por una parte, y como es evidente, el desgaste y la mala prensa del presidente Tamayo, quien había deseado hacer una política más social desde el escándalo de la masacre de 1922. A pesar de que no repetía como candidato presidencial, quería allanar el camino a quien iba a ser su sustituto, Gonzalo Córdova, en los próximos años. Por otra parte influyó la personalidad de la propia Matilde, quien en los últimos años se había convertido en una de las mujeres más populares del país al conseguir una serie de retos que ninguna otra había logrado en la historia de Ecuador.

Siendo niña aprendió a leer y escribir en su hogar. Cuando cumplió los 18 (en 1907) consiguió, tras mucha insistencia, que la aceptaran como alumna en una escuela para estudiar el bachillerato (que hasta entonces le era únicamente permitido a los varones). Tras conseguir en 1913 el título de bachiller, y convertirse en la primera mujer ecuatoriana en obtenerlo, decidió que quería estudiar Medicina y se matriculó en la Universidad Central de Ecuador. Nuevamente consiguió ser una pionera, a pesar de los múltiples impedimentos con los que se encontró. Tras varios años de constante estudio, a pesar de no tenerlo nada fácil y ser la única mujer en una facultad llena de hombres, completó la carrera e incluso obtuvo el doctorado en 1921. Una vez más Matilde Hidalgo era la primera mujer en su país, y en muchos otros de su entorno, en lograr un hito por los derechos de la mujer.

En los siguientes años no solo se ocupó en ejercer su profesión, sino que realizó una gran labor en pro de los derechos de las mujeres, convirtiéndose en una de las más importantes feministas de su época en Ecuador y en toda Latinoamérica. Tuvo tal repercusión todo lo que hizo que el Consejo de Estado no tuvo más remedio que acceder a su petición de poder votar en las elecciones presidenciales del 10 de mayo de 1924. En cinco años las cosas cambiaron mucho en Ecuador: se aprobó el sufragio femenino en 1929 y un año después Matilde Hidalgo, con 41 años, fue escogida concejala en el cantón de Machala. Pero en esta ocasión ya no estaba sola y otra mujer también sería concejala al mismo tiempo que ella: Bertha Valverde, una joven estudiante de Obstetricia, de 25 años, que consiguió ser representante municipal en Guayaquil. Durante las siguientes tres décadas, hasta su fallecimiento en 1974, a los 84 años, Matilde siguió desarrollando un férrea lucha por los derechos de las mujeres y ostentó varios cargos de responsabilidad, entre otros el de presidenta de honor y vitalicia de la Cruz Roja en la provincia de El Oro, en el sudoeste de Ecuador.

Cabe destacar que muchos son quienes indican que la primera mujer hispanoamericana en votar fue Julieta Lanteri, en 1911, que lo hizo en Argentina. Pero hay que señalar que esta no nació en este país sudamericano sino en Italia, y después se trasladó a este continente, junto a su familia, cuando tenía seis años. Lanteri fue una reconocida feminista que estudió Medicina y fue una de las precursoras del Congreso Femenino Internacional celebrado en Buenos Aires en 1910. Durante la actualización del censo electoral de cara a las elecciones municipales del siguiente año consiguió que se le incluyera en el padrón, debido a que en las bases de este no se hacía referencia a sexos, sino a ciudadanía. Logró que la justicia le diera la razón para ser incluida y, por tanto, pudo ejercer el voto. Por tal motivo, la mayoría de los histo-

Elvia Carrillo Puerto en 1901 (archivo familiar).

riadores apuntan a que habría que diferenciar y reconocer a ambas pioneras, por lo que a la ecuatoriana Matilde Hidalgo le corresponde el honor de ser la primera mujer hispanoamericana de la Historia en votar y a la italoargentina Julieta Lanteri el de primera mujer latinoamericana de la Historia en votar.

Pero en la Historia de Latinoamérica otras muchas mujeres también fueron las pioneras en hacer política y encabezar los movimientos feministas y sufragistas.

En México se reconoció el derecho al voto para las mujeres en 1947, pero no fue hasta seis años más tarde, el 17 de octubre de 1953, cuando realmente prosperó la reforma constitucional que aprobaba el sufragio universal y, por tanto, las facultaba para votar. Detrás de esta consecución estaba la lucha incansable de Elvia Carrillo Puerto, una sufragista nacida en 1878 en Motul (Península de Yucatán) y que a lo largo de más de medio siglo se había dedicado en cuerpo y alma a trabajar para los más desfavorecidos (provenía de una acaudalada familia), a promulgar las consignas feministas y ser representante de las mujeres en varios estamentos políticos de México. Quizá su fama quedó algo ensombrecida por la personalidad de su hermano Felipe, quien fue gobernador de Yucatán hasta que fue asesinado por militares, en 1924. Desde un año antes Elvia ejercía como diputada y, a pesar del asesinato de su hermano y varias amenazas de muerte que había recibido, prefirió seguir en su cargo. A pesar de haber sido elegida diputada y ocupar algunos puestos de responsabilidad, es curioso comprobar cómo el veto al voto femenino siguió durante tres décadas más en su país.

Conocida como Ley nº 9292, el 8 de enero de 1949 se promulgaba en Chile la ley que aprobaba el país el sufragio femenino. Tras aquello se encontraba el trabajo reivindicativo de Elena Caffarena, uno de los referentes más importantes del país en cuanto a las reivindicaciones por la igualdad y emancipación de la mujer. Durante tres décadas, desde que comenzó a militar en movimientos estudiantiles en 1922, a la edad de 19 años, Caffarena lideró la lucha feminista y consiguió alcanzar cotas profesionales prácticamente imposibles para una mujer en su época (en 1926 se tituló como abogada, una de las primeras mujeres juristas de Chile). Una década más tarde fundaba el Movimiento Proemancipación de las Mujeres de Chile, la primera ONG con reivindicaciones políticas femeninas del país que luchó por la igualdad de género, el sufragio universal y la emancipación económica y política de la mujer.

Hijas de un médico suizo y una enfermera británica, Berta Lutz nació en Sao Paulo y pasó gran parte de las dos primeras décadas de su vida a viajar por Europa y Estados Unidos. Conoció a un gran número de sufragistas internacionales, quienes le inculcaron los conocimientos de ese movimiento que lideró en Brasil a partir de 1922, cuando volvió a su país natal tras estudiar Ciencias Naturales en la Sorbona de París (se especializó en Zoología). Representó a las sufragistas como vicepresidenta de la sociedad Panamericana y llegó a ser diputada federal en 1934, dos años después de que se aprobara el decreto nacional por el que se concedía en sufragio femenino. Fue una de las grandes impulsoras para conseguirlo.

Ofelia Uribe nació el 22 de diciembre de 1900 en Oiba, una pequeña población del departamento de Santander en el noroeste de Colombia, dentro de una familia numerosa llena de hombres y con solo dos mujeres, su madre y ella. A pesar de la época en la que creció, en su casa nunca se ejerció ningún tipo de patriarcado tanto por su padre como por sus hermanos, fue educada de una forma liberal y con los mismos privilegios y obligaciones que los miembros varones de la familia. Eso infundió a Ofelia su espíritu reivindicativo hacia la igualdad entre géneros para el resto de las mujeres. Si ella había podido vivir toda su infancia y su juventud en la equidad con los hombres sabía que reeducando las convicciones de la sociedad se podría conseguir la ecuanimidad. Por tal motivo se involucró en la lucha feminista de la primera mitad del siglo XX en Colombia y se convirtió en una de las voces más insurgentes (de hecho en 1963 publicó un libro titulado *Una voz insurgente*). En 1930, el recién elegido presidente de la República Enrique Olaya prometió a Ofelia

Uribe que una de sus prioridades de su mandato sería el reconocimiento de los derechos de la mujer y el voto femenino. Pero esa promesa política fue incumplida, ya que el sufragio no fue aprobado hasta un cuarto de siglo después, cuando en 1954 fue reformada la constitución, aunque realmente no se reconoció oficialmente el sufragio femenino hasta diciembre de 1957.

María Jesús Alvarado nació en 1878 en Chincha, al oeste de Perú. Con solo 11 años escribió y pronunció su primer discurso, el cual debía ser un homenaje a la clausura del curso escolar (a esa edad las niñas debían dejar los estudios obligatoriamente) y se convirtió su alocución en todo un alegato reivindicativo a pesar de su corta edad. No pudo seguir estudiando y lo hizo de forma autodidacta, al mismo tiempo que se implicaba en los primeros movimientos sufragistas y proderechos humanos de Perú. No solo defendió el derecho al voto y a la igualdad de las mujeres, sino que también se involucró en la ayuda con los indígenas y la infancia. Al mismo tiempo escribía artículos en varios diarios, gracias a la inestimable ayuda de uno de sus hermanos que había conseguido llegar a ser catedrático. Fue en 1957 cuando se aprobó el sufragio femenino en Perú, pero se hizo con una serie de condiciones que dejaban fuera del censo a la inmensa mayoría de las ciudadanas peruanas: para poder votar era obligatorio saber leer y escribir. Esto llevó a que se realizaran grandes campañas desde los movimientos feministas, encabezados entre otras por María Jesús Alvarado, para facilitar el acceso a la educación a las mujeres. No fue hasta dos décadas más tarde, en 1979, cuando el voto femenino fue total en Perú.

PIONERA EN UN CARGO POLÍTICO

Hasta la creación del Consejo de Comisarios del Pueblo, tras el estallido de la Revolución de Octubre de 1917 en Rusia, que acabó convirtiéndose cinco años después en la Unión

Alexandra Kollontai (1872-1952) (Library of Congress).

de Repúblicas Socialistas Soviéticas, una mujer ocupó por primera vez en la historia un cargo de responsabilidad política en el Gobierno de una nación. Hasta entonces todas las mujeres que habían mandado en la historia lo habían hecho no desde la perspectiva política sino por el hecho de ser reinas (o cualquiera de sus cargos análogos) tras heredar el trono o haber contraído matrimonio con algún rey o aspirante a rey.

El mencionado Consejo de Comisarios del Pueblo, conocido popularmente como Sovnarkom, sustituyó al Gobierno provisional ruso creado en febrero de aquel mismo año, tras la revolución que hizo abdicar al zar. Estuvo presidido por Vladimir Lenin, quien confeccionó un Gobierno compuesto por una quincena de bolcheviques y en el que destacaba el nombre de Aleksandra Kolontái. Esta, a los 45 años, ocupó el cargo de consejera (ministra) del Comisariado del Pueblo para el Bienestar Social. Kolontái tenía una sólida formación académica, pues había estudiado con los mejores profesores durante su juventud, debido a que pertenecía a una aristocrática familia pues su padre había sido un importante general al servicio del zar. A pesar de haber crecido en un selecto ambiente rodeada de la flor y nata de la Rusia Imperial, recién cumplidos los 24 años empezó a interesarse por la política y decidió abandonar a su marido e hijo y dedicar su vida al socialismo. Escribió numerosos artículos, participó activamente en manifestaciones y formó parte del grupo que décadas después lideraría la revolución bolchevique; de ahí que Lenin la nombrase consejera, un cargo en el que estuvo hasta marzo de 1918, momento en el que hubo una división en el Gobierno y surgieron varios grupos políticos postrevolucionarios.

Pero durante el medio año que ejerció como ministra fue una de las que más trabajó y luchó por conseguir la igualdad social. Muchas de las leyes a favor de los derechos y libertades de las mujeres que se aplicaron en la URSS fueron obra de ella. También consiguió que se aplicase el sufragio universal en Rusia, se aprobaran leyes a favor del divorcio y el aborto, e incluso creó varios hogares refugio para los más necesitados en algunas antiguas iglesias ortodoxas. Esto último le costó una feroz crítica por parte de un gran número de ciudadanos que se sentían profundamente religiosos. También tuvo que lidiar con la oposición de un gran número de funcionarios de su ministerio, que se negaban a trabajar bajo las órdenes de una mujer. Llegó a convertirse en una de las personas que más poder tenía en la Rusia revolucionaria. Entre sus proyectos de cambio y mejora estaba el acabar con la institución del matrimonio, tal y como estaba establecida, y abogaba por el amor libre y sin ataduras. También legisló sobre la maternidad y la libertad de poder ser madre sin tener que estar casada. Esto le costó duras críticas de sectores conservadores, que la acusaron de libertina y que decían que a partir de entonces las niñas de doce años podrían tener hijos, algo totalmente alejado a lo que Aleksandra Kolontái pretendía.

El ministerio que dirigía también debía ocuparse de los cientos de miles de soldados rusos que habían quedado lisiados a consecuencia de la Primera Guerra Mundial. Creó un sistema de pensiones y abrió asilos para ancianos y niños sin hogar. Una de las anécdotas de Aleksandra Kolontái, durante el tiempo que ocupó el cargo de comisaria del pueblo de Bienestar Social, fue cuando tras un arrebato de pasión que sintió por el militar revolucionario Pável Dybenko desapareció de su puesto de trabajo durante diez días, en los que vivieron un apasionado romance. A su regreso fue sancionada por Lenin a petición de sus camaradas de partido. El castigo impuesto por el presidente del Sovnarkom fue obligarla a casarse con su amante, a pesar de que era totalmente contraria al matrimonio y abogaba por la desaparición de este como institución. No le quedó más remedio que hacerlo, aunque la pareja tan solo duró unos pocos meses.

Tras abandonar el cargo de comisaria del pueblo en el Sovnarkom, se dedicó a luchar por el feminismo y la igualdad de género, aunque se ganó un gran número de enemigos (todos ellos hombres, evidentemente) que no veían con buenos ojos su activismo. Por tal motivo Lenin decidió enviarla durante un tiempo lejos de Moscú y en 1922 fue a parar como adjunta en la recién creada embajada de la URSS en

Noruega. Un año después, tras la baja voluntaria del titular de la diplomacia rusa, fue nombrada embajadora hasta 1925. Después ocuparía el mismo cargo en México (1925-1927), de nuevo en Noruega (1927-1930), y finalmente en Suecia (1930-1945). Cabe destacar que muchas son las fuentes que indican que Aleksandra Kolontái fue la primera mujer de la historia en ser nombrada embajadora, pero este es un dato erróneo. En realidad fue la segunda mujer en serlo, ya que la primera fue Diana Abgar, quien ocupó el cargo de embajadora de Armenia en Japón (1918-1920).

LA PRIMERA MUJER MINISTRA EN ESPAÑA

Pero no solo el sufragio femenino —y quienes lucharon por su consecución— fue uno de los grandes logros de las mujeres durante las primeras décadas del siglo XX. La legalización del aborto también lo fue. A pesar de que hay muchas naciones en las que todavía no se permite, afortunadamente España fue uno de los países pioneros en llevarlo a cabo. Fue durante la Segunda República y destacada es la intervención de Federica Montseny Mañé, quien fue nombrada ministra de Sanidad y Asistencia Social por el presidente Francisco Largo Caballero, el 4 de noviembre de 1936.

Esta legalización del aborto surgió de una iniciativa llevada a cabo por la Generalitat de Catalunya tras la firma de un decreto que así lo permitía, la Llei de Reforma Eugenèsica de l'Avortament (Ley de Reforma Eugenésica del Aborto), el 25 de diciembre de 1936, por el entonces *conseller en cap* de la Generalitat, Josep Tarradellas, y que fue publicado el 9 de enero de 1937 en el diario oficial de la Generalitat. Evidentemente, detrás de esa firma estaba la autorización explícita de Federica Montseny, activista anarcosindicalista de la CNT y que con su nombramiento se había convertido no solo en la primera mujer ministra en España, sino en Europa Occidental.

Muchos fueron los propósitos que se marcó, dando vía libre a un derecho que cada vez más mujeres reclamaban, en una época en la que en España se luchó por conseguir la igualdad entre personas, sin tener en cuenta el género, tal y como había ocurrido cinco años antes con la aprobación del sufragio universal. De Federica Montseny también surgió el abrir nuevos hogares de acogida para huérfanos, pero que nada tenían que ver con los deprimentes orfanatos que por aquel entonces había. Trabajó para legislar todo lo concerniente con la prostitución, crear comedores sociales para mujeres embarazadas sin recursos e incluso fomentar la incursión en el mundo laboral de las personas con algún tipo de discapacidad.

Federica Montseny durante un mitin. Plaza de toros Monumental, Barcelona.

Pero hemos de tener en cuenta que, cuando fue nombrada ministra, España se encontraba inmersa en la Guerra Civil y que, por tanto, sus leyes como mandato solo se aplicaban en la considerada como zona republicana. Esto limitó el radio de acción de Montseny y la efectividad de su política. Fueron muchos los buenos propósitos que tenía para cumplir, pero muy pocos los que se pudieron llevar a cabo; de hecho, también se encontró con innumerables problemas dentro del seno del Gobierno del que formaba parte. Lo diferente del signo político de muchos de sus compañeros en la administración republicana provocaba continuas tensiones. Algunos fueron los que se opusieron a la despenalización del aborto llevada a cabo por la ministra, por lo que las discusiones alrededor del asunto fueron numerosas y las presiones por parte de otros ministros del mismo Gobierno se hicieron continuas.

Aquella caja de truenos en la que se había convertido el segundo Gobierno de Largo Caballero, formado por socialistas, comunistas, sindicalistas y anarquistas, acabó derivando en una crisis gubernamental y política que desembocó en los conocidos como Succsos de Mayo, que tuvieron lugar entre el 3 y el 8 de mayo de 1937, principalmente en Barcelona, y cuya repercusión fue el cambio de Gobierno. Ahí terminó la carrera como ministra de Federica Montseny Mañé, quien a partir de entonces volvió al activismo anarcosindical que no había abandonado en toda su vida. Se exilió a Francia tras finalizar la Guerra Civil y allí vivió hasta su muerte, en 1994. Muchos fueron los homenajes y los reconocimientos que se le hicieron en vida, pero quizás insuficientes. Durante su exilio escribió numerosos libros dedicados a la política y a los pensamientos libertarios, pero entre su legado también se encuentran cincuenta relatos de corte romántico, escritos la mayoría de ellos en sus años de juventud.

EVITA QUE VENGA

Tal y como llegó al poder, tras ganar las elecciones presidenciales en Argentina de 1946, Juan Domingo Perón entabló una excelente relación con España y con su jefe del Estado, el dictador Francisco Franco. Esa entente entre ambos países llevó a organizar un viaje de la esposa del mandatario argentino, Eva Duarte de Perón, popularmente conocida como Evita, por varias capitales europeas de algo más de dos meses de duración, entre el 6 de junio y el 23 de agosto de 1947. España fue la primera etapa de la gira y visitó a lo largo de 18 días un buen número de poblaciones.

El Gobierno español había diseñado para Evita una ruta turística. La anfitriona sería, muy a su pesar, la propia esposa de Franco, Carmen Polo, quien tendría el cometido de mostrar a la ilustre invitada argentina lo más granado y notable del país y su historia. A la esposa del dictador español no le había sentado demasiado bien la visita de la consorte del presidente argentino, y mucho menos tener que hacerle de guía turística. Eran dos mujeres totalmente opuestas: mientras Carmen Polo disfrutaba de llevar una vida llena de lujos y caprichos, Eva Perón tenía un marcado sentimiento altruista hacia los más desfavorecidos.

A raíz de ese viaje Evita recibió la carta de un niño de nueve años llamado Alexis Mesón Doña donde le explicaba que su padre, Eugenio Mesón, había sido fusilado durante la Guerra Civil y su madre, Juana Doña, se encontraba en prisión a la espera de ser ejecutada. Se trataba de una destacada militante del Partido Comunista de España que había sido detenida tras ser acusada de poner un artefacto explosivo en la puerta de la embajada de Argentina en Madrid, algo que ella siempre negó, aunque al final la responsabilizaron de ello debido a su militancia política. El mensaje del pequeño Alexis, que había sido redactado por la abuela y tía de este, conmovió a la primera dama argentina, quien se interesó por el tema y pidió más información al respeto a su embajador. Eva Perón, en uno de los encuentros privados que mantuvo con Franco, habló con este e intercedió para que la pena de muerte a Juana Doña le fuese conmutada por la de prisión, algo a lo que el dictador no pudo negarse por miedo a hacer disgustar a su invitada argentina y con ello estropear las relaciones de cordialidad con su país, que era de los pocos con los que por aquel entonces tenía vínculos el Gobierno español, en un tiempo en el que la mayoría de naciones le habían dado la espalda.

Así fue como Juana Doña pudo salvar su vida. Pasó catorce años en la cárcel y salió en libertad en 1961, año en el que se exilió a Francia y regresó a España tras la muerte de Franco. Se presentó en la lista para el senado por la candidatura de los trabajadores de Madrid en las primeras elecciones de la democracia del 15 de junio de 1977, aunque no logró salir elegida.

LA DIVORCIADORA

Para concluir este capítulo dedicado a un puñado de mujeres que, a través de la política, han ayudado a lo largo de la Historia a que nuestro presente sea mucho mejor e igualitario, quiero hacerlo con la curiosa anécdota de la Divorciadora, sobrenombre que recibió una de las pioneras del periodismo en España, de nombre Carmen Burgos (1867-1932), quien firmó la mayoría de sus artículos y libros bajo el apodo de Colombine.

El hecho de que algunas personas se refirieran a esta insigne periodista como la Divorciadora no fue porque se dedicara a romper matrimonios, sino por ser una de las primeras personas que, públicamente, plantearan a través de un medio de comunicación un debate abierto sobre la conveniencia o no de regular el divorcio en España. Lo hizo a partir de 1903, a través de la columna «Lecturas para las mujeres» que escribía en el *Diario Universal*. A modo de encuesta hacia sus lectoras, consiguió que estas, e incluso muchísimos lectores masculinos, le enviaran un gran número de cartas a la redacción del periódico con sus opiniones al respecto de la fundación del Club de matrimonios mal avenidos. Numerosos son los expertos que defienden que la iniciativa de Colombine se podría calificar como el primer plebiscito español sobre el divorcio. Esa sección no estuvo exenta de polémica y muchos fueron los lectores más conservadores que hicieron llegar su protesta hasta la dirección del rotativo. Por tal motivo, Carmen Burgos decidió, un año después (1904), publicar un libro que llevó por título *El divorcio en España*, que se trataba de una extensa recopilación de las cartas recibidas y en las que recogía todo tipo de opiniones, tanto a favor como en contra de regular o plantearse el divorcio en nuestro país.

Pero aquel libro recopilatorio no solo estaba compuesto por cartas recibidas de lectores anónimos, entre ellas también había la opinión de un buen número de intelectuales de la época, entre ellos Pío Baroja, Vicente Blasco Ibáñez, Concepción Gimeno de Flaquer o María de Echarri (por citar algunos). Colombine daba buena cuenta de las diferentes opiniones de todas aquellas personas que habían participado desinteresadamente en aquella especie de plebiscito espontáneo, que había surgido a través de la columna periodística, las cuales se basaban en tres aspectos: el religioso, el moral y el político. Dependiendo de la ideología y del grado de religiosidad de cada persona, su respuesta podía ser a favor o en contra de que existiera una ley que regulase la disolución de un matrimonio. Curiosamente, había conseguido reunir más argumentos a favor del divorcio (1462) que en contra (320).

V. EL TRÁNSITO HACIA LA TRANSICIÓN

Uno de los periodos más relevantes que dio paso a nuestro momento político actual fueron los años de la Transición, que abarcaron desde la finalización de la dictadura franquista, tras el fallecimiento de Francisco Franco, jefe del Estado Español entre el 1 de abril de 1939 y el 20 de noviembre de 1975, hasta los primeros años de gobierno socialista, tras el triunfo del PSOE en las elecciones del 28 de octubre de 1982.

Fueron unos años difíciles pero en los que, gracias al esfuerzo de una gran parte de la clase política y sus líderes, se pudo afianzar el tránsito hacia la democracia. Y es que el origen etimológico del término *transición* es exactamente ese, «acción y efecto de ir de un lugar o momento a otro». Nos llega desde el latín *transitio* cuya acepción original era «acción y efecto de estar entre lo viejo y lo nuevo». Y es que a España le tocaba dejar atrás todo lo viejo y vivir una nueva época y régimen político.

JUEGO DE TRONOS

Con la muerte de Franco todo cambiaba de repente. Aunque inicialmente no estaba previsto que el régimen político del país fuese una democracia, sí que pasó de ser una dictadura totalitaria a una monarquía. Para ello se había establecido en 1947, mediante la Ley de Sucesión en la Jefatura del Estado que, tras el fallecimiento del Generalísimo, España volvería a ser una monarquía. Eso sí, el dictador, enemigo acérrimo del legítimo sucesor al trono, Juan de Borbón, hijo de Alfonso XIII, decidió saltarse una generación y nombró candidato al entonces príncipe Juan Carlos, pero su nombre no fue anunciado hasta 1969. Antes de hacer público quién sería su sucesor se barajaron varios nombres, entre ellos el de Alfonso de Borbón, primo hermano de Juan Carlos y esposo de la nieta de Franco, Carmen Martínez-Bordiú.

Pero así como la inmensa mayoría de libros de Historia recogen que tras el fallecimiento de Francisco Franco se nombró al príncipe Juan Carlos como nuevo rey de España, hay que destacar que entre medio hubo un pequeñísimo periodo de dos días y ocho horas, desde que se hizo público el deceso del dictador el 20 de noviembre hasta que se produjo la coronación del rey el 22 de ese mismo mes, en el que la jefatura del Estado recayó en otra persona de forma interina: Alejandro Rodríguez de Valcárcel.

DOS DIAS Y OCHO HORAS HA OSTENTADO LA JEFATURA DEL ESTADO EL CONSEJO DE REGENCIA

Se reunió una sola vez y aprobó cuatro decretos-leyes, entre ellos el del restablecimiento del registro de la Familia Real española

Con la proclamación del Rey Don Juan Carlos I, el Consejo de Regencia ha terminado sus funciones como detentador de la Jefatura del Estado. Entre la muerte de Franco y la toma de posesión del Rey el Consejo ha ostentado la máxima representación de la nación durante dos días y ocho horas, con un total de unas cincuenta y seis horas, informa Europa Press.

El Consejo de Regencia está integrado por el presidente de las Cortes y del Consejo del Reino, don Alejandro Rodríguez de Valcárcel; el prelado más antiguo de España, monseñor Cantero Cuadrado, arzobispo de Zaragoza, y el teniente general más antiguo, don Angel Salas Larrazábal, teniente general del Aire.

Noticia sobre el Consejo de Regencia en noviembre de 1975 (Hemeroteca diario *ABC*).

Rodríguez de Valcárcel ocupaba el cargo de presidente de las Cortes desde 1969 y en base a las Leyes Fundamentales del Reino, aprobadas en 1947, y por la cual se regulaba la sucesión en la jefatura del Estado (concretamente era la quinta ley), también era el titular de la presidencia del Consejo de Regencia, el órgano político que se ocuparía del control del país en caso de fallecimiento del jefe del Estado, asumiendo tal responsabilidad durante el tiempo que tardase en tomar posesión el designado como sucesor.

Se trataba de un destacado falangista muy afín a Franco y que a lo largo de su vida había ocupado diversos puestos de responsabilidad política: presidente de la Diputación Provincial de Santander, gobernador de Burgos y de las islas Baleares y varias secretarías, direcciones generales y vicepresidencias de consejos y empresas públicas, hasta que su lealtad al régimen se vio recompensada con la presidencia de las Cortes (actual Cámara de Diputados). Pero Alejandro Rodríguez de Valcárcel, a pesar de estar tan bien posicionado, no contaba con el apoyo de todos los franquistas. Muchos fueron quienes querían que llegase el 26 de noviembre de 1975, fecha en la que acababa su mandato como presidente de las Cortes, para sustituirlo. Ese fue uno de los principales motivos por el que se hizo todo lo imposible por alargar la vida de Franco, a pesar de estar agonizando, con el fin de que viviese hasta la mencionada fecha y quedase renovado automáticamente Rodríguez de Valcárcel en su cargo de las Cortes.

Pero Franco falleció el día 20 y, a pesar de que Valcárcel asumió la jefatura del Estado de forma interina, a través de la jefatura del Consejo de Regencia, y que le duró dos días y ocho horas, una vez fue coronado Juan Carlos como rey y por tanto nombrado jefe del Estado, al llegar el día 26 los procuradores en Cortes votaron como nuevo presidente a Torcuato Fernández-Miranda, quien había ocupado provisionalmente el cargo de presidente del Gobierno en 1973, tras el asesinato de Carrero Blanco, y que era de total confianza del nuevo rey. Por su parte, Alejandro Rodríguez de Valcárcel vio cómo se le escapaba la oportunidad de ser nom-

Adolfo Suárez el 29 de agosto de 1977 (Fotocollectie Anefo Reportage).

brado presidente del Gobierno, cargo que ocupaba desde el 31 de diciembre de 1973 Carlos Arias Navarro, célebremente recordado por ser quien transmitió la noticia del fallecimiento de Franco a través de la televisión.

Rodríguez de Valcárcel llevaba aspirando bastantes años al cargo de presidente del Gobierno. Según explican algunas crónicas de la época, se le había prometido desde las líneas más duras del Gobierno y que desconfiaban del sucesor de Franco. De ese modo se podría controlar de cerca las maniobras políticas del rey Juan Carlos, con el fin de que nada o poco cambiase la situación política del país, en una maniobra conocida como «dejarlo todo atado y bien atado», y para que la nación siguiese por la misma senda de ideología política de las anteriores cuatro décadas.

Pero Juan Carlos I no estaba demasiado por la labor de hacer una política continuista y decidió hacer algunos cambios importantes en el sistema político español, empezando por sustituir a Arias Navarro en la presidencia del Gobierno el 1 de julio de 1976, e instando a este a presentar su dimisión, con el fin de poder nombrar un nuevo responsable del ejecutivo, que recayó en Adolfo Suárez, quien en ese momento formaba parte del Gobierno que había echado a andar el 13 de diciembre de 1975 como ministro-secretario general del Movimiento, una cartera de las consideradas como menores.

UN ERROR QUE NO LO FUE

Fue una sorpresa para propios y extraños la designación de Suárez como presidente del Gobierno en sustitución de Arias Navarro, debido a que muchos eran quienes se postulaban para el cargo o eran eternos candidatos al mismo desde hacía varios años, pero, concretamente, cinco eran los nombres que aparecían en todas las quinielas: José María de Areilza, Torcuato Fernández-Miranda, Manuel Fraga Iribarne, Manuel Gutiérrez Mellado y José Vega Rodríguez.

Lo curioso es que en ninguna de las listas de presidenciables que manejaban los medios y expertos figuraba en un lugar destacado el nombre de Adolfo Suárez.

Entre las muchas reacciones a la designación de Suárez destaca la del historiador, escritor y político Ricardo de la Cierva, quien una semana después, el 8 de julio de 1976, escribía en su habitual columna de opinión «Crónicas provisionales», publicada en el diario *El País*, un artículo que tituló «¡Qué error, qué inmenso error!», a través del cual expresaba su perplejidad ante tal nombramiento del nuevo jefe de ejecutivo político del país. Era una aireada crítica a la decisión tomada por el rey Juan Carlos I y señalaba la incorporación del nuevo presidente como [...] la implantación de un Gobierno franquista en el postfranquismo [...]. De la Cierva se lamentaba de que el monarca no hubiese aprovechado para nombrar a un político con una menor implicación en el régimen anterior. El hecho de haber ocupado la cartera de ministro-secretario general del Movimiento era, en opinión de una gran parte de la población, un lastre.

El cronista también se lamentaba de que la designación del nuevo presidente y el gabinete de ministros nombrados por este dejaba [...] al margen a las fuerzas siempre marginadas; la oposición, las regiones, la media nación femenina [...]. Ricardo de la Cierva deseaba estar errado en su pronóstico y hacía público que no le dolería prendas en tener que rectificar su agorera opinión. Afortunadamente para España, el nombramiento de Adolfo Suárez como presidente no fue ningún error y el tiempo demostró que aquella había sido una de las decisiones más acertadas.

Como anécdota, cabe destacar que Ricardo de la Cierva fue nombrado en 1978 consejero de la presidencia para asuntos culturales, un cargo que ostentó hasta el 18 de enero de 1980, fecha en la que tomó posesión como nuevo ministro de Cultura en el Gobierno de la segunda legislatura de Adolfo Suárez y en el que se mantuvo a lo largo de casi nueve meses.

LA CALLE ERA SUYA

Retomando el hilo previo a la designación de Suárez como presidente del Gobierno, uno de los candidatos a tal cargo, y quizá el que mejor posicionado estaba, fue Manuel Fraga Iribarne, político de larga trayectoria como ministro de Información y Turismo (entre 1962 y 1969) y embajador de España en el Reino Unido (1973-1975), y que en aquellos momentos también formaba parte del Gobierno que se había iniciado en diciembre de 1975, estando al frente de dos de las carteras más importantes (vicepresidente segundo para Asuntos del Interior y Gobernación).

Fraga Iribarne no era un desconocido para la ciudadanía, debido a que algunos hechos relevantes lo habían acompañado en sus funciones ministeriales. De él proviene el popular eslogan internacionalmente conocido: «España es diferente». Su traducción al inglés, «*Spain is different*», se usó durante los años en los que estuvo al frente del Ministerio de Información y Turismo. Estos lemas llenaron las vallas y los panfletos publicitarios de medio continente, con el propósito de atraer a los turistas y veraneantes para que llenasen las playas y costas españolas. Era una época en la que la industria del turismo despegaba y se realizaban grandes acontecimientos mediáticos, como celebrar la llegada del turista 1 millón. Ese periodo también le proporcionaron a Fraga oportunidades tan excitantes como la de conocer en persona a la actriz Ava Gardner, considerada en aquel momento como el animal más bello del mundo. En una de sus múltiples visitas a España, la actriz invitó al ministro a tomar una copa y este desechó la invitación bajo el pretexto de que estaba muy ocupado. Días después, ambos coincidieron en un encuentro con otras personas, pero esta vez fue la estrella de Hollywood quien se levantó y se marchó del lugar.

Pero si hay que destacar uno de los momentos en el que Fraga Iribarne tomó un gran protagonismo en todo el mundo fue a raíz del accidente ocurrido el 17 de enero de 1966, en el que se produjo el choque entre dos aviones

Manuel Fraga en 1963 (Fotocollectie Anefo Reportage).

militares norteamericanos. Uno de ellos perdió la carga en la zona costera de Almería: bombas B28 de 1,5 megatones. Este hecho fue conocido en todo el mundo como «el incidente de Palomares», población almeriense que se vio afectada por la caída de las bombas. El régimen franquista, así como el gobierno de los EE. UU., trató de quitar importancia al hecho, mandando al ministro Fraga y al embajador de los Estados Unidos en España, Angier Biddle Duke, a darse un baño en la playa de Palomares, acto que fue captado por multitud de medios de comunicación que se hicieron eco de la noticia. Durante mucho tiempo, se mantuvo la teoría de que Fraga no llegó a bañarse en la playa de Palomares, sino en la de Mojácar, a 15 kilómetros de distancia, pero con los años se supo que en realidad se realizaron dos baños: uno por parte del embajador estadounidense en Mojácar y otro de ambos en Palomares.

Otro episodio importante y poco conocido en la vida de Fraga Iribarne tuvo lugar cuando fue invitado a una cacería en una finca de Santa Cruz de Mudela (Ciudad Real). El infortunio y su falta de experiencia como cazador provocó que, por error, un disparo hacia una perdiz acabara alojando los perdigones en el trasero de Carmen Franco, hija del jefe del Estado, y no impactando sobre este por muy pocos centímetros. Una anécdota que pasó varios años en el olvido y que a punto estuvo de costarle su fulgurante carrera política. Fue explicada, tiempo después, por el propio Fraga en su libro de memorias. Según las malas lenguas de la época el incidente le pasaría factura política, debido a que el enfado de Franco fue monumental, aunque Fraga aseguraba en su libro que el tema acabó resolviéndose amistosamente: «[...] Debo decir que la actitud de ambos [Franco y su hija] ante mi lamentable gafe fue ejemplar, de generosidad y buen estilo[...]».

Tras su paso por el Ministerio de Información y Turismo (1962-1969) fue enviado a Londres como embajador de España en el Reino Unido (1973-1975). Una vez fallecido Franco, Arias Navarro confió en él como responsable de dos de las carteras más importantes de su nuevo Gobierno, la vicepresidencia segunda para Asuntos del Interior y el Ministerio de Gobernación. Y fue precisamente mientras ocupaba ese cargo de responsabilidad cuando Manuel Fraga dijo otra de sus célebres frases lapidarias que le perseguiría el resto de su vida: «La calle es mía». La pronunció ante la prohibición que él mismo dio cuando algunos partidos y sindicatos de izquierda, por aquel entonces declarados ilegales, anunciaron el propósito de salir a las calles de las principales ciudades de España para manifestarse con motivo del Primero de Mayo de 1976. Pero no fue la única metedura de pata de Fraga en aquella etapa en el gobierno, también fue muy criticada y censurada la forma en la que había ordenado reprimir las manifestaciones callejeras que se produjeron en Vitoria, el 3 de marzo de 1976, donde varios obreros murieron a causa de las balas disparadas por la policía, a cargo de su ministerio, y en la que hubo más de un centenar de heridos.

Todo parece indicar que estos desafortunados sucesos fueron determinantes para que el rey Juan Carlos I no optase por Manuel Fraga como presidente del Gobierno y se decantase por Adolfo Suárez, quien presentaba un currículo impecable como gestor político y con quien el monarca supo entenderse perfectamente desde un principio, teniendo ambos una visión de apertura política muy similar.

CAFÉ PARA TODOS

Uno de los primeros encargos que recibió Adolfo Suárez por parte del rey, tras ser nombrado nuevo presidente del Gobierno, el 5 de julio de 1976, fue tomar contacto con las fuerzas y organizaciones de todo el espectro político, desde la derecha a la izquierda, con el fin de realizar un tránsito hacia la democracia, legalizar algunos de los partidos, hasta aquel entonces prohibidos y perseguidos, y convocar unas elecciones libres y democráticas en el pazo máximo de un año.

Se comenzó a trabajar en la necesaria Ley para la Reforma Política, que fue aprobada en las Cortes el 18 de noviembre de 1976, posteriormente presentada a referendo popular el 15 de diciembre de ese mismo año y votada a favor por la inmensa mayoría de los votantes. Se publicó en el Boletín Oficial del Estado el 4 de enero de 1977. Los primeros pasos de la transición política ya se habían dado y en los siguientes meses Adolfo Suárez se convirtió en uno de los personajes políticos más relevantes e importantes de la época.

Pero ese tránsito hacia la democratización del país no fue un camino de rosas. Se encontró con innumerables dificultades y algunas de ellas acabaron trágicamente. Por un lado el los atentados de la banda terrorista Euskadi Ta Askatasuna, popularmente conocida por su acrónimo ETA, que desde la izquierda más radical y nacionalista exigía cambios para el País Vasco y que estaba dividida en dos fracciones: la político-militar, dispuesta a participar desde una formación política en las elecciones, y la militar, dispuesta a seguir con la lucha armada y boicotear el proceso democrático y las elecciones. En el otro lado del espectro político estaban los ultraderechistas minando todo aquello que olía a aperturismo, libertad y democracia, franquistas anclados en el pasado más reciente del país y que pretendían que España continuase con el régimen de las últimas cuatro décadas. Recordados fueron los asesinatos de cinco personas (tres letrados, un estudiante de Derecho y un administrativo) en el despacho de abogados laboralistas de la calle Atocha de Madrid, el 24 de enero de 1977, por parte del grupo terrorista de extrema derecha Triple A (Alianza Apostólica Anticomunista).

Como dato anecdótico a esta tragedia cabe destacar la suerte que vivió una de las socias y cofundadoras del bufete, la abogada Manuela Carmena, quien decidió trasladar una reunión, que tenía pendiente para ese mismo día y a la misma hora, a otro despacho cercano, también en la misma calle Atocha, tras recibir una llamada de última hora de uno de sus socios del despacho (Luis Javier Benavides, asesinado en el atentado) para que hiciese ese cambio. Carmena se ha hecho inmensamente popular en los últimos años, gracias a ser nombrada alcaldesa de la ciudad de Madrid tras ganar las elecciones municipales de 2015, pero cabe destacar que ha tenido una larga trayectoria de activismo político: fue candidata a diputada, por esta circunscripción, en el puesto 23 en las listas del Partido Comunista de España en las primeras elecciones generales de la democracia española.

La entrada en vigor de la mencionada Ley para la Reforma Política, a principios de 1977, abría la puerta a la formación y legalización de formaciones políticas en España de cara a las elecciones generales que debían celebrase en breve. Una amalgama de nuevos partidos empezaron a aparecer, de diferente carácter ideológico, y muchos de ellos acabaron formando parte de coaliciones, como fue el caso de la UCD, acrónimo de Unión de Centro Democrático, la coalición política por la que se presentó como candidato independiente Adolfo Suárez y que aglutinaba a formaciones de un amplio espectro (desde la derecha moderada hasta el centroizquierda). El Partido Socialista Obrero Español, liderado por Felipe González, también obtuvo su legalización recién iniciado ese año. La gran sorpresa llegó en plena Semana Santa, pillando de vacaciones a la mayoría de los ciudadanos españoles: tras cuatro décadas en la clandestinidad, el sábado 9 de abril de 1977, era legalizado el Partido Comunista de España.

CAMARADA CARRILLO

Fue uno de los grandes hitos en la joven democracia española que sirvió para normalizar un régimen político que gran parte de la ciudadanía reclamaba, aunque cabe destacar que otro sector, anclado en el pasado ultraderechista del país, no quiso perdonar al presidente del Gobierno y lo tachó de traidor. No podemos obviar el detalle que, un año atrás, Suárez había estado al frente de la «Secretaría General del Movimiento», el órgano político del ideario franquista.

Con la legalización del PCE facultaba la salida de la clandestinidad de ciertos líderes del partido. Uno de los más destacados fue su entonces secretario general, Santiago Carrillo.

Hijo de un importante dirigente socialista de su época, Santiago Carrillo se involucró en política siendo apenas un adolescente. Llegó a la secretaría general de las Juventudes Socialistas de España a la edad de 19 años, en plena Segunda República. Dos años después, previo al estallido de la Guerra Civil, asumía el mismo cargo pero en la formación resultante de las JSE y JCE tras su unificación. A pesar de que nunca han existido pruebas concluyentes que lo relacionasen directamente, la extrema derecha señaló con frecuencia a Carrillo como máximo responsable de las matanzas de Paracuellos del Jarama, la ejecución masiva de más de 2500 personas afines al bando nacional, entre el 7 de noviembre y el 4 de diciembre de 1936, durante la Guerra Civil. Esa afirmación empezó a circular a partir de llegar noticias a España de que el líder comunista había sido nombrado secretario general del partido en el VI Congreso del PCE, celebrado en Praga entre el 28 y 31 de enero de 1960.

Carrillo pasó prácticamente toda la dictadura fuera de España, viviendo la mayor parte del tiempo en Francia, desde donde ayudó a organizar las fuerzas de resistencia antifascistas, más conocidos como maquis. En el país galo adquirió una nueva identidad, la de Jacques Giscard, contable de una empresa que se veía obligado a viajar continuamente hacia otros países (Unión Soviética, Argentina, Estados Unidos, Argelia o México). Se instaló definitivamente en París, donde dirigió el partido desde la clandestinidad. La muerte del dictador Franco y el aperturismo político ejercido por Adolfo Suárez propiciaron varios encuentros secretos entre Carrillo y destacados miembros del Gobierno, que veían con buenos ojos la legalización del PCE y la vuelta a España de su secretario general. A pesar de todo, fue detenido en un par de ocasiones durante sus visitas camufladas portando un DNI falso realizado por Domingo Malagón, en aquellos momentos el mejor falsificador de documentación que se encontraba en el exilio.

Santiago Carrillo. Campaña electoral de 1979 (Gijón).

Los viajes que realizó a España clandestinamente los hizo ataviado de un peluquín y bajo la identidad de Alfredo Solares Martínez, un supuesto ingeniero de profesión y que regresaba, supuestamente, a su hogar tras un viaje de negocios. En una de esas visitas, el 22 de diciembre de 1976, el líder comunista fue identificado y detenido a pesar de que iba ataviado con el mencionado peluquín, además de una barba y bigote falsos. Aquellos postizos fueron requisados por la Brigada de Información de Madrid. Dos décadas después, el 1 de octubre de 1996, en un acto institucional celebrado en el Ministerio del Interior, el titular de la cartera, Jaime Mayor Oreja, junto al Director general del Cuerpo Nacional de Policía, Juan Gabriel Cotino Ferrer, devolvieron oficialmente al dirigente comunista (que contaba con 81 años y por aquel entonces ya estaba retirado de la política) los postizos requisados veinte años atrás.

El regreso de Santiago Carrillo a España, junto a la legalización del PCE, no fue bien acogido por un buen número de franquistas, que todavía ejercían un gran poder dentro de las instituciones políticas del país. El presidente Suárez fue duramente criticado por ello, encontrando un gran apoyo en Manuel Fraga, exministro y en aquellos momentos líder del partido conservador Alianza Popular, que aglutinaba a buena parte de la derecha democrática. Fraga ayudó a Carrillo a poder presentarse frente a los miembros del por entonces exclusivo Club Siglo XXI, donde ofreció una conferencia sobre eurocomunismo y que provocó que un número relevante de socios decidiesen darse de baja. Fue a partir de ese momento cuando comenzó a forjarse una amistad entre ambos políticos que perduró a lo largo de tres décadas, a pesar de tener ideas totalmente opuestas.

A pesar de que la transición política se desarrolló con cierta normalidad (excepto algunos casos relevantes como el intento de golpe de Estado del 23 de febrero de 1981), Santiago Carrillo siempre estuvo en el punto de mira de la extrema derecha. Fue objeto de continuos insultos, difamaciones e incluso intentos de agresión, como le sucedió el 16 de abril de 2005, a los 90 años, mientras se encontraba en la librería Crisol de Madrid en la que realizaba la presentación del libro, del historiador Santos Juliá, *Historias de las dos Españas*. Un grupo de ultraderechistas irrumpió en el local y le agredió.

Otro hecho reseñable sobre el dirigente comunista tiene que ver con el 23F. Irrumpieron en el Congreso un grupo de guardias civiles bajo el mando del teniente coronel Antonio Tejero Molina, quien, pistola en mano, gritó su famoso: «¡Todo el mundo al suelo!». Sus hombres dispararon al techo del hemiciclo. La práctica totalidad de los diputados que se encontraban en ese instante en las Cortes se escondió tras el escaño, tan solo tres personas se mantuvieron sentadas en su sitio: Adolfo Suárez, el vicepresidente Manuel Gutiérrez Mellado y Santiago Carrillo. Ese acto les valió el reconocimiento de la prensa mundial, que ensalzó la valentía que mostraron en uno de los momentos más angustiosos que había vivido la joven democracia española.

Muchas fueron las hipótesis sobre el verdadero motivo por el que Carrillo continuó sentado e hizo caso omiso a las instrucciones de los golpistas. La versión oficial, según el propio protagonista, es que estaba convencido de que aquella sería su última noche con vida, puesto que era un objetivo de la ultraderecha, y quiso afrontar la muerte con la máxima dignidad posible. Pero hay otra teoría que formuló el escritor Javier Cercas, en su exitoso libro *Anatomía de un instante*. Más allá de la hipótesis del gesto de dignidad que defiende Carrillo, lo enfocó desde la perspectiva política y el crédito que le quedaba a su carrera tras haber pactado con Suárez la entrada del PCE en el proceso democrático del país.

En aquellos momentos Adolfo Suárez acababa de dimitir como presidente del Gobierno tras perder prácticamente todo el apoyo de sus correligionarios, al haber contado con el apoyo de Carrillo (entre otros políticos) en los conocidos como Pactos de la Moncloa y, por tanto, haber llegado a un acuerdo con los comunistas. Y exactamente lo mismo ocurría con la figura del dirigente comunista, a quien el ala más radical de su partido no le perdonaba que hubiese vendido los ideales marxistas a la derecha española a cambio de la legalización del PCE cuatro años atrás. Carrillo y Suárez en aquellos momentos se habían convertido en dos cadáveres políticos cuya única salida era permanecer estoicos en sus escaños. Según Cercas, fue ver que el presidente saliente se mantenía erguido en su asiento lo que convenció a Carrillo de que él también tenía que resistir. Gutiérrez Mellado, además de ocupar la vicepresidencia del Gobierno, era militar y no solo no obedeció a los golpistas, sino que se encaró con estos para llamarlos al orden con firmeza: un guardia civil intentó derribarlo y, pese a la avanzada edad del general, fracasó. En cuanto al dirigente comunista, los largos años de exilio y resistencia le habían preparado para este momento.

Pero Suárez no era más que un gestor político, un hombre desacostumbrado a la violencia. Al ver ese gesto de valentía quizás absurdo, Carrillo entendió que no podía ser menos que el hombre a quien había ligado su destino político. Según relata Javier Cercas en su libro, lo que sucedió fue lo siguiente:

> Carrillo está sentado en el primer escaño de la séptima fila del ala izquierda del hemiciclo, justo enfrente y debajo de él, en el primer escaño de la primera fila del ala derecha, se sienta Adolfo Suárez. Cuando empiezan los disparos, el primer impulso de Carrillo es el que dicta el sentido común: de la misma forma que lo hacen los compañeros de la vieja guardia comunista sentados junto a él, que igual que él ingresaron en el partido como quien ingresa en una milicia de abnegación y peligro y han conocido la guerra, la cárcel y el exilio y quizá sienten también que si sobreviven al tiroteo serán pasados por las armas, instintivamente Carrillo se dispone a olvidar por un momento el coraje, la gracia, la libertad, la rebeldía o hasta su instinto de actor para obedecer las órdenes de los guardias y protegerse de las balas bajo su escaño, pero justo antes de hacerlo advierte que frente a él, debajo de él, Adolfo Suárez sigue sentado en su escaño de presidente, solo, estatutario y espectral en un desierto de escaños vacíos. Y entonces, deliberadamente, reflexivamente (como si en un solo segundo entendiera el significado completo del gesto de Suárez), decide no tirarse.

Don Juan de Borbón, fotografiado por José Demaría Vázquez «Campúa».

A CADA REY SU TRONO

Pero retrocedamos de nuevo hasta principios de 1977, en los días previos a la celebración de las primeras elecciones generales de la democracia, que tendrían lugar el 15 de junio. Un mes antes, el 14 de mayo, tuvo lugar otro de los momentos más significativos para la Historia de España y, sobre todo, para la recién estrenada monarquía: la renuncia oficial al trono por parte de don Juan de Borbón, padre del ya coronado rey y legítimo aspirante a la corona.

Su hijo, Juan Carlos I, había sido coronado el 26 de noviembre de 1975, según lo establecido por Franco en la Ley de Sucesión en la Jefatura del Estado. Pero ahí había un pequeñísimo detalle protocolario que quedaba por solucionar desde entonces: que don Juan renunciara pública y oficialmente como aspirante al trono, para que de ese modo el rey designado en su lugar lo fuese legítimamente, a pesar de haberse saltado un peldaño la tradición sucesoria borbónica. Aquel 14 de mayo de 1977, tras innumerables presiones y solicitudes, don Juan de Borbón decidió finalmente pronunciar un breve discurso de apenas cinco minutos en el que expresaba que renunciaba a su derecho de sucesión a favor de Juan Carlos I.

De ese modo se intentaba cerrar una brecha abierta que enfrentaba a diferentes facciones monárquicas. Como apunte anecdótico, esa fecha coincidía con los quince años de la celebración de la boda de su hijo con Sofía de Grecia. Según se contó en la época, don Juan escogió ese día concreto para hacerlo como acto de buena voluntad en forma de regalo de aniversario.

HABLA, PUEBLO, HABLA

Volviendo a las decisivas elecciones generales del 15 de junio de 1977, hasta 63 candidaturas diferentes se presentaron, todas ellas de los más diversos signos políticos y en forma de partidos, coaliciones, agrupaciones e incluso candidatos independientes sin siglas ni respaldo de organización alguna. Fue una amalgama de formaciones que abarcaba todo el espectro político del país e incluso social, debido a que entre los postulantes a conseguir representación se encontraban organizaciones tan curiosas como la ANEPA, acrónimo de la Asociación Nacional para el Estudio de Problemas Actuales, una asociación cultural fundada en 1969 que obtuvo poco más de 18 000 votos y que se definía como neutral en política, aunque sus principales dirigentes militaban al mismo tiempo en el partido ultraderechista Fuerza Nueva y algunos de ellos acabaron integrándose ese mismo año en la Federación de Partidos Alianza Popular, liderado por Manuel Fraga.

El gran triunfador de la cita electoral fue Adolfo Suárez al frente de la Unión de Centro Democrático, una coalición de partidos que intentó aglutinar el voto de un amplio espectro (desde la derecha moderada de los democratacristianos hasta el centroizquierda). El hasta entonces presidente y ganador de las primeras elecciones democráticas consiguió seducir a millones de ciudadanos españoles, que vieron en él al político idóneo para llevar al país hacia la democracia plena. Y aunque dentro de su propia coalición electoral (que acabó formándose como partido político aquel mismo año) tuvo grandes enemigos que aspiraron a ocupar algún día su lugar, Suárez se convirtió en toda una estrella dentro del panorama político del país e incluso fuera de nuestras fronteras. La prestigiosa revista *Time*, en su número de junio de 1977, sacó una ilustración en su portada en la que aparecía en primer plano el flamante presidente con la leyenda: «Premier Adolfo Suarez». Tras él, en segundo plano, el rey Juan Carlos I, bajo el nombre de la revista el titular: «España: La democracia gana» (evidentemente en inglés: *Spain: democracy wins*).

LAS PROMESAS DE SUÁREZ

Aquellas primeras elecciones de la democracia suponían el primer gran y decisivo paso para la democracia plena y convertirse en una nación lo suficientemente importante como para tenerla en cuenta en los grandes acuerdos y organizaciones internacionales. La política española había vivido durante cuatro décadas de espaldas al resto de planeta. La normalización democrática traería la prosperidad al país. Esto era algo de lo que Adolfo Suárez estaba convencido y así lo hacía saber en cada uno de sus discursos televisados.

Posiblemente, de todos los que ofreció en aquella primera época, destaca y será recordado el que dio el 13 de junio de 1977, dos noches antes del día de la celebración de las primeras elecciones, en el que en el momento del cierre de la campaña electoral, y a través de Televisión Española, se dirigió a toda la ciudadanía pronunciando la frase más famosa de la transición: «Puedo prometer y prometo». No lo hacía como presidente del Gobierno, sino como candidato principal de la Unión de Centro Democrático dentro del espacio que tenían asignados gratuitamente todos los partidos políticos en el canal de televisión pública. El discurso había sido redactado por el periodista y, en aquel momento, director del gabinete de prensa de la Presidencia, Fernando Ónega. Con los años, la mayoría de politólogos y analistas de márquetin político han coincidido en reconocer que la mencionada frase ha sido, junto a «Por el cambio» del PSOE de Felipe González en 1982, los mejores eslóganes de todas las elecciones celebradas desde entonces.

Explica María Ángeles López de Celis en su muy interesante y curioso libro *Los presidentes en zapatillas* (Editorial Espasa. 2010) que hasta el Palacio de la Moncloa llegó un personaje con unas pintas un tanto siniestras, con el fin de ayudar en la acumulación de trabajo que allí había. Se trataba de un falsificador, cuya tarea encomendada era la de imitar y falsificar la firma del presidente Suárez, debido a la gran cantidad de papeleo burocrático que tenían en la presidencia. Una vez por semana, aparecía este personaje ataviado de un traje oscuro y unas gruesas gafas, se le entregaba todo lo que debía firmar y él, con una destreza e imitación perfecta, dejaba su rúbrica. Parece ser que se trataba de un recluso que cumplía condena por falsificación. Evidentemente los documentos importantes eran firmados por el propio Suárez. Según parece, una de las cosas que más firmaba el falsificador eran las fotografías y dedicatorias que solicitaban los admiradores del presidente a través del correo postal, por lo que muy posiblemente la mayoría de las personas que guardan en casa alguna foto autografiada y dedicada por Adolfo Suárez en aquella época sea en realidad la rúbrica hecha por el mencionado falsificador.

El preparar a la nueva y democrática España para acoger el Estado de la Autonomías también fue un arduo trabajo. Cada región del país, fuese histórica o no, reclamaba su parte de la tarta. Los representantes políticos del País Vasco y Cataluña fueron los que más presionaron para encontrar una solución al hecho diferencial que satisficiera a todas las partes. Al conocido como conflicto vasco, con la banda terrorista ETA cometiendo atentados desde hacía casi dos décadas, se le añadía la aparición del movimiento independentista catalán Terra Lliure, que acabó convirtiéndose en una organización terrorista. Tanto una formación como la otra no estaban de acuerdo con el nivel de autonomía concedido a sus respectivos territorios y reclamaban la autodeterminación. El 17 de octubre de 1977 se restablecía la Generalitat de Catalunya tras la vuelta a España, dos semanas antes, del presidente en el exilio Josep Tarradellas. Recordadas fueron sus palabras desde el balcón del Palacio de la Generalitat, en la barcelonesa plaza de Sant Jaume, en la que, emocionado, pronunció, el 23 de octubre, las ya históricas palabras: «*Ciutadans de Catalunya, ja sóc aquí!*» (¡Ciudadanos de Cataluña, ya estoy aquí!). Tres meses después serían los vascos quienes recuperarían su institución autonómica, a través del Consejo General Vasco que presidiría el histórico político socialista Ramón Rubial.

CONSTITUYENDO LA CONSTITUCIÓN

Sin lugar a duda, uno de los momentos clave de aquellos años de tránsito hacia la democratización total del país fue la composición de un grupo de siete personas, todos ellos representantes de las principales formaciones políticas, que se reunirían a lo largo de los siguientes meses para trabajar en el texto de lo que iba a ser la Constitución Española. Esta, tras debatirse y aprobarse por mayoría tanto en el Congreso como en el Senado, fue sometida a un referéndum el 6 de diciembre de 1978.

El origen etimológico del término *referéndum* lo encontramos en la palabra homónima proveniente del latín. Es el gerundio del verbo *referre*, cuyo significado es «consultar». Por tanto, referéndum significa literalmente «lo que debe ser consultado». Cabe destacar que a pesar de que la lengua castellana tiene su propio término para referirse a este tipo de consultas, *referendo*, es totalmente correcto el uso del latinismo y la Academia de la Legua ha dado el visto bueno. También podemos encontrarnos con *plebiscito*, término utilizado como sinónimo pero que su grafía es totalmente distinta. Desde el punto de vista etimológico proviene del latín *plebiscitum* (un vocablo compuesto por *plebis* que significa «pueblo llano» o «gente común», y que también dio origen a la palabra *plebe* que utilizamos para referirnos a los miembros de la clase social más baja), y *scitum* (que se refería a un decreto o mandato), por lo que la traducción literal era «mandato del pueblo».

Antes de que llegase aquel esperado referéndum en el que se aprobó la Constitución mucho se trabajó para que esta fuese redactada de un modo que representara todas las inquietudes sociales y políticas de los españoles, al mismo tiempo que brindase la unidad de la nación a través de sus artículos. Fue un trabajo arduo y en el que no faltó algún que otro desencuentro entre los llamados padres de la Constitución: Gabriel Cisneros, Miguel Herrero y Rodríguez de Miñón y José Pedro Pérez Llorca por parte de la UCD;

Gregorio Peces-Barba del PSOE, Manuel Fraga de Coalición Alianza Popular, Miguel Roca Junyent de la Minoría Catalana y Jordi Solé Tura de Grupo parlamentario Comunista.

Pero uno de los momentos más críticos se vivió cuando el 22 de noviembre de 1977 la revista cultural *Cuadernos para el diálogo* publicó una filtración recibida con los 39 primeros artículos de la Constitución que se encontraba en pleno proceso de redacción. Los ponentes de la Carta Magna se habían comprometido a no filtrar ni informar sobre nada de lo que fuese aconteciendo y escribiéndose en la Constitución en la que estaban trabajando, lo que llevó a que fuesen llamados al orden, debido a que uno de los siete o alguien de su entorno había hecho llegar a la publicación el mencionado borrador. La revista se escudó en el derecho a la libertad de expresión, pero enfrentó a su director Pedro Altares con el político Gregorio Peces-Barba, que a su vez era miembro de la Junta de fundadores y del Consejo de Administración de esta. Dimitió de ese cargo por tal incidente. Tres días después, el 25 de noviembre, era el periódico barcelonés La Vanguardia, en el que se publicaba otra filtración de la Constitución, pero esta vez del texto íntegro.

Y llegó el ansiado referéndum del 6 de diciembre de 1978. Los españoles acudieron a votar la nueva Carta Magna, la cual apoyarían mayoritariamente con el SÍ el 87,78 % de los votantes. El siguiente paso era que fuese sancionada por el rey Juan Carlos I en las Cortes. Se realizó el 27 de diciembre una solemne y extraordinaria sesión conjunta con todos los miembros de las dos cámaras (Congreso de los Diputados y Senado). Debía ser publicado en el BOE al día siguiente, pero el hecho de que cayese en el Día de los Santos Inocentes, jornada dedicada a gastar bromas y en la que la prensa solía aprovechar para publicar alguna que otra noticia en forma de chanza, y se decidió aplazarlo un día.

EL DICHO Y HECHO DE SUÁREZ

A pesar de que la legislatura tenía tan solo un año y medio de vida, el siguiente paso, tras aprobarse la Constitución y ser publicada en el BOE, fue la disolución de las Cortes y la convocatoria de unas nuevas elecciones que tendrían lugar el 1 de marzo de 1979. Adolfo Suárez volvería a encabezar las listas de la UCD y, aunque estaba convencido de que los españoles le darían la victoria a su partido, la siguiente legislatura sería todavía más complicada que la anterior, sobre todo por las disputas dentro de la formación política entre los miembros de esta. Se estaba perdiendo algo esencial en el partido: la unión, algo que había sido emblema y que formaba parte del nombre. A finales de 1978 habían llegado las primeras escisiones de destacados miembros, que habían decidido irse hacia otras formaciones políticas (hacia la derecha de Alianza Popular o la izquierda del PSOE). Uno de ellos fue Alfonso Osorio quien, liderando el Partido Demócrata Progresista, de tendencia conservadora, decidió unirse a la Coalición Democrática creada por Manuel Fraga y que pretendía aglutinar a los partidos de derechas.

UCD ganó aquellas elecciones con el eslogan «Dicho y hecho», que utilizó durante la campaña electoral, como clara alusión a que se habían cumplido bajo su presidencia un gran número de las cosas que había prometido en la antevíspera de las elecciones de 1977 (el comentado «Puedo prometer y prometo»). Debido a la tan discutida Ley D'Hont, el partido de Adolfo Suárez obtuvo una mayoría que no era lo suficientemente holgada: logró 168 diputados, 47 más que el PSOE, a pesar de que a ambos partidos tan solo les separaban alrededor de ochocientos mil votos. El partido liderado por Felipe González había partido como favorito en las encuestas realizadas en los días previos y se presentó a las elecciones tras conseguir aglutinar a gran número de formaciones y federaciones socialistas que abarcaba desde la izquierda marxista del Partido Socialista Popular de Enrique Tierno Galván hasta socialdemócratas de centroizquierda, como Miguel Boyer, que habían abandonado el Partido Socialdemócrata que estaba integrado en aquel momento en la UCD. En el PSOE estaban convencidos de que ganarían aquellos comicios, lo que llevó a la formación socialista a tomar la drástica pero necesaria decisión, no compartida por todos los afiliados, de abandonar el marxismo en su hoja de ruta política, debido a que el izquierdismo radical fue una de las cosas que más se atacó durante la campaña electoral por parte de UCD con el fin de meter miedo al electorado ante un hipotético triunfo socialista. Un mensaje televisado de Suárez a la nación española, en vísperas de las elecciones del 1 de marzo, en el que atacaba el marxismo revolucionario del PSOE, fue determinante para que los centristas acabaran ganando aquellos comicios.

Aquella legislatura se convirtió en un vía crucis para Adolfo Suárez, que tenía que batallar en varios frentes: los problemas del país por alcanzar la democracia plena y sin complejos, la lucha por las cuotas de poder dentro de UCD por parte de algunos destacados dirigentes y los ataques sin piedad desde las filas socialistas a través de las descalificaciones que el presidente del Gobierno recibía un día tras otro por boca de Alfonso Guerra, mano derecha de Felipe González y uno de los políticos con mejor verborrea de la época. Todo ello desencadenó en una grave crisis, ya no solo en el Gobierno, sino también dentro de la UCD. Suárez, que había perdido toda credibilidad ante sus correligionarios, presentó su dimisión como presidente del Gobierno. Lo hizo en directo y por televisión el 29 de enero de 1981, cuando faltaban veinte minutos para las ocho de la tarde. Televisión Española interrumpió su programación para contactar con el Palacio de la Moncloa. Casualmente aquel mismo día debía celebrarse en Palma de Mallorca el congreso extraordinario de la UCD en el que se iban a cambiar muchas cosas dentro de la formación política (sobre todo al frente de esta), pero una huelga de controladores aéreos provocó la cancelación de tal encuentro político, fecha que aprovechó Suarez para anunciar su más que meritada dimisión en directo para toda la nación, en lugar de hacerlo solamente frente a sus correligionarios de partido. Se cerraba así una etapa de cuatro años y medio al frente del ejecutivo y se ponía en marcha el proceso para escoger, a través del Parlamento, a quién sería su sustituto en la presidencia del Gobierno y en la del partido. Ese día sería el ya mencionado 23 de febrero, fecha en la que en las Cortes Generales se votaba la elección de Leopoldo Calvo-Sotelo como nuevo presidente del Gobierno y tuvo lugar el golpe de Estado con el teniente coronel Tejero al frente.

PRESIDENTE EFÍMERO

Una vez superado el 23F se avecinaban para España grandes y significativos cambios que llevarían al país a la modernización y, sobre todo, a la internalización. No debemos olvidar otro de los momentos de gran tensión política cuando, a partir de mayo de aquel 1981, se detectaron los primeros casos de lo que finalmente sería una auténtica tragedia: el envenenamiento de miles de ciudadanos (alrededor de 25 000 afectados y 2 500 fallecimientos) por culpa de aceite de colza adulterado, y que en un principio el entonces ministro de Salud calificó como de «neumonía atípica». Esto dejó tambaleando al débil Gobierno de Calvo-Sotelo. Aunque al año siguiente tuvieron lugar dos cosas trascendentales para España, de poco sirvieron para salvar del naufragio a la UCD. El 30 de mayo de 1982 España se convertía en el miembro número dieciséis de la Organización del Tratado del Atlántico Norte (OTAN), algo a lo que se había opuesto el PSOE y los partidos de izquierda (aunque posteriormente los socialistas cambiarían de opinión). Un mes después, el país fue centro de atención de todo el planeta al celebrarse la Copa Mundial de Fútbol. La legislatura de Calvo-Sotelo fue efímera, duró tan solo poco más de un año y medio, aunque cabe destacar que durante aquel breve periodo de tiempo tuvieron lugar trascendentales cambios en el país: se conformó el nuevo mapa

Leopoldo Calvo-Sotelo conversa con el presidente del Congreso, Landelino Lavilla (Ministerio de la Presidencia. Gobierno de España).

autonómico, se aprobaron los diferentes estatutos y se celebraron las correspondientes elecciones autonómicas.

Leopoldo Calvo-Sotelo siempre mostró un aspecto serio y prudente ante la ciudadanía. Quienes tuvieron oportunidad de tratarlo aseguraban que tenía un gran sentido del humor, aunque nunca pronunciaba inconveniencia o improperio alguno. También lo señalan como el más intelectual de todos los presidentes del Gobierno que ha tenido España desde 1975 hasta la fecha. Era un hombre aficionado a las letras. En cierta ocasión, tras ser preguntado si estaba interesado en la literatura contestó afirmativamente al periodista que lo entrevistaba, añadiendo, con una fina y característica ironía, que escribía y publicaba cada día y además firmaba con su nombre y apellidos. Ante la perplejidad del entrevistador le aclaró que se refería al BOE.

Según iban pasando los meses la UCD se iba desmoronando como partido. Muchos fueron quienes lo abandonaron para irse a otras formaciones políticas como Alianza Popular y unos pocos al PSOE o crear su propio partido, como fue el caso de Adolfo Suárez, quien fundaría el 29 de julio de 1982 el Centro Democrático y Social (CDS). Todo vaticinaba que el partido en el Gobierno sufriría un terrible batacazo electoral. Cuando todavía faltaba medio año para finalizar la legislatura y ante una situación insostenible, Calvo-Sotelo disolvió las Cortes y convocó elecciones anticipadas para el jueves 28 de octubre de aquel mismo año.

LLEGA EL MOMENTO DEL CAMBIO

La noche electoral del 28 de octubre, el PSOE decidió convertir el céntrico hotel Palace de Madrid en el cuartel general. Desde allí se seguía minuto a minuto el escrutinio de los votos. Miles de ciudadanos se fueron agrupando en las inmediaciones con el fin de conocer datos de primera mano y festejar el más que evidente triunfo socialista. Dentro del edificio se encontraba la cúpula del partido y un nutrido número de ilustres invitados que celebraban en una espléndida y generosa fiesta, con cena de gala incluida, la información que iba llegando desde el centro de datos que iba informando del escrutinio de todo el país en el Palacio de Congresos de Madrid. Al mismo tiempo conocían el número de votos conseguidos de primerísima mano a través de los miles de interventores que el partido socialista tenía en cada una de las mesas electorales, quienes iban facilitando los datos del recuento directamente al hotel Palace. Como dato anecdótico de aquella esplendida fiesta de celebración, uno de los invitados que allí acudieron fue el colombiano Pablo Escobar, por aquel entonces conocido por ser un próspero hombre de negocios, que probaría suerte en el mundo de la política de su país poco tiempo después y que posteriormente se descubrió que era uno de los mayores narcotraficantes del planeta. Evidentemente Escobar había sido invitado a la celebración en calidad de empresario, siendo por aquel entonces totalmente desconocida su vinculación con el tráfico de drogas.

Con el aplastante triunfo del PSOE en las elecciones, en las que obtuvo una amplísima mayoría absoluta de 202 diputados, el país se disponía a dar su último y decisivo paso hacia el fin del periodo de la transición, un camino que había empezado siete años atrás y que ya estaba colocando a España en el mapa internacional. El nuevo ejecutivo socialista llegaba al Gobierno con la intención de quedarse muchos años en el poder y transformar por completo el país. Su propósito era hacerlo sin abrir viejas heridas y con el fin de conseguir que el largo tránsito hacia la transición llegara a la meta, para poder decir, desde entonces, que la nación vivía en una democracia plena. Pero para ello varios eran los asuntos que todavía debían ser solucionados.

Durante la primera legislatura, el Gobierno socialista, a base de trabajo y tesón, se marcó como uno de los objetivos principales el ingreso de España en la Comunidad Europea, una vieja aspiración de los mandatarios del país desde hacía dos décadas. La primera ocasión en la que se solicitó el ingreso fue en 1962, pero fue rechazada por la CEE debido a la política poco aperturista del régimen dictatorial de Franco. Quince años después, en 1978, fue Adolfo Suárez quien intentó tal gesta, creando el Ministerio para las Relaciones con las Comunidades Europeas, un departamento ministerial de los llamados sin cartera, al frente del cual puso a Leopoldo Calvo-Sotelo (entre 1978 y 1980) y posteriormente a Eduard Punset (1980-81). Este último protagonizó una curiosa anécdota cuando en cierta ocasión debía acudir a una cena de gala en un importante hotel de Bruselas. El ministro Punset no iba vestido adecuadamente para la ocasión y acabó solicitando a uno de los porteros del establecimiento que le prestara su chaqueta americana, la cual, evidentemente, desentonó en tal magno acto.

Retornando al ansiado deseo de ingreso de España en la Unión Europea, por aquel entonces llamada Comunidad Económica Europea, fue el ejecutivo de Felipe González, con Fernando Morán como Ministro de Asuntos Exteriores y Manuel Marín (en el reconvertido Ministerio para las Relaciones con las Comunidades Europeas, que derivó en la Secretaría de Estado para las Relaciones con las Comunidades Europeas) quienes consiguieron la gesta. El ingreso se firmó en un solemne acto celebrado en el Palacio Real el 12 de junio de 1985 y se hizo efectivo a partir del 1 de enero de 1986. España y Portugal se convirtieron en miembros de pleno derecho en la Europa de los doce.

VI. POR LA BOCA MUERE EL POLÍTICO

Han sido célebres muchas declaraciones de políticos, de las que tiempo después se han desdicho, incluso negando haberlas pronunciado. Afortunadamente (no para ellos) hoy en día se puede tirar muy rápidamente de la hemeroteca y en cuestión de minutos poner en un brete al susodicho. Y es que, tal y como titulo este capítulo, por la boca muere el político, y muchas las anécdotas que han protagonizado estos a lo largo de la historia en las que han dicho algo inadecuado e incluso alguna que otra frase que ha quedado para la posteridad.

MANOS BLANCAS NO OFENDEN

Permítame empezar nombrando a Francisco Tadeo Calomarde, a quien la Historia recordará por haber sido uno de los más indignos políticos que ha tenido España (de la larga lista que hay), quien no tuvo reparo alguno para alcanzar el éxito profesional y sus objetivos personales a base de traicionar, especular, engañar, zancadillear al prójimo e incluso contrayendo matrimonio con una mujer a la que no amó y a la que detestaba profundamente. A este singular personaje se le han dedicado todo tipo de adjetivos, casi ninguno que favoreciera su figura o labor como hombre de Estado. Supo posicionarse adecuadamente cerca de otro de los más nefastos estadistas que ha dado nuestra Historia: Fernando VII, quien llevó al país a uno de los momentos más oscuros y funestos.

Entre los muchos episodios protagonizados, Francisco Tadeo, en la época en la que era el titular del todopoderoso Ministerio de Gracia y Justicia, destaca el que protagonizó, el 22 de septiembre de 1832, junto a la infanta Luisa Carlota de Borbón, hermana de la reina consorte María Cristina y, por lo tanto, cuñada de Fernando VII. Fue durante los días en los que el monarca cayó gravemente enfermo y debía dejar arreglado todo el asunto de su sucesión para que, tal y como se había planeado un par de años antes, su hija Isabel fuese la heredera del trono de España, recogido en la Pragmática Sanción de 1830

Pero el ministro Tadeo Calomarde no era partidario de que una mujer fuese nombrada reina y se posicionó a favor de que la sucesión fuese a parar al infante Carlos María Isidro, hermano del rey. Por ello, aprovechándose de la gran confianza que tenía puesta en él, durante la enfermedad del monarca convenció a este para que derogase la pragmática. El rey hizo caso a su hombre de confianza y volvió a poner en vigor la ley sálica, por la cual ninguna mujer podía heredar el trono siempre que hubiese otros miembros varones dentro de la familia real, por lo que el gran beneficiado pasaba a ser el infante Carlos.

Fue en ese momento en el que se protagonizó la anécdota que pasaría a la historia y originaría la popularización de la expresión: «Manos blancas no ofenden». Al igual que el ministro, Luisa Carlota de Borbón también fue conocida por su inagotable ambición. Al contrario que Tadeo Calomarde, todo lo que ella codiciaba era para dejar bien situados a los miembros de su familia (hijos, sobrinas...), por lo que al enterarse de que este había influido en el cambio de decisión de su cuñado, en cuanto a la sucesión del trono, citó al político y le pidió explicaciones al respecto. En cuanto se presentó frente a ella, la Infanta entró en cólera, arrebató el documento de las manos del ministro y lo lanzó al fuego.

Francisco Tadeo se precipitó rápidamente para recuperarlo de las llamas, momento en el que la cuñada del rey le propinó dos sonoras bofetadas que hicieron enmudecer a todos los testigos que allí estaban presentes y observaban la dantesca escena. Fue en ese preciso instante cuando Francisco Tadeo Calomarde retomó su compostura, alzó con orgullo indiferente su cabeza y dijo pausadamente: «Señora, manos blancas no ofenden», un acto más en el que demostraba su desmesurada misoginia.

Como dato curioso cabe destacar que la inmensa mayoría de historiadores coinciden en advertir que fue en ese acto donde se hizo popular esa frase, al vincularse para siempre a la anécdota histórica, pero como expresión esta ya existía y era utilizada, aunque no con la popularidad que después tomó, desde dos siglos antes debido a que la misma formaba parte y era el título de una comedia, *Las manos blancas no ofenden*, escrita en 1640 por uno de los autores más insignes del Siglo de Oro español, Pedro Calderón de la Barca.

Tras ese lamentable episodio y una vez recuperado Fernando VII de su enfermedad, el rey fue convencido por su esposa, su cuñada y otros miembros cercanos a él para que volviera a poner en vigor la Pragmática Sanción, que facultaba a su hija Isabel como heredera al trono, dando así origen a las guerras carlistas. Otra de sus pocas decisiones acertadas fue deshacerse de Francisco Tadeo Calomarde, ya que este se había convertido en un incómodo estorbo en la Corte. Fue desterrado por un tiempo a sus posesiones de la provincia de Teruel.

UNA DAMA DE HIERRO

Margaret Thatcher, a lo largo de su carrera política y los años que ejerció como primera ministra del Reino Unido (1979-1990), destacó por no morderse la lengua en según qué asuntos, protagonizando, en más de una ocasión, algún

Washington, 29 de septiembre de 1983, la primera ministra Margaret Thatcher y el presidente Ronald Reagan dan una rueda de prensa conjunta en la Casa Blanca (Mark Reinstein).

momento de alta tensión tras haber hecho algunas explosivas declaraciones o atacar directamente, y con unas palabras realmente duras, a sus adversarios políticos. Pero hubo una circunstancia que hizo que tuviera que tomar la decisión de cambiar el contenido de un explosivo discurso que debía pronunciar y en el que tenía pensado atacar de pleno a unos cuantos miembros del Partido Laborista, dando nombres y apellidos, a los que culpaba directamente del extremo momento de crisis política, económica y de desestabilización que estaba viviendo en aquellos momentos el Reino Unido.

Este discurso debía ser pronunciado el 12 de octubre de 1984 como clausura del congreso del Partido Conservador que se celebraba en Brighton. En aquel tiempo la famosa Dama de Hierro estaba atravesando uno de los momentos de menor popularidad y carisma político tanto como primera ministra como líder del partido. Hacía apenas un año que había ganado sus segundas elecciones, tras el baño de popularidad que se había dado entre gran parte de la población a raíz del conflicto de la Guerra de las Malvinas que había enfrentado al Reino Unido y la República Argentina. Pero otras decisiones políticas que afectaron a la estabilidad laboral del país la llevaron a desgastarla: tuvo que lidiar con una masiva huelga de mineros por culpa de los recortes realizados y que dejaron a más de 30 000 trabajadores sin empleo.

En 1984 la crisis económica había provocado que en el país hubiese alrededor de 3 300 000 desempleados, una cifra nunca vista en la historia del Reino Unido, lo que ponía en el punto de mira la gestión política de Thatcher al frente del Gobierno y del partido. La explosión de una bomba, a las 2:54 horas de la madrugada de aquel 12 de octubre, colocada por el grupo terrorista IRA en el Grand Brighton Hotel, donde estaba alojada la primera ministra y gran parte de la cúpula del Partido Conservador (causando cinco muertes), hizo que el incendiario discurso que la Dama de Hierro tenía escrito para pronunciar fuese ligeramente transformado y anulado del mismo todas las referencias personales que había a sus contrincantes del Partido Laborista. Nombres como Jack Straw, Neil Kinnock o el líder de los mineros, Arthur Scargill (posteriormente líder de un movimiento laborista) iban a ser el centro de los ataques de ese provocador discurso, culpabilizándolos directamente del delicado momento político y económico que atravesaba la nación.

Pero tras el ataque terrorista, del que milagrosamente salvó su vida, Thatcher prefirió centrar sus palabras en atacar al IRA y salvaguardar al país de rencores y rencillas políticas que hubiesen hecho mucho más mal que bien en el conjunto de la nación. A las 14:25 horas del 12 de octubre de 1984, la Dama de Hierro clausuraba el congreso del Partido Conservador tal y como estaba previsto, pero con la excepción de que se tuvo que guardar para sí muchas de las cosas que hubiese querido pronunciar y que en realidad hubieran incendiado aquellos momentos de crispación. Su decisión fue acertada, debido a que salió reforzada como líder del partido y en las siguientes elecciones generales, de 1987, volvió a ganar con el 42,2 % de los votos.

NO ES LO QUE PARECE

La siguiente anécdota no tiene como protagonista a un político sino a Frederick Forsyth, uno de los escritores de *best sellers* más famosos del planeta. Aunque debemos situar la acción una década antes de publicar su primera novela, cuando era un joven veinteañero que acababa de licenciarse en periodismo por la Universidad de Granada y en el que estuvo a punto de provocar un serio conflicto internacional. En 1961 consiguió un empleo como reportero en las oficinas de la agencia de noticias Reuters en París. Sus ganas por conocer mundo y convertirse en corresponsal lo llevaron, en septiembre de 1963, a los 24 años, a ser enviado como corresponsal especial a Alemania del Este, en un tiempo en el que la tensión política entre el bloque occidental y el oriental estaba atravesando un delicado momento. Era el único periodista de la agencia en aquella ciudad y su trabajo consistía en intentar enterarse de todo lo que ocurría a ese lado del muro de Berlín y transmitírselo a sus superiores de la oficina central de Londres.

A la una de la madrugada del 24 de abril de 1964, mientras regresaba conduciendo hacia el piso donde se hospedaba, un policía militar le cortó el paso y haciéndole una señal le ordenó parar el vehículo. De repente empezaron a aparecer frente de él una gran cantidad de camiones, tanques, lanzacohetes y otros vehículos militares del ejército soviético. Maniobró y dio media vuelta, pero una calle más allá se encontró con otra columna de vehículos militares, todos ellos dirección al muro. Se temió que se estuviese gestando una inminente invasión de Berlín occidental por parte de la URSS, por lo que sin demorarse Forsyth decidió informar a sus superiores de la agencia Reuters en Londres. Les pasó un detallado informe de lo que había visto y el número de los diferentes vehículos militares que había podido contar. El joven periodista estaba nervioso pero al mismo tiempo emocionado. Era el primero en informar de esa noticia y la primicia era suya, algo que sabía que podía convertirle en uno de los reporteros más famosos de aquel momento.

Tras tomar minuciosamente nota de toda la información facilitada por Forsyth, desde la dirección de Reuters se pasó un aviso de urgencia al ministro de Exteriores del Reino Unido y al Secretario de Defensa norteamericano, y estos avisaron respectivamente al primer ministro británico, Alec Douglas-Home, y al presidente de los Estados Unidos, Lyndon B. Johnson. Se vivieron momentos de gran tensión ante lo que consideraban que podía ser el inminente inicio de una de las mayores crisis políticas de los últimos años y que, sin lugar a duda, podría acabar provocando el estallido de la Tercera Guerra Mundial. Desde el cuartel general de la OTAN se pidió información a toda la red de espías británicos y estadounidenses en Berlín Oriental para que confirmasen si realmente se había producido tal despliegue armamentístico en la capital de la RDA.

Los mandatarios de Estados Unidos y el Reino Unido estaban en permanente contacto, mientras iban recibiendo informes de sus diferentes expertos en Berlín, hasta que alguien sugirió que quizá ese despliegue militar soviético no se debía a ninguna intención de invadir la República Federal Alemana, sino que podría ser un ensayo del desfile que se iba a realizar en la capital alemana, de la parte oriental, con motivo de la celebración del Primero de Mayo, que tendría lugar una semana después, y en la que era costumbre realizar unos imponentes desfiles militares en todos los países pertenecientes al Pacto de Varsovia. La noticia de que ese era el verdadero motivo de la presencia de vehículos militares se confirmó y todos se pudieron ir a dormir tranquilos cuando ya casi despuntaba el nuevo día, no sin haberse llevado un buen susto propiciado por la inexperiencia del joven Frederick Forsyth.

Parte del diario de viaje del joven John F. Kennedy por Europa en 1937 (vía «jfklibrary.org»).

UN JOVEN JFK ADMIRANDO AL FÜHRER

Y sin abandonar los inexpertos años de juventud de otro célebre personaje de la reciente Historia del siglo XX, nos encontramos con el sorprendente hecho protagonizado por John F. Kennedy cuando tenía 20 años recién cumplidos. Decidió hacer realidad el sueño de recorrer parte de Europa en un coche, siendo acompañado de su inseparable amigo de la infancia Lem Billings. Fue en julio de 1937, dos años antes del inicio de la Segunda Guerra Mundial, y a lo largo de diez semanas viajaron a bordo de un descapotable visitando países como Francia, Italia, los Países Bajos, Reino Unido y Alemania. Como cualquier otro turista, el joven JFK llevaba su cuaderno de notas Moleskine en el que iba anotando todas las vivencias, pensamientos y experiencias de ese inolvidable viaje.

Unas anotaciones que reflejaban todo lo que iba conociendo de los ciudadanos europeos, sus ciudades y políticos, dedicando algunas frases en *aquel* Moleskine al líder político más emergente y popular que había en aquellos momentos en todo el planeta: Adolf Hitler. Eran palabras de admiración, expresadas desde la perspectiva de un joven veinteañero que comenzaba a sentir interés hacia el mundo de la política, evidentemente inculcado por su ambicioso padre Joseph. Estas notas en su día pasaron prácticamente desapercibidas, pero ocho décadas después sorprende ver que uno de los estadistas y demócratas más importantes de la Historia reciente de los Estados Unidos (y del planeta en general) justificara el régimen fascista del Tercer Reich y escribiese unas palabras amables hacia el Führer.

En su diario de viaje, el joven John F. Kennedy reflejó el impacto que habían causado en él los paisajes germanos que recorrió con su descapotable, incluso decía entender algunas de las tesis políticas de Hitler. Se planteaba cuestiones del tipo: ¿Qué son los males del fascismo frente a los del comunismo?[...]¿fascismo? Lo correcto para Alemania[...]. Anotaciones como que [...]las razas nórdicas parecen ser superiores a los romanos[...] también aparecen en el Moleskine, tras visitar la región del Rin o ver la residencia de verano que Hitler poseía en la región bávara de Berchtesgaden. Debemos tener en cuenta que, a pesar de las tesis extremistas en su planteamiento político, Adolf Hitler, en aquella época, era uno de los personajes más admirados del momento por millones de personas de todo el planeta, hasta tal punto que la prestigiosa revista *Time* declaraba al dictador alemán como el hombre del año 1938. Llegó a dedicarle toda la portada.

Toda esa oculta fascinación de JFK hacía el Führer y su proyecto de Tercer Reich quedaría guardada en sus cuadernos de viaje y cartas tras su regreso a Estados Unidos y comenzar a preparar su fulgurante carrera política y ascenso a la presidencia de su país. Por en medio se topó con el estallido de la Segunda Guerra Mundial y cumplió su deber como ciudadano en la defensa de su nación, alistándose en el ejército y combatiendo contra el gran enemigo nazi, aunque en su más reciente pasado estaba guardado toda la admiración hacia el monstruo genocida que acabó con la vida millones de personas.

CORRESPONDENCIA EPISTOLAR DE GANDHI

Otro personaje inmensamente popular y que tuvo una gran influencia política en su época fue Mahatma Gandhi, célebre pacifista indio que se ganó un gran número de críticas tras escribir y enviar una carta a Adolf Hitler en 1939. La misiva data de cinco semanas antes de estallar la Segunda Guerra Mundial, concretamente el 23 de julio. Gandhi, desde su posicionamiento de resistencia no violenta, quería evitar cualquier confrontación bélica que pudiera volver a causar la muerte de millones de ciudadanos inocentes y la destrucción de naciones enteras. El carismático pensador y político indio estaba convencido de que de estallar una nueva guerra el Reino Unido participaría en ella y, como daño colateral, irremediablemente la India tendría que tomar parte al estar sometidos al imperialismo de la colonia británica. Los buenos resultados que había dado la Marcha de la Sal en los inicios de esa década y las posteriores protestas pacifistas le hicieron creer que su carisma, a través de una carta, lograría frenar los impulsos belicistas del Führer.

La carta empezaba con el párrafo: [...]Querido amigo, me insisten en dirigirme a usted por el bien de la humanidad, pero me he resistido a la petición, debido a la sensación de que cualquier carta mía podría ser una impertinencia. Algo me dice que no debo ser tan calculador y que debo hacer mi petición porque en cualquier caso merecerá la pena.[...] Y continuaba diciendo: [...]Está claro que usted es hoy la única persona en el mundo que puede evitar una guerra que podría reducir a la humanidad al estado salvaje. ¿Estará dispuesto a pagar ese precio por un propósito cualquiera por muy digno que le parezca?[...].

A través de su experiencia sabía de la fuerza de las palabras, por lo que estaba convencido de que utilizando las oportunas y escribiéndolas adecuadamente podría hacer reflexionar al Führer y quizás así evitar un desastre de incalculables consecuencias. La carta, escrita en inglés y mecanografiada, no era demasiado extensa, pero su mensaje era claro y conciso. No sin los consiguientes temores de Gandhi sobre cómo se tomaría Hitler su atrevimiento al enviarle la misma y, sobre todo, al mensaje que trataba de transmitirle. Por ello terminaba del siguiente modo: [...]¿Escuchará la llamada de quien ha evitado deliberadamente el método de la guerra no sin considerable éxito? De cualquier manera espero su perdón, si he cometido un error al dirigirme a usted[...]. Se despide con un escueto: [...]A su disposición. Su sincero amigo[...], y la rúbrica.

Ese tono de sumisión hacia Hitler empleado por Gandhi hizo enojar a gran parte de la opinión política y social de la época, que era partidaria de utilizar unos métodos de diálogo hacia el dictador muchos más agresivos y contundentes. Pero esa no fue el único mensaje epistolar enviado por el líder pacifista a Hitler. Un año y medio después, el 24 de diciembre de 1940, otra carta escrita con el mismo tono condescendiente volvía a ser mandada. Le pedía que pusiera fin a la guerra, ya que aunque terminase ganándola no sería prueba de que tenía la razón. Gandhi abogaba por la «amistad universal», pero también tenía unas palabras contra el imperialismo británico, al que acusaba de haber aplastado bajo su yugo a la quinta parte de la raza humana. Evidentemente, esta segunda carta fue mucho más criticada que la primera, por lo que no se le dio apenas difusión, debido a la marea de simpatizantes que arrastraba la causa de Mahatma Gandhi y cómo podrían acabar apoyando a Hitler con el fin de atacar los intereses del imperio británico. Se desconoce si esas cartas recibieron contestación por parte de Hitler o uno de sus allegados y, si hubo respuesta, no se sabe en qué tono fue o cuál era el contenido de esta.

```
                                        As at Wardha
                                        C.P.
                                        India.
                                        23.7.'39.
Dear friend,
        Friends have been urging me to write to you for the sake
of humanity. But I have resisted their request, because of
the feeling that any letter from me would be an impertinence.
Something tells me that I must not calculate and that I must
make my appeal for whatever it may be worth.
        It is quite clear that you are today the one person in
the world who can prevent a war which may reduce humanity to
the savage state. Must you pay that price for an object
however worthy it may appear to you to be ? Will you listen to
the appeal of one who has seliberately shunned the method of
war not without considerable success? Any way I anticipate
your forgiveness, if I have erred in writing to you.

Herr Hitler                             I remain,
Berlin
Germany.                                Your sincere friend
                                        M. K. Gandhi
```

Carta de Gandhi a Hitler, en julio de 1939.

LA FASCINACIÓN YANQUI DE FIDEL CASTRO

Otro singular y famosísimo personaje que escribió una sorprendente carta fue Fidel Castro. Tenía 14 años (estaba datada el 6 de noviembre de 1940) y su destinatario no era otro que Franklin Delano Roosevelt, el trigesimosegundo presidente de los Estados Unidos. Lo sorprendente de la misma era que Fidel era como cualquier otro adolescente de su edad, seguía las modas y tendencias que sus ídolos norteamericanos iban marcando y sentía fascinación por el modelo de sueño americano y, sobre todo, los dólares. Todo ello lo llevó a escribir al mandatario estadounidense y lo hizo en un inglés básico, aunque inteligible. El muchacho, que decía tener 12 años, en lugar de los 14 que realmente tenía, le hacía saber a Roosevelt su alegría por su reelección como presidente en las elecciones celebradas el día anterior y su trato hacia él era de una manera simpática y desenfadada. Pero en la carta también había una petición: un billete verde de 10 dólares, ya que el muchacho nunca había visto uno. Otra de las curiosidades de la misiva se encontraba en la despedida, en la que se ofrecía al presidente para enseñarle la mina de donde podrían sacar los norteamericanos hierro para construir sus barcos. No hay noticias de que recibiera billete alguno o contestación, aunque de sobra conocido es que el proceder de los mandatarios de la Casa Blanca ha sido el de contestar la mayor parte de las cartas que han recibido, sobre todo las remitidas por niños. La carta original enviada por Fidel Castro se encuentra expuesta en la Biblioteca Presidencial del Archivo Nacional de los Estados Unidos.

Pero la fascinación de Castro hacia el modelo de vida americana no fue algo pasajero de sus años de adolescencia. En 1948, tras contraer matrimonio con Mirta Díaz-Balart, realizó su viaje de novios a Nueva York. Aprovechando que estaba allí, se informó sobre la posibilidad de matricularse y finalizar sus estudios de Derecho en Harvard (en esos momentos cursaba tres carreras en Cuba: Derecho, Derecho Diplomático y Ciencias Sociales). El matrimonio Castro decidió residir durante una larga temporada en Manhattan, donde Fidel visitaba librerías y conducía un flamante Lincoln Continental que allí adquirió. Pero todo cambió en 1952 tras el golpe de Estado realizado por Fulgencio Batista, que derrocó el Gobierno democrático de la isla. El presidente golpista recibió el apoyo del Gobierno norteamericano, hecho que decepcionó a Fidel Castro. A partir de ahí, su visión del estilo de vida yanqui y sus ideales cambiaron por completo. Años más tarde, tras el triunfo de la Revolución Comunista en Cuba, en 1959, Castro, que dos décadas atrás había pedido un billete de 10 dólares al presidente de los EE. UU., perseguía a cualquier compatriota que tuviese en su poder algún billete de la divisa norteamericana.

Carta de Fidel Castro a Franklin D. Roosevelt (archives.gov).

A MI MARIDO NI LO NOMBRE

Gaston Calmette, periodista y editor francés, que escribía crónica política en el prestigioso diario *Le Figaro* que dirigía, se hizo célebremente famoso por la campaña de desprestigio que inició desde su periódico, en 1914, contra el ministro de Finanzas de la Tercer República francesa, Joseph Caillaux (quien había también ocupado el cargo de primer ministro entre 1911 y 1912). Diariamente publicaba encendidos artículos en los que acusaba al ministro de corrupto y solicitaba su dimisión, amenazando que haría públicas unas cartas en las que quedaba al descubierto una trama de corrupción que implicaba de lleno al señor Caillaux.

Era tal el grado de crispación política que llegó a generarse alrededor del ministro que su esposa, en un arrebato por solucionar el calvario por el que les estaba haciendo pasar el señor Calmette, decidió ir a solucionarlo por su propia cuenta. En la media tarde del 16 de marzo de 1914, Henriette Caillaux se presentó en la redacción de *Le Figaro*, preguntó por el director y entregó su tarjeta personal a la espera de ser recibida. Se la veía algo agitada y nerviosa, pero nada hacía sospechar al recepcionista de las intenciones que llevaba. Al ser informado Gaston Calmette de la presencia de la esposa del ministro dudó por un momento en si debía recibirla o no, pero finalmente optó por pedir que la hicieran pasar a su despacho y atenderla.

Tal y como contó a su buen amigo el novelista Paul Bourget, que allí se encontraba con él, unos instantes antes de reunirse con Henriette, el periodista creyó que la visita de la dama se debía a que querría suplicar que cesara la campaña de ataques a su esposo. Pero no fue así. Tal y como entró en el despacho de Gaston Calmette, la señora Caillaux sacó una pequeña pistola que llevaba escondida en el manguito de piel (un manguito era una prenda confeccionada comúnmente en piel y con aberturas en ambos lados que usaban las señoras de la época para llevar abrigadas las manos).

Portada de la revista *Le Petit Journal* del 29 de marzo de 1914.

Cinco fueron los disparos que efectuó con el arma, tres de los cuales impactaron en el estómago del director, que cayó desplomado al suelo y en cuestión de pocos segundos perdió el conocimiento. Por su parte Henriette se quedó inmóvil junto al cuerpo del periodista. Cuando los redactores del diario entraron en el despacho la encontraron descompuesta y sollozando. Tras ser avisados los servicios de emergencia, Calmette fue trasladado hasta un hospital cercano, donde falleció poco después. La señora Caillaux fue conducida por la policía hasta la comisaría. Una de las curiosidades de todo este caso fue el juicio que se celebró en julio de aquel mismo año. Duró tan solo dos semanas y la impecable defensa que consiguió la esposa del ministro, quien había presentado irrevocablemente la dimisión, consiguió que fuese exculpada del crimen, cuando el fiscal estaba solicitando para ella la pena de muerte.

El abogado de Henriette Caillaux utilizó un argumento misógino para convencer al tribunal de que su defendida había cometido el crimen por culpa de un irracional impulso femenino que obliga a hacer a las mujeres cosas de cuya gravedad no son racionalmente consientes, que fue llevada por un arrebato de pasión incontrolada para defender el honor de su amado esposo. El letrado defendía que, de haber sido cometido por un hombre, ese asesinato debería ser castigado con la pena capital, pero al tratarse de una mujer y de que estas (siempre según los argumentos machistas del defensor) eran emocionalmente mucho más débiles que cualquier varón, no cabía la pena capital. Estos razonamientos que hoy en día no se sostendrían frente a ningún tribunal fueron los que hicieron que Henriette Caillaux fuera absuelta y saliese en libertad sin cargos. A pesar de la voluntad del diario *Le Figaro* y a un buen número de seguidores del malogrado Gaston Calmette, de realizar una serie de manifestaciones y publicaciones en contra del fallo del jurado, que encontraban totalmente aberrante, poco a poco se fue diluyendo el asunto y el *affaire Caillaux* quedó en el olvido debido a que la atención periodística por aquellos días se centraba en el reciente estallido de la Primera Guerra Mundial.

FALLIDO GOLPE A LA BRITÁNICA

Medio siglo más tarde, otro periódico, esta vez británico, estuvo a punto de causar un grave incidente político por culpa de un incendiario artículo dirigido contra el Gobierno. Ocurrió el 10 de mayo de 1968. Ese día el diario *Daily Mirror* llevaba en su portada un artículo de opinión titulado «*Enough is enough*» (Ya es suficiente) y que iba firmado por Cecil H. King, presidente de la editora del mencionado rotativo, además de ocupar el cargo de director del Banco de Inglaterra. En él hacía una contundente crítica al Gobierno británico presidido por el laborista Harold Wilson, a quien culpabilizaba de la precaria situación de crisis económica y política que se estaba viviendo en el Reino Unido. Ese explosivo editorial del señor King instaba a echar al mandatario laborista y a crear un gabinete provisional que estuviera presidido por lord Louis Mountbatten, un condecorado miembro de la nobleza que estaba emparentado con la familia real (era primo de la reina Isabel II), y que a pesar de sus ideas conservadoras destacaba por su talante progresista y dialogante.

Pero la propuesta lanzada desde el periódico no era fruto de un improvisado calentón, sino que era algo que llevaba un tiempo gestándose y en el que estaban involucrados varios personajes relevantes de la vida política, militar y económica del país. Dos días antes, el 8 de mayo, había tenido lugar en el domicilio particular de lord Mountbatten una reunión en la que se propuso su nombre para dirigir el Gobierno. Cecil H. King era el ideólogo de todo el plan y ya había mantenido previamente varios contactos con miembros del Partido Laborista que se habían comprometido a ayudar a mover el sillón a Wilson. Pero la reunión en casa del lord no había salido como King había planeado, debido a que no recibió los apoyos suficientes de los presentes; incluso uno de ellos, el barón Solly Zuckerman, la abandonó antes de finalizar aquel encuentro clandestino, no sin antes decir a los presentes que aquello que estaban tramando era un auténtico acto de traición a la nación y que, por lo tanto, no contasen con su colaboración ni participación, algo que también aconsejó hacer a su amigo y anfitrión de la reunión Louis Mountbatten. Acto seguido Zuckerman abandonó aquel lugar dando un fuerte portazo.

El no haber llegado a un acuerdo en la reunión motivó a Cecil H. King a escribir el artículo y ordenar que se publicara en portada de su periódico de mayor tirada. La jugada no salió como él esperaba. Se encontró con que el propio consejo de administración de la International Publishing Corporation (el mayor imperio editorial del planeta en aquellos momentos) que presidía solicitó su cese del cargo. Por su parte el Gobierno lo cesó fulminantemente como director del Banco de Inglaterra. Debido a la falta de apoyos para dar un golpe de Estado político en el Reino Unido se diluyó y quedó en el olvido.

No fue hasta 1976 cuando realmente se supo que detrás de aquel artículo editorial se escondía un complot, debido a que apareció publicado en el libro de memorias de Hugh Cudlipp, un prestigioso periodista del *Daily Mirror* también presente en la mencionada reunión. Posteriormente, en marzo 1981, el *Sunday Times* publicó un artículo donde destapaba la trama y entrevistaba a varios de sus protagonistas, encontrando versiones diferentes de los hechos. Quien no pudo dar su opinión al respecto ni decir si hubiese estado de acuerdo en encabezar un nuevo Gobierno fue lord Louis Mountbatten, que había sido asesinado por el IRA en 1979.

DI SOLO LO QUE YO QUIERO QUE DIGAS

China es un gran y superpoblado país con un largo y milenario pasado. Prácticamente toda su Historia han vivido sus ciudadanos sin saber qué es la libertad (sobre todo de expresión). Siempre se han visto sometidos a censuras y regímenes autoritarios, ya fuese durante los siglos de la China Imperial como desde la Revolución Comunista de 1949 hasta nuestros días. Esta revolución, fruto de una guerra civil, se dio por finalizada el 1 de octubre de 1949, cuando se fundó un nuevo régimen político en el país, que pasaría a llamarse República Popular China y a ser dirigido por Mao Zedong. Poco cambiaron las cosas durante los primeros años, o al menos los ciudadanos nada notaron, seguían estando bajo el control de un Gobierno autoritario, controlador y proteccionista; pero en lugar de tener un emperador tenían un presidente todopoderoso, que en sus discursos no dejaba de pronunciar las palabras *educación* y *libertad*, pero que no se hacían efectivas bajo aquel régimen.

Mao Zedong en 1963.

Para sorpresa de todos, algo ocurrió en 1956. Tras siete años de gobierno de Mao Zedong, debido a que el líder supremo de China declaró que quería conocer la opinión de sus ciudadanos, abrió un periodo en el que todo aquel que lo deseara podía hacer llegar sus sugerencias y opiniones, con el fin de mejorar la vida de la nación. Esta iniciativa fue conocida como la Campaña de las Cien Flores. El nombre viene de un extracto de un discurso que ofreció el líder chino el 27 de febrero de 1957: «Permitir que 100 flores florezcan y que cien escuelas de pensamiento compitan es la política de promover el progreso en las artes y de las ciencias y de una cultura socialista floreciente en nuestra tierra». A lo largo de varios meses muchos fueron quienes hicieron llegar sus sugerencias y opiniones sobre el sistema político y cultural del país. Pero lo que no esperaba Mao (o sí) es que esta iniciativa se volviera en contra de él y de su Gobierno, debido a numerosísimas fueron las críticas que recibió por su forma de conducir el país. Le reclamaban, sobre todo, más libertad y más justicia.

Mao Zedong no llevó nada bien esas opiniones negativas hacia su gestión y en julio de aquel mismo año (1957) inició una campaña de represión y persecución hacia todos aquellos que habían criticado al Gobierno, que fue conocida como Movimiento Antiderechista. Miles de ciudadanos chinos fueron perseguidos, detenidos e incluso torturados (y en el peor de los casos ejecutados). Muchos son los historiadores que apuntan que la Campaña de las Cien Flores no fue una iniciativa de Mao para dar voz a los ciudadanos sino una estudiada estrategia del líder chino para hacer salir de sus escondites a los disidentes con su régimen y así tenerlos convenientemente localizados. Esta purga se llevó a cabo hasta mediados de 1959 y se calcula que fueron más de 30 000 los ciudadanos chinos que padecieron algún tipo de represión o detención por parte del Gobierno de Mao.

PROHIBIDO PIROPEAR

Actualmente numerosos son los colectivos, sobre todo feministas, que instan al Gobierno para que regule y sancione actos machistas de acoso verbal hacia las mujeres, debido a que son muchísimas las que se sienten agredidas cuando son objetivo de ciertos comentarios por parte de la sociedad masculina. Son los denominados piropos. Pero estas reclamaciones no son algo nuevo y ya ha habido otras épocas pasadas en las que se legislaba al respecto, por ejemplo hace nueve décadas, durante la dictadura del general Miguel Primo de Rivera, en la que se llegó a prohibir a los ciudadanos, bajo sanciones de arresto o multa, piropear a las mujeres por la calle.

Esta prohibición se hizo aprovechando que se realizaba una reforma completa del Código Penal que endurecía las penas y sanciones para la mayoría de los delitos, debido a que el que hasta ese momento estaba en vigor era el aprobado medio siglo antes, en 1870. En nuevo código se introdujo un apartado en el que se castigaría a partir de aquel momento las «faltas contra la moralidad pública». Era un nuevo Código Penal desarrollado por el entonces ministro de Gracia y Justicia, Galo Ponte Escartín, quien se sirvió de la colaboración del jurista y criminólogo Quintiliano Saldaña y el también jurista y eminente catedrático de derecho penal Eugenio Cuello Calón. A lo largo de tres tomos se trataba de poner orden y mano dura a lo que, según el dictador Primo de Rivera, había sido medio siglo de amoralidad y libertinaje, motivo por el que se decidieron endurecer las penas e incluir en la lista de castigos aquellos actos que atentasen contra la moralidad.

El 13 de septiembre de 1928 se publicaba en *La Gaceta* de Madrid el nuevo Código Penal ratificado por el rey Alfonso XIII, y que entraría en vigor a partir del 1 de enero de 1929. En el tercer libro, dedicado a «De las faltas y sus penas», en el título IV, «De las faltas contra la moralidad pública», aparecía en el artículo 819 el siguiente texto: «El que, aun con propósito de galantería, se dirigiese a una mujer con gestos, ademanes o frases groseras o chabacanas, o la asedié con insistencia molesta de palabra o por escrito, será castigado con la pena de arresto de cinco a veinte días o multa de 50 a 500 pesetas.»

Así pues, con el nuevo código se pretendían sancionar aquellas conductas indecorosas, también descritas en otros apartados, así como la blasfemia y los cantos obscenos (artículo 818) y las frases groseras o chabacanas dirigidas a una mujer, que era lo que hasta la fecha se había entendido como piropearla. Este Código Penal estuvo en vigor hasta la proclamación de la Segunda República (abril de 1931), cuando de manera provisional se recuperó el antiguo código de 1870, hasta que en 1932 se elaboró uno nuevo, más acorde con el régimen político del momento.

DECIR PIQUIPONADAS

Aunque hoy en día es una expresión en desuso, hasta hace tan solo un par de décadas era común escuchar decir que alguien había dicho una piquiponada, para referirse a su incorrecto uso del lenguaje y a cómo utilizaba erróneamente algunas palabras que no correspondían para referirse a algo que nada tenía que ver con lo dicho (por ejemplo decir *sifilítico* en lugar de *filatélico*). El término *piquiponada* se acuñó popularmente en la primera mitad del siglo XX y fue formado por los dos apellidos de un destacado empresario y político catalán llamado Joan Pich i Pon quien se hizo sumamente famoso por sus meteduras de pata a la hora de hablar, ya que cambiaba constantemente de vocablos y era común que soltase una barbaridad detrás de otra. Pich i Pon nació en el seno de una familia humilde que no pudo proporcionarle grandes estudios, por lo que su base cultural era muy limitada. Se puso a trabajar a muy temprana edad y a pesar de esas carencias en su formación y enseñanza tuvo un gran olfato para los negocios.

Era un hombre cercano y campechano, lo que le proporcionaba ganarse fácilmente las amistades. Esto le ayudó a la hora de empezar a crear su primera empresa de electricidad a inicios del siglo XX y en cuestión de pocos años era propietario de varios prósperos negocios, entre ellos una editorial en la que se publicaban tres destacados periódicos barceloneses. También probó suerte en política siendo elegido para numerosísimos cargos públicos: senador, diputado en las Cortes, gobernador general de Cataluña, presidente la Cámara de la Propiedad Urbana, concejal y alcalde de Barcelona, subsecretario de la Marina Civil... Incluso fue uno de los responsables de la Exposición Universal de 1929 celebrada en la Ciudad Condal.

A pesar de ocupar todos estos cargos públicos y políticos nunca se preocupó por instruirse, pero tenía el defecto de que, en ciertas ocasiones o dependiendo del lugar donde estaba, quería dárselas de erudito de algún tema y a la hora de hablar cometía unos espantosos gazapos lingüísticos que dieron lugar al nacimiento de la expresión, como clara referencia a la metida de pata a la hora de hablar y confundir el sentido de algunas palabras.

Varios ejemplos de términos utilizados erróneamente por Joan Pich i Pon en sus discursos o conversaciones privadas fueron:

> Se refería a la filias como *bifias* y a las fobias como *bofias*. A la canícula (periodo de mayor calor del año) la llamaba *Calígula*. Vida *sedimentaria* era lo que decía cuando quería referirse a la vida sedentaria. Luz *genital* en lugar de luz cenital. Nombró al popular personaje Cyrano de Bergerac como *Tirano* de Bergerac y encima lo calificó como «uno de los mayores tiranos de la historia». En cierta ocasión dijo sentirse como un *radiador* romano en lugar de gladiador o, queriéndoselas dar de erudito, se refirió al caviar como huevas *de centurión* en lugar de esturión.

Múltiples fueron sus meteduras de pata. Pero no solo eso hizo mal en su vida: hay un par de episodios que lo desacreditaron y que provocaron que, en 1936, tuviese que huir de España (y no fue por la Guerra Civil). Uno fue el haber publicado un libro que se presentó como si fuese de su autoría y que posteriormente se descubrió que había sido escrito realmente por Clovis Eimeric, seudónimo del prolífico escritor de la época Lluís Almerich i Sellarés. El otro asunto, de mucha mayor gravedad, fue su implicación en el Caso Estraperlo, que consistió en la estafa de una ruleta eléctrica que estaba trucada y que fue colocada en varios casinos españoles, bajo el beneplácito e intermediación de un puñado de políticos y empresarios, entre ellos Joan Pich i Pon.

PIÑERISMOS

Quien también se hizo célebremente famoso a consecuencia de sus lapsus y meteduras de pata lingüísticas fue Sebastián Piñera Echenique. Este señor ostentó el cargo de presidente de la República de Chile entre los años 2011 y 2014, y posteriormente fue reelegido para el mismo puesto en 2018. Sus lapsus y gazapos a la hora de hablar en público llevo a que se acuñaran un par de términos con los que referirse a sus meteduras de pata: piñerismos y piñericosas. Ambos vocablos se compartieron ampliamente en las redes sociales como etiquetas (*hashtags* en el argot internauta).

Entre los más sonados se encuentra el que dijo el 10 de marzo de 2010, el mismo día de su toma de posesión, que tuvo lugar muy pocos días después del devastador terremoto que afectó al país sudamericano, a finales del mes de febrero. Piñera se refirió al peligro de sufrir un tsunami como «alerta de *tu sunami*». También generó muchas risas, a pesar de la tragedia nacional que se estaba viviendo, el referirse a un maremoto como *marepoto*, teniendo en cuenta que en Chile son muchas las personas que utilizan el término *poto* para referirse al trasero. En una visita oficial a España, durante su encuentro con el entonces rey Juan Carlos I, el presidente chileno indicó que el militar extremeño Pedro de Valdivia conquistó Chile en el 2540, cuando en realidad fue en el 1540. Otras: dio por muerto, en 2010, al insigne poeta y científico chileno, Nianor Parra (fallecido ocho años después); dijo que fue Abel quien mató a Caín; se refirió a la Vía Láctea como *galáctea*.

Se llegaron a publicar libros recopilatorios y numerosas son las webs o blogs que recogen los gazapos lingüísticos del político chileno.

PARCO EN PALABRAS

Pero al igual que a lo largo de la Historia ha habido un buen número de políticos que han hablado en alguna ocasión más de la cuenta, también ha pasado todo lo contrario. Permítame terminar este capítulo con una curiosa anécdota protagonizada por uno de ellos, en concreto Calvin Coolidge, trigésimo presidente de los Estados Unidos (entre 1923 y 1929), que destacó por su severidad y seriedad a la hora de gobernar, pero nunca por ser un gran orador, ya que más bien era un hombre parco en palabras, decía exclusivamente aquello que era preciso sin andarse con florituras. Era tal su fama de taciturno y hombre de pocas palabras que incluso entre sus más allegados se realizaban apuestas sobre cuántas palabras diría en un determinado discurso o el tiempo que aguantaría teniendo que atender y dar conversación a otra persona.

En cierta ocasión, durante una recepción ofrecida en la Casa Blanca, una de las invitadas se acercó hasta Coolidge y le susurró: «Tiene que hablar conmigo, señor presidente. Me he apostado a que hoy conseguiría que dijese más de dos palabras seguidas y quiero ganar». A lo que el mandatario estadounidense respondió con un escueto «Usted pierde» (*You lose*).

VII. INTERESES OCULTOS DE LA POLÍTICA

LOS LOBOS DEL *LOBBY*

Hoy en día se habla con frecuencia de determinados grupos que ejercen presión a Gobiernos, organizaciones políticas, económicas o sociales con el fin de influir en decisiones y beneficiar un determinado colectivo (normalmente empresarial) y que es conocido como *lobby*. El nombre llegó al español del inglés, donde quiere decir «vestíbulo», y es que fue precisamente en el vestíbulo central del Palacio de Westminster (la edificación londinense que alberga las dos cámaras del Parlamento del Reino Unido) donde surgió la acepción.

En el mencionado vestíbulo, un gran salón octogonal situado en el corazón del palacio y que comunica la Cámara de los Lores con la Cámara de los Comunes, era común que los parlamentarios se reunieran con las fuerzas vivas de la sociedad antes de iniciar ciertas sesiones parlamentarias con el fin de que esos grupos le comunicasen sus peticiones y conocer de viva voz cuáles eran las necesidades y los problemas de los ciudadanos. Ese vestíbulo adquirió muchísima importancia durante gran parte del siglo XIX (sobre todo a finales) e inicios del XX, cuando se realizaron encuentros de

El general Ulysses S. Grant con su familia en 1868: sus hijos Jesse, Nellie, Buck, Fredrick, y su esposa Julia (Library of Congress).

vital relevancia para cambiar o redactar nuevas leyes. Muchos fueron los que se realizaron en el Central Lobby del Palacio de Westminster entre parlamentarios y grupos sufragistas. De la presión que realizaban los diferentes grupos sociales que hasta allí acudían surgió que el término *lobby* acabase siendo conocido como «grupo de presión». Pero cabe destacar que, evidentemente, a ese vestíbulo central no solo acudían grupos que representaban a la sociedad civil, sino que también se reunían los parlamentarios con empresarios que presionaban para que ciertas leyes les beneficiaran; de ahí la especial connotación que se le da al término.

Algunas fuentes indican que quien acuñó el término fue el decimoctavo presidente de los Estados Unidos, Ulysses S. Grant, quien durante sus dos mandatos entre 1869 y 1877 solía acudir de vez en cuando al hotel Willard de Washington DC para pasar unas horas fuera de sus labores presidenciales, pero que era común que en el vestíbulo del hotel le estuviera esperando algún ciudadano con la intención de reunirse con él y presionar sobre algún asunto. Aunque este hecho es verídico, la vinculación del término *lobby* con el vestíbulo central del Palacio de Westminster y como referencia a un grupo de presión ya consta en documentos y crónicas que datan del año 1640.

GENOCIDIO GITANO

Innumerables han sido los momentos históricos en los que algún rey o gobernante se ha empeñado en hacer una limpieza étnica de su nación, expulsando, aniquilando o concentrando en guetos a aquellos grupos de personas que tenían una raza, cultura o religión diferente. A todos nos viene a la cabeza los genocidios que han tenido lugar durante el Tercer Reich, la guerra de los Balcanes, las purgas de Stalin en la Unión Soviética o en múltiples enfrentamientos bélicos en el continente africano. Pero no solo debemos posar la mirada en otros países para ver las atrocidades e injusticias que se han hecho. En España son muchas las ocasiones en las que se les ha expulsado. El momento histórico más famoso es el protagonizado por Isabel de Castilla y Fernando de Aragón en 1492, universalmente conocidos como los Reyes Católicos a partir del 19 de diciembre de 1496, fecha en la que el papa Alejandro VI, a través de la bula conocida como *Si convenit*, les otorgaba el mencionado título.

Pero en España no solo se persiguió a musulmanes y judíos. Un buen puñado de reyes también intentaron en múltiples ocasiones expulsar al pueblo gitano. Los primeros gitanos llegaron a la península ibérica procedentes de la India recién estrenado el siglo XV. Por aquel entonces se creía que provenían de Egipto, de ahí que se utilizase el término *egiptano* para referirse a ellos, que acabó en *gitano*. En un principio fueron bien acogidos, pues se trataba de un grupo que iba de tránsito y cuyo destino decían que era el peregrinaje hacia Santiago. Acabaron dispersándose por toda la península e instalándose en España. Ocho décadas después los Reyes Católicos firmaron la Real Pragmática de Medina del Campo, en 1499, y comenzó así una persecución hacia el pueblo gitano que se extendió durante los siguientes siglos. Detenciones, destierros, envíos a galeras como *chusma* (término por el que en la época se conocía a los remeros), separación de hombres y mujeres con el fin de que no tuviesen descendencia o acabar con toda presencia gitana fueron algunas de las represalias que sufrieron.

A lo largo de los siguientes siglos muchas fueron las persecuciones a las que fueron sometidos, pero quizá una de las más famosas y encarnizadas fue la conocida como la Gran Redada de 1749, también llamada Prisión General de Gitanos, que consistió en un plan elucubrado por el secretario de Estado (equivalente a primer ministro) Zenón de Somodevilla y Bengoechea, marqués de la Ensenada, junto con el obispo de Oviedo y presidente del Consejo de Castilla, Gaspar José Vázquez Tablada, bajo el amparo y la aprobación del rey Fernando VI. La Gran Redada fue una operación que estuvo sincronizada en todo el reino y que se puso en marcha el miércoles 30 de julio de 1749. Todos los representantes de la autoridad, así como numerosos voluntarios, recibieron la orden de perseguir y apresar a todas aquellas personas de etnia gitana que encontrasen. Los varones gitanos mayores de siete años serían enviados a prisiones, arsenales y trabajos forzados, y a las mujeres y los niños a cárceles, conventos o fábricas donde trabajar de sol a sol. Se barajó la posibilidad el deportarlos hacía el continente americano, pero el elevado coste e infraestructura necesaria hizo que finalmente se descartara la idea. La puesta en marcha de la redada fue tan meticulosa que solo en el primer día fueron apresados alrededor de diez mil. Este acoso e intento de exterminio se prolongó a lo largo de los siguientes 14 años, hasta 1763, cuatro años después del fallecimiento de Fernando VI. Su sucesor, su hermano Carlos III, firmó un indulto general que dejaba en libertad a todas las personas de etnia gitana y ponía fin a su persecución. Cabe destacar que durante el periodo en que se llevó a cabo la Prisión General de Gitanos, muchas fueron las ocasiones en las que numerosos presos fueron puestos en libertad, bien por ganar algún recurso o por demostrarse que eran ciudadanos muy válidos en sus respectivas comunidades y que nada tenía que ver con ellos la etiqueta de vagos y maleantes que se le adjudicaba al conjunto del pueblo gitano.

UNA HORA MENOS EN... PORTUGAL

Actualmente existen varias iniciativas ciudadanas en diversos países que están intentando conseguir que sus respectivos Gobiernos acaben con los dos cambios de hora que se realizan cada año para adecuar el horario a las horas de luz del día. Pero no solo son ese par de ocasiones anuales (adelantar en primavera y atrasar en otoño) lo que preocupa a un importante grupo de personas en España, sino que también reclaman recuperar la hora que se perdió hace ocho décadas por una decisión política tomada durante el primer año de la dictadura franquista y que provocó que en la península ibérica haya dos husos horarios diferentes: el español y el portugués.

El sábado 16 de marzo de 1940, a las 23:00, todos los relojes de la España peninsular tuvieron que adelantar una hora que jamás se volvió a recuperar. Se perdía con esta decisión una hora de luz solar y no se realizaba con el ánimo de hacer ahorrar a los contribuyentes en su factura eléctrica, sino que fue una iniciativa del dictador Franco para que la nación tuviese el mismo huso horario que los dos países afines en lo político: la Alemania nazi de Adolf Hitler y la Italia fascista de Benito Mussolini y, sobre todo, como forma de agradecimiento a la colaboración que estos dos tuvieron con el Bando Nacional franquista durante la Guerra Civil. La orden ministerial para llevar a cabo ese cambio se publicó en el Boletín Oficial del Estado del 7 de marzo de 1940 y nueve días después se hizo efectivo. Lo curioso del asunto es que, una vez fallecido Franco y terminado su régimen político, ningún Gobierno de la democracia se ha planteado volver a recuperar el antiguo horario que nos volvería a igualar con nuestros vecinos.

HITLER CONTRA FRANCO

Pero el cambio horario en España, para igualarlo al de la Alemania nazi, no era realmente lo que el Führer alemán deseaba haber conseguido por parte de Franco como pago a los favores hechos durante el conflicto bélico español por Adolf Hitler, ya que este estaba convencido de que el Caudillo español lo habría apoyado incondicionalmente e intervendría en la invasión de Europa durante la Segunda Guerra Mundial, integrándose dentro de las Potencias del Eje.

Y es que ese era el precio que el dictador español debía pagar por la inestimable ayuda prestada por los nazis durante los años de la guerra civil española, cuando les enviaron la Legión Cóndor con la que se realizó el bombardeo de Guernica, del 26 de abril de 1937, o la flota alemana anclada en las inmediaciones del estrecho de Gibraltar que realizó el bombardeo de Almería. Pero no hubo manera de convencer a Franco, ni tan siquiera en la entrevista que mantuvieron, el 23 de octubre de 1940, en la estación de trenes de la localidad francesa de Hendaya, en la que lo único que obtuvo de él fue el compromiso de enviar una unidad de voluntarios, que sería conocida como la División Azul.

Pero esto no era suficiente para el Führer y por tal motivo ideó un plan con el que derrocar a Franco y sustituirlo por un hombre de confianza que fuese más afín a los intereses nacionalsocialistas. Para ello se reunió en la Guarida del Lobo (cuartel militar de Hitler en la aldea de Gierłoz), en septiembre de 1941, con Agustín Muñoz Grandes, insigne falangista que había ocupado el cargo de ministro secretario general del Movimiento y que en ese momento comandaba la División Azul. En ese encuentro el canciller alemán tanteó la implicación de Muñoz Grandes con el Tercer Reich y consideró la posibilidad de contar con él para colocarlo al frente de un complot y situarlo como nuevo líder de la extrema derecha española.

Y no iba mal encaminado el dictador alemán en cuanto al descontento que tenía Agustín Muñoz Grandes con la nueva España liderada por Franco, ya que muchos eran los falangistas que esperaban una mayor implicación del país en la Guerra Mundial, además de ser un enemigo acérrimo de Ramón Serrano Suñer, ministro de Asuntos Exteriores y cuñado del Caudillo. Todos estos detalles situaban al falangista en el lugar idóneo para maniobrar contra el dictador español. Pero su intención no era derrotar a Franco, a quien veía como alguien con gran carisma, sino convertirlo en un jefe de Estado de paja; él se situaría como presidente del Gobierno y haría y desharía a su antojo y al de los alemanes. Cabe destacar que Muñoz Grandes fue condecorado con la cruz de Caballero de la Cruz de Hierro con hojas de roble, y fueron muy pocos los extranjeros no nacidos en Alemania

El general Agustín Muñoz Grandes, comandante de la División Azul, con uniforme del Ejército alemán (Biblioteca Virtual de Defensa).

que la recibieron. Esta pretendía ser una distinción con la que agradecerle, no solo los servicios prestados al frente de la División Azul durante la campaña de invasión alemana de la URSS, sino por los que prestaría al Tercer Reich desde una posición privilegiada en España.

Pero no tardaron en llegar rumores al Palacio del Pardo en los que se destapaba la estrecha amistad y lealtad que estaba surgiendo entre Muñoz y el régimen nacionalsocialista. Y como dice la conocida expresión, si no puedes con tu enemigo, únete a él: Franco decidió traerse para Madrid a Muñoz Grandes, alejándolo de posibles tentaciones en Berlín. Lo sustituyó al frente de la División Azul por Emilio Esteban-Infantes y lo ascendió a teniente general. También lo nombró jefe de la Casa Militar de Franco y le prometió firmemente que en pocos años le entregaría una cartera de uno de los más importantes ministerios.

Todo parece indicar que el plan de Franco funcionó mucho mejor que el de Hitler, por lo que Muñoz Grandes le juró lealtad inquebrantable al Caudillo y se olvidó de cualquier conversación mantenida con el Führer. Entre 1951 y 1957, tal y como Franco le había prometido, ejerció como ministro del Ejército y en 1962 llegó a ocupar la vicepresidencia del Gobierno hasta 1967, cuando se jubiló a los 71 años.

LA ASPIRACIÓN ATÓMICA DE FRANCO

Tras la Segunda Guerra Mundial, España había quedado prácticamente aislada de todos los planes para prosperar que se estaban realizando en el resto del planeta. La neutralidad del país durante la gran contienda lo dejaba sin potenciales enemigos bélicos, pero también sin aliados. Franco deseaba posicionarse firmemente ante los demás países y demostrar que, aunque se encontraba solo, tenía la suficiente tecnología para construir armamento nuclear con el que defenderse de un hipotético ataque internacional. El lanzamiento de las

De derecha a izquierda: El coronel americano encargado de la descontaminación radiactiva; Rodrigo Peñalosa, de la JEN, encargado de los detectores; Santiago Noreña, de la JEN, para el control de las tierras contaminadas; Guillermo Velarde, del Alto Estado Mayor, para el análisis e interpretación de las bombas termonucleares y el americano encargado del efecto del plutonio en las personas (*Proyecto Islero*, Guillermo Velarde).

Visita del profesor José María Otero, presidente de la Junta de Energía Nuclear, a Atomics International al objeto de recibir explicaciones sobre la oferta de A.I. a la Junta de Energía Nuclear para desarrollar el reactor DON (Deuterium Organic Natural Uranium), moderado por agua pesada, refrigerado por líquido orgánico y alimentado por uranio natural. De izquierda a derecha: Francisco Oltra, José María Otero, Guillermo Velarde, Javier Goicolea, Paul Barbour y Robert Loftness. 1958 (*Proyecto Islero*, Guillermo Velarde).

bombas atómicas sobre Hiroshima y Nagasaki le abrían la puerta a una tecnología aún desconocida en España, pero a la que, a partir de finales de los años 40, se le dotaría de todo tipo de ayudas gubernamentales para desarrollar y estudiar a fondo la energía nuclear.

El 8 de octubre de 1948 se creó la Junta de Investigaciones Atómicas (JIA), bajo la dirección del ingeniero y almirante de la Armada Española José María Otero Navascués. Se pretendía investigar secretamente todo aquello que le hacía falta al país para producir el uranio necesario para la tan ansiada bomba. Los primeros resultados fueron nefastos, debido a la inexperiencia en el campo nuclear de la mayoría de los implicados. Tres años después, la JIA se transformaría en la JEN, Junta de Energía Nuclear, y bajo la misma dirección seguiría buscando la forma ideal para desarrollar energía nuclear sin que el resto de los países sospecharan de las intenciones del Gobierno franquista. Esta nueva etapa de la JEN abriría muchas puertas a la investigación y el desarrollo, preparando a personal altamente cualificado para la puesta en marcha, en el plazo de 10 a 15 años, de centrales nucleares en España que abasteciesen al país de suficiente uranio como para construir la deseada bomba.

La llegada de los años 60 abrió al país a nuevos acuerdos de cooperación con los Estados Unidos, pero el asunto del armamento nuclear seguía siendo un secreto de Estado celosamente guardado. Cada vez se encontraban más cerca de conseguir el propósito. El incidente de las bombas de Palomares ayudó de manera sorprendente a que el personal cualificado del JEN colaborase con investigadores norteamericanos, lo que les daba una ventaja abismal de cara a todo lo que precisaban para dar el último y definitivo paso. Eran años de Guerra Fría entre EE. UU. y la URSS, y numerosos países se habían apuntado a la carrera nuclear, lo que hizo que, en 1968, los organismos internacionales desarrollasen y firmasen el Tratado de No Proliferación Nuclear, por lo que restringían la posesión de armas nucleares y solo se les permitía tenerlas a países que hubiesen detonado algún ensayo nuclear hasta 1967. España se opuso a ese tratado y no lo firmó.

Franco seguía en su empeño de tener su propia bomba nuclear. El lugar idóneo y elegido para llevar los ensayos sería el Sáhara Occidental, en aquel momento colonia perteneciente a España. Los años fueron pasando y, a principios de los 70, el país disponía de todo lo necesario para crear la tan ansiada bomba, pero finalmente se decidió no construirla. La táctica del jefe del Estado fue tener la capacidad suficiente para fabricarla como medida de seguridad frente a posibles ataques por parte de una hipotética alianza entre Argelia y Marruecos, las máximas preocupaciones del dictador en aquellos momentos. La capacidad de desarrollo nuclear español llegó hasta oídos norteamericanos, quienes, en 1974, realizaron a través de la CIA un detallado informe en el que, entre otras cosas, advertían que «el gobierno de Franco tenía en proyecto y desarrollo un extenso y ambicioso plan nuclear que merecía la atención y vigilancia de los Estados Unidos». Ese informe no vería la luz hasta 1977, dos años después del fallecimiento de Franco.

Siendo presidente Adolfo Suárez, su homólogo norteamericano, Jimmy Carter, puso todo su empeño en conseguir que España desistiera de su ambición de disponer de su propio armamento atómico y comenzó una campaña para que el Gobierno español se uniera al Tratado de No Proliferación Nuclear. No fue hasta una década después, el 5 de noviembre de 1987, bajo el Gobierno de Felipe González, cuando España se unió al mencionado tratado. Tras la firma quedaron enterradas todo tipo de aspiraciones de tener armamento nuclear por parte de los presidentes del Gobierno que han ido pasando por la Moncloa.

EL DESMEDIDO EGO DE BENJAMIN FRANKLIN

En ocasiones la injerencia de un país sobre la vida política de otro o los intereses desmesurados de algún representante gubernamental pueden provocar múltiples problemas que acaban dañando las relaciones diplomáticas e incluso poner en peligro la seguridad nacional, tal y como ocurrió con Benjamin Franklin, uno de los padres fundadores de los Estados Unidos, cuando fue enviado como ministro para Francia en representación de su país (lo que hoy en día conocemos como embajador). A causa de su arrogancia y desmedido ego estuvo a punto de montar un lío muy gordo que dejaba al descubierto y en manos de Inglaterra algunos secretos de Estado.

Tras la firma de la Declaración de Independencia, Benjamin Franklin fue enviado a Francia para conseguir el apoyo de este país en la Guerra de Independencia Americana. Eran conocedores del resquicio que quedaba entre los galos tras haber perdido frente a los británicos la Guerra de los Siete Años, que había tenido lugar una década antes y por la que los franceses perdieron gran parte de sus posesiones en América. Entre el séquito llevaba a Silas Deane y Arthur Lee, dos importantes eruditos de las negociaciones, quienes serían capaces de convencer a los franceses de la conveniencia de echarles una mano en la guerra contra los británicos. Una vez en el país galo, contactó con Franklin su viejo y buen amigo Edward Bancroft, un destacado médico que estaba trabajando en Gran Bretaña como espía para los norteamericanos. Este se ofreció a colaborar en las conversaciones y se trasladó hasta París, donde el político estadounidense lo colocó como secretario personal suyo.

Pero lo que desconocía Franklin es que Bancroft no era tan leal y buen amigo como él creía, ya que estaba al mismo tiempo trabajando como espía doble y aprovechaba su privilegiada posición para pasar información de vital importancia a los británicos. Lo hacía mediante mensajes que dejaba escritos entre líneas y con tinta invisible en hojas que después depositaba dentro de una botella en un árbol, la cual era recogida por funcionarios ingleses que trabajaban en París y reemplazaban por nuevas instrucciones. Tal y como se producía una reunión entre la delegación norteamericana y los franceses, Bancroft depositaba el mensaje cifrado explicándolo todo. Por esta razón los británicos siempre tenían conocimiento de todo lo que sucedía tras cada encuentro franco-americano.

Benjamin Franklin (1706-1790). Grabado de J.Thomson publicado en *The Gallery of Portraits with Memoirs encyclopedia*, Reino Unido, 1833.

Arthur Lee se percató de la traición y lo puso en conocimiento de Franklin, quien lo desoyó e hizo caso omiso a la advertencia. ¿El motivo? No querer reconocer, por culpa de su desmedido ego, que se había equivocado respecto a su amigo. También se quejó de la poca seguridad que el insigne padre de la Patria dispuso a la hora de custodiar todos los documentos que se generaban y las oficinas en las que se guardaban, que eran de libre acceso para todos aquellos que se movían por el edificio. Otro de los problemas fue las muchas veces que Franklin no prestó interés por los verdaderos asuntos de Estado, ya que ocupó más tiempo en codearse con la élite política y social francesa que en atender las necesidades de los comisionados. Benjamin Franklin sentía una profunda amistad por Edward Bancroft y un gran respeto por el trabajo de Silas Deane, pero no era así respecto a Arthur Lee, por lo que esa aversión que sentía por este hizo que no prestara atención a sus advertencias y que un gran número de secretos relacionados con la misión estadounidense en Francia llegaron a las manos de los británicos.

PERSIGUIENDO COMUNISTAS

Otra de las muchas y graves injerencias políticas de la Historia fue la que sucedió, en el último cuarto del siglo XX, cuando desde la CIA y el MI6 se quiso acabar con el creciente auge de los comunistas en Italia.

Para ponernos en contexto debemos situarnos hacia finales de la década de 1950. En aquellos momentos la mayor prioridad para los Gobiernos de Estados Unidos y Reino Unido era evitar que el comunismo de la Unión Soviética acabara extendiéndose por el planeta, y más concretamente por el resto de Europa y el continente americano. La creación de la Organización del Tratado del Atlántico Norte (OTAN) en 1949 sirvió para tomar medidas y tener bien controlados a aquellos países pertenecientes al bloque soviético, que en 1955 se organizaron alrededor del Pacto de Varsovia. Por tal motivo se estuvo facultando, armando y dando todo tipo de permisos para actuar a la CIA y el MI6 durante los años en los que duró la Guerra Fría. Para ello se diseñaron varios planes con los que se actuaría con contundencia en caso de necesidad y ante cualquier mínima sospecha de un aumento de presencia comunista. La Operación Gladio era una de esas acciones por la que se había organizado una red de paramilitares con la misión de atentar, sabotear, secuestrar e incluso asesinar a todo aquello o aquel que pudiese estar vinculado con los soviéticos y el comunismo.

Se puso especial atención en Italia, un país en el que, desde el fin de la Segunda Guerra Mundial, había habido un considerable aumento de simpatizantes y votantes del Partido Comunista Italiano (PCI), yendo a más los apoyos que recibía el partido una cita electoral tras otra y habiendo doblado el número de votos en las tres décadas que transcurrieron entre 1946 y 1976. Y fue precisamente en las elecciones generales del 76 cuando el PCI sacó los mejores resultados de su historia, situándose con el 34,37 % de los votos, a tan solo cuatro décimas del partido ganador de los comicios la Democracia Cristiana y doblando en escaños a la suma total del resto de fuerzas políticas, entre ellas al conglomerado de organizaciones socialistas, que por aquel entonces estaban totalmente divididas.

La organización anticomunista estaba compuesta, además de por mercenarios, por un buen puñado de elementos de extrema derecha, tanto de la desaparecida Alemania nazi como de la Italia fascista, que habían conseguido librarse de ir a prisión o ser juzgados por crímenes de guerra a cambio de incorporarse a esa fuerza paramilitar. Hasta entonces los miembros de la Operación Gladio habían realizado esporádicas acciones terroristas en Italia, pero a raíz de la aparición en 1969 de la organización radical y revolucionaria Brigadas Rojas comenzaron a hacerlo con más frecuencia y así poder atribuirle a esta los atentados que cometían, con el fin de desprestigiar a las fuerzas de izquierda, crear el caos y la desestabilización política del país. Esta forma de proceder también se estaba llevando a cabo en otros países y los resultados fueron dispares, en algunos casos consiguieron el signo político de los que gobernaban e incluso financiar y diseñar golpes de Estado para llevar al poder a los militares, tal y como ocurrió en varios países sudamericanos en los que bautizaron el plan como Operación Cóndor, que hizo caer Gobiernos democráticos en Brasil, Argentina, Chile, Uruguay o Bolivia. Uno de los impulsores de estos planes desestabilizadores desde los EE. UU. fue Henry Kissinger, secretario de Estado norteamericano y, lo más sorprendente, Premio Nobel de la Paz en 1973, quien hizo y deshizo Gobiernos a su antojo, colocando en el poder a aquellas personas o grupos políticos que más les convenía a los intereses políticos y económicos de estadounidenses y británicos.

A lo largo de toda la década de 1970 en Italia se vivieron auténticos momentos de tensión, acciones de violencia callejera, atroces actos terroristas y una importante desestabilización política. Este periodo fue conocido como *anni di piombo* (años de plomo). El hecho de realizar actos terroristas por parte de los miembros de la Operación Gladio y echar la culpa a las Brigadas Rojas hizo que haya habido un buen número de asesinatos y atentados que hayan quedado sin resolver. Entre ellos está el secuestro y asesinato de Aldo Moro en 1978, uno de los más importantes y destacados políticos italianos que pertenecía a la Democracia Cristiana, partido que estaba en el Gobierno en aquel momento. Fue reivindicado por las Brigadas Rojas, pero son muchos los expertos que indican que realmente fue un acto terrorista ejecutado por los Gladio con el fin de desestabilizar el Gobierno, debido a que en aquellos momentos había un pacto político entre la DC y el PCI.

Otro de los actos impunes llevados a cabo por miembros del Gladio y financiados por la CIA y el MI6 fue la matanza de Bolonia, un atentado ocurrido el 2 de agosto de 1980. Fallecieron 85 personas y otras 200 resultaron heridas tras explotar una bomba en la estación de Bolonia. Está considerado como el acto terrorista más grave que haya sufrido Italia tras la Segunda Guerra Mundial. No fue hasta 1990,

Richard M. Nixon fue el único presidente que sirvió en la Navy (U.S. Naval Institute).

en los prolegómenos del fin de la Guerra Fría, cuando el Gobierno italiano de Giulio Andreotti puso al descubierto la trama organizada por la Operación Gladio y apoyada por la CIA, el MI6 y la OTAN. A pesar de haber pasado tres décadas desde que se destapó el asunto, hoy sigue sin haberse castigado y ni uno solo de los responsables, ni terroristas ni políticos, han dado explicaciones ni han sido detenidos o condenados.

LOS 40 PRINCIPALES DE NIXON

Desde que tomó posesión como presidente de los Estados Unidos en 1953, Dwight D. Eisenhower tenía claro que para salvaguardar la paz en todo el continente americano, su país debía tutelar y vigilar a aquellas naciones que no siguiesen un modelo de Gobierno afín a los ideales norteamericanos. Pero la Revolución Cubana de 1959 desbarató los planes de Eisenhower, por lo que en marzo del siguiente año mandó crear una operación secreta con varios miembros de la CIA y agentes externos, cuya misión sería intentar desestabilizar aquellos Gobiernos poco o nada afines a los intereses estadounidenses. El primer objetivo era derrocar y acabar con el régimen comunista liderado por Fidel Castro en Cuba.

Bautizó al grupo como Operación 40 y puso al frente a su hombre de confianza, el entonces vicepresidente Richard M. Nixon. El operativo lo componían el mismo número de hombres que llevaba el nombre, aunque en el año 1961 eran 86 los efectivos con los que contaban. Para financiar el proyecto se decidió echar mano de las generosas donaciones que realizaron algunos empresarios, entre ellos el petrolero texano y que años después llegaría a ser presidente de los Estados Unidos, George H. W. Bush.

Tras captar un buen número de cubanos exiliados, que fueron entrenados específicamente por parte de la CIA, intentaron hacerse con el control de Cuba el 15 de abril de

1961. Esta operación fue conocida como la invasión de Bahía de Cochinos. Aunque fue gestada por Eisenhower, el presidente de los EE. UU. en aquel momento era John Fitzgerald Kennedy, quien había tomado posesión del cargo el 20 de enero de aquel mismo año. El grupo de anticastristas que debía llevar a cabo la contrarrevolución no pudo cumplir con su objetivo y, tras cuatro días, la operación se dio por zanjada.

Pero alrededor de la Operación 40 se crearon una serie de planes satélites para llevar a cabo otras tantas acciones que garantizasen el control de los Estados Unidos en toda la zona de América Central y el Caribe. Se puso en marcha un nuevo objetivo bajo el nombre de Operación Mangosta con la que acabar con Fidel Castro y su régimen comunista. La prioridad era absoluta y contaba con una importante financiación extraída directamente del presupuesto del Departamento de Defensa, la CIA, el Departamento de Estado, el Departamento de Tesoro y la Agencia de Información de los Estados Unidos. El presidente Kennedy aprobó personalmente la operación el 30 de noviembre de 1962, con la creencia de que debería servir para devolver la estabilidad política a toda la zona de América Latina. Al frente de la Operación Mangosta estaría Allen Dulles, el recién jubilado director de la CIA, tras ocho años de exitosa carrera profesional, y Edward Lansdale, un militar de gran prestigio.

Se planearon 32 acciones diferentes, entre las que destacaban el embargo económico a Cuba y otras operaciones, la más destacada de las cuales fue conocida como Operación Northwoods. Fue un macabro plan de simulación que realizaría y aparentaría acciones contra intereses norteamericanos o de terceros países y del que se echaría la culpa al régimen cubano. Se pretendía tirotear a inocentes, colocar bombas en lugares públicos, abatir aviones comerciales y crear una ola de violencia terrorista en enclaves como Miami o Washington. A pesar de que estaba aprobado por el jefe del Estado Mayor norteamericano, el presidente Kennedy mandó cancelar la operación y todas aquellas que fuesen similares, que llevaban nombres como Operación Bingo y

Operación Dirty Trick. Nuevamente, la Operación Mangosta fue un fracaso y, a pesar de que habían creado una importante crisis en Cuba, no se logró acabar con el régimen castrista. Cuando Richard M. Nixon tomó posesión como presidente de los Estados Unidos, quiso reestructurar el antiguo equipo de Operación 40, convirtiéndolo en el Comité 40 y poniendo al frente a Henry Kissinger, su hombre de confianza y mano derecha, y que años después estaría detrás del mencionado derrocamiento de Gobiernos en Sudamérica con la Operación Cóndor.

VIII. TRASTADAS POLÍTICAS

El mundo de la política también ha proporcionado hilarantes y surrealistas momentos que, de no haber sido ciertos, bien podrían haber servido de argumento para hacer una película. He querido titular este capítulo así, «Trastadas políticas», a pesar de que en él hay una amalgama de sucesos curiosos. Y es que ya lo dice la famosa frase: el fin justifica los medios. A propósito, esta frase hecha se utiliza muy frecuentemente en política con la intención de señalar a aquello que se ha conseguido mediante algún método no del todo ético. Una locución que se le atribuye al escritor del Renacimiento italiano Nicolás Maquiavelo, aunque no hay constancia alguna que así sea. Incluso hay quien indica que fue Napoleón Bonaparte quien la pronunció tras la lectura del libro *El príncipe*, del mencionado Maquiavelo. Según consta, la frase en realidad se extrajo del texto en latín, de 1645, *Medulla theologiae moralis* del teólogo alemán Hermmann Busenbaum y que decía: «*Cum finis est licitus, etiam media sunt licita*» (Cuando el fin es lícito, también lo son los medios).

HOMENAJE A ALGUIEN QUE NO EXISTIÓ

Empecemos este capítulo con una gamberrada universitaria. Un grupo de estudiantes trató de tomar el pelo a un buen número de importantes políticos estadounidenses de la época.

Lo más ilustre y granado del mundo político de los Estados Unidos recibió una invitación para acudir, el 26 de mayo de 1930, a una fiesta en la que se iba a rendir homenaje a Hugo Norris Frye por el 150 aniversario de su nacimiento. Frye fue quien, entre otros, según constaba en la mencionada invitación, impulsó y creó el Partido Republicano en Nueva York. El acto iba a celebrarse en la prestigiosa Universidad Cornell y había sido organizado por un grupo de estudiantes simpatizantes de la formación política.

A pesar de la importancia del personaje que se iba a homenajear y debido al poco tiempo con el que se enviaron las invitaciones, ninguno de los políticos invitados pudo hacer acto de presencia, pero la mayoría de ellos se excusaron enviando cartas en las que elogiaban la figura de Hugo N. Frye. Un personaje que en realidad no existía y que había nacido producto de la imaginación de Edward T. Horn y

Vice President Curtis Is Cornell Hoax Victim; Praises Honor to Mythical Party Pioneer

ITHACA, N. Y., May 27 (P).—How Vice President Charles Curtis, Secretary of Labor James J. Davis and other Republican national officers were made innocent victims of a hoax of the editors of a humorous column in The Cornell Daily Sun, student newspaper, was revealed by the perpetrators at a dinner here last night.

The editors, who used the name Hugo N. Frye (You-Go-And-Fry) in publishing their flippancies, desiring, as they stated "to settle once and for all the dispute regarding the actual birthplace of the Republican party," sent letters to the Republican leaders. They wrote that "a dinner in honor of the sesqui-centennial of the birth" of Frye was to be held by students here.

The "committee" averred that "this little known patriot of Central New York has been deprived of the fame that should have been his for his part in the organization of the Republican party in New York State." They requested a message "in memory of that pioneer Republican, Hugo N. Frye."

Mr. Curtis is said to have wired: "I congratulate the Republicans on paying this respect to the memory of Hugo N. Frye and wish you a most successful occasion."

Senator Grundy also sent a congratulatory message, it is declared, and Secretary Davis was quoted as saying of "Frye": "If he were living today he would be the first to rejoice in evidence everywhere present, that our government is still safe in the hands of the people."

A telegram purporting to come from Representative Ruth B. Pratt of New York was also read.

The hoax will be brought to the attention of the faculty committee on student affairs by William A. Hammond, dean of faculty, he announced today.

Gamberrada estudiantil a los políticos de 1930.

Lester Blumner, dos universitarios que inventaron toda la historia con el fin de demostrar a uno de sus profesores lo fácil que era engañar a la gente y, sobre todo, a la clase política. El mencionado profesor, durante una de sus clases, había explicado a sus alumnos el curioso caso de un estafador que, años atrás, había engañado a un buen número de políticos franceses, asegurando que un hecho como ese no podría ocurrir jamás en los Estados Unidos. Esto motivó que Edward y Leste urdiesen un engaño con el que probar que todo el mundo era susceptible de caer en una trampa, incluida la clase política estadounidense.

Utilizaron la celebración del banquete anual que organizaba *The Cornell Daily Sun*, el periódico universitario en el que escribían los jóvenes estudiantes, para organizar la supuesta fiesta de conmemoración. Durante la velada se destapó la gamberrada y aprovecharon para leer ante los asistentes las cartas que habían enviado los políticos y que alababan al supuesto fundador del Partido Republicano neoyorquino. Una de esas cartas fue enviada por el mismísimo vicepresidente del gobierno Charles Curtis, algo que hizo que el tema llegara a oídos de otros periódicos, entre ellos *The New York Times*, que se hizo eco de la broma. La prensa puso especial atención a la falsa adulación que habían hecho todos los políticos que escribieron enalteciendo la figura de un tipo del que nunca habían oído hablar y que, además, jamás había existido. Aunque hubo quien se ofendió por haber sido engañado de tal modo y pidió responsabilidades a la Universidad Cornell, la mayoría se lo tomaron con buen humor, incluido el vicepresidente Curtis.

DESTROZANDO LA CASA BLANCA

Pero si queremos recordar algún llamativo suceso en el que un político hizo una buena trastada, no podemos obviar la que montó Andrew Jackson, séptimo presidente de los Estados

Andrew Jackson (1767-1845), litografía de Lafosse a partir de un daguerrotipo de Mathew Brady.

Unidos (1829-1837), quien será recordado por muchos motivos, pero, sobre todo, como el inquilino que causó los mayores destrozos en la Casa Blanca, además en dos ocasiones.

Jackson fue el primer presidente del recién creado Partido Demócrata-Republicano, que sería el embrión del actual Partido Demócrata de los Estados Unidos. Fue tal su popularidad que a su toma de posesión acudieron más de 20 000 personas desde diversos puntos de todo el país. El nuevo presidente, tras el juramento en el Capitolio, se dirigió montado a lomos de un caballo blanco por Pennsylvania Avenue hasta su nueva residencia. Envuelto en la aclamación de los presentes, los invitó a acceder al interior como si de una jornada de puertas abiertas se tratara. La avalancha de personas que accedieron al edificio presidencial causó importantes destrozos en el mobiliario de la residencia. La gente entró en todas las habitaciones, caminaron sobre los sillones y las mesas, e incluso hubo quien optó por intentar llevarse alguna porcelana de recuerdo. Otros incluso entraban en las distintas estancias buscando a la primera dama.

Para vaciar la residencia de los invasores, se instalaron en el jardín del edificio presidencial unos barriles de licor para invitar a todos los presentes. Cómo no, la medida fue un éxito, ya que en cuanto corrió la noticia de que había alcohol gratuito la casa se vació rápidamente. El presidente Jackson, ante la magnitud de lo que se había organizado, decidió huir de allí por una ventana y refugiarse en un hotel cercano. Todo este episodio ocasionó duras críticas hacia el nuevo presidente por parte de la oposición.

Pero hubo una segunda ocasión en el que la Casa Blanca recibiría la avalancha de miles de personas. A finales de 1836, unos meses antes de acabar su segundo mandato, Jackson recibió un original y oloroso regalo por parte del coronel Thomas Meacham, un emprendedor agricultor de Sandy Creek (Carolina del Norte), que quiso obsequiar al popular y máximo mandatario del país con un queso elaborado con la leche de 150 vacas cuyo peso era de 635 kilos y su medida de algo más de 3 metros de diámetro. Meacham trasladó el enorme presente en un carro tirado por 48 caballos engalanados con los colores de la bandera nacional y pancartas publicitando la población de Sandy Creek como centro de fabricación.

Andrew Jackson aceptó de buen grado el regalo y decidió compartirlo con todo aquel que quisiera acercarse hasta la Casa Blanca. El queso estuvo guardado y fermentando en la residencia presidencial durante unos meses y finalmente se decidió que la fecha idónea para comérselo sería el 22 de febrero de 1837, conmemoración del nacimiento de George Washington. El presidente mandó publicar un anuncio el 20 de febrero en el que invitaba a todo aquel que quisiera asistir dos días después a la degustación de tan exquisito regalo. Todo se dispuso para que aquellos que se acercasen hasta la Casa Blanca no pudieran acceder a su interior y causasen destrozos, como ya había ocurrido en la toma de posesión de 1829.

Más de 10 000 personas llegaron hasta el 1600 de Pennsylvania Avenue. Según las crónicas, se podía oler el queso a casi un kilómetro de distancia de aquel lugar en todas las direcciones. Pero quien pagó las consecuencias fue Martin Van Buren, octavo presidente de los Estados Unidos y sucesor de Andrew Jackson. Cuando tomó posesión del cargo diez días después de la fiesta, el 4 de marzo de 1837, la residencia presidencial seguía oliendo a queso, y lo hizo durante muchísimo tiempo más, ya que este quedó impregnado en las alfombras, los tapices y los sillones de toda la Casa Blanca.

UN PRESIDENTE BESUCÓN

Y seguimos con otro mandatario estadounidense que hizo una buena trastada. Esta vez nos situamos en 1977. El protagonista fue Jimmy Carter, trigesimonoveno presidente de los Estados Unidos. La anécdota no tuvo lugar en suelo yanqui, sino en el británico, durante la visita que realizó al Reino Unido.

Viajó hasta allí, entre el 5 y el 10 de mayo de 1977, para asistir a una cumbre de jefes de Estado del G-7 y a una importante reunión de la OTAN. Aprovechando su presencia en suelo británico fue invitado por la Casa Real a una recepción que se celebró en el Palacio de Buckingham y a la que también acudieron otros mandatarios mundiales. Carter era conocido por ser un hombre cercano y, sobre todo, muy campechano, que se tomaba de vez en cuando ciertas confianzas con aquellos con los que debía tratar, incluso con quienes acabada de conocer, saltándose los más estrictos protocolos. Muchos fueron quienes achacaron el carácter afable e informal de Carter a su procedencia, ya que, a pesar de haber heredado la importante empresa agrícola de su padre, dedicada a cultivar cacahuetes y algodón en el Estado sureño de Georgia, algo que le había dado el apodo de Rey de los Cacahuetes, pasó gran parte de su niñez y de su juventud en un entorno totalmente rural.

Cuando el presidente estadounidense llegó al Palacio de Buckingham fue conducido hasta la sala donde estaba la familia real. En primer término la Reina Madre, junto a Felipe de Edimburgo y la reina Isabel II, quienes estaban recibiendo a los invitados. Tal y como los vio, Carter se abalanzó hacia la Reina Madre y la besó en los labios. Esta, guardando el estricto protocolo y compostura, tan solo dio un paso hacia atrás, aunque no fue lo suficientemente rápida para evitar que los labios de ambos entraran en contacto. Quedó petrificada por el gesto de confianza que se había tomado el invitado, quien se había comportado como si en su sureña tierra se encontrara.

A pesar de ello la recepción tuvo que continuar como si nada hubiese pasado, pero, aunque no se sabe si fue por esta razón, Jimmy Carter mientras fue presidente de los EE. UU. no volvió a ser invitado nunca más a viajar al Reino Unido. Tiempo después la Reina Madre escribiría sobre este desagradable suceso y explicaría que aquella fue la primera vez que alguien le había besado en los labios desde que enviudó en 1952 de su esposo, el rey Jorge VI. También cabe destacar que la Reina Madre no fue la única de las víctimas de ese modo tan peculiar que tenía Carter de saludar, haciendo lo mismo, entre otras, a Jacqueline Kennedy Onassis o Bette Davis.

EL FALLIDO CALENDARIO JULIANO UNIVERSITARIO

Pero entre la clase política española también tenemos unos cuantos casos de trastadas (o desaciertos). La lista sería interminable. Pongamos algún ejemplo que además resulte curioso y desconocido. Permítame, estimado lector, que viajemos hasta los últimos años del régimen franquista, concretamente a 1973. El 11 de junio tomaba posesión de su cargo como ministro de Educación y Ciencia Julio Rodríguez Martínez, político afín al entonces presidente del Gobierno, Luis Carrero Blanco. Entre sus encomendados estaba el hacer una profunda reforma educativa, además de perseguir y expulsar de sus respectivas cátedras a todo aquel docente sospechoso de simpatizar con el comunismo.

No se le ocurrió otra cosa a Rodríguez Martínez que ordenar que el comienzo del curso universitario, que debía ser a

ABC. MARTES 8 DE ENERO DE 1974.

ENSEÑANZA

HOY COMIENZA EL CURSO EN LA POLITÉCNICA MADRILEÑA

Y el día 9 en la Universidad Central de Barcelona

El martes, día 8, se reanudarán las actividades docentes en todas las Escuelas Técnicas Superiores y Escuelas Universitarias de la Universidad Politécnica de Madrid, según se hace público en una nota facilitada a los medios informativos.

Noticia del inicio del curso escolar en enero 1974 (hemeroteca *ABC*).

principios de octubre, se trasladase a enero de 1974, con el fin de que, a partir de entonces, el año lectivo coincidiese con el año natural, de enero a diciembre, haciendo los respectivos parones vacacionales de Semana Santa y verano.

Pero la rocambolesca idea del ministro no se quedó en un simple proyecto, sino que la puso en marcha a través de una orden ministerial del 27 de septiembre de 1973, publicada en el BOE dos días después. Aunque fue ampliamente criticada incluso por otros miembros del Gobierno, ordenó que el que debía ser el primer curso del primer ciclo universitario del periodo académico de 1973/1974 empezara el 8 de enero de 1974 y finalizase en diciembre, tras 220 días lectivos. Pero Julio Rodríguez Martínez no llegaría a ver, como ministro, el inicio de ese nuevo curso. Cinco días antes, el 3 de enero, fue destituido de su cargo por el recién nombrado presidente del Gobierno Carlos Arias Navarro, que acababa de tomar posesión tras el asesinato en atentado de ETA de su predecesor Carrero Blanco.

A pesar de que ese curso universitario comenzó el 8 de enero de 1974 su finalización no fue en diciembre, sino en junio como cualquier otro año lectivo, con el fin de que el siguiente curso (1974-1975) empezara con total normalidad en octubre de ese año. Así se ordenó que fuera a través de un decreto ministerial publicado el 26 de enero en el BOE y firmado por Cruz Martínez Esteruelas, el ministro que lo sustituyó. Como dato anecdótico, cabe destacar que aquel calendario del curso universitario ideado por Julio Rodríguez Martínez fue conocido de forma jocosa como «el calendario juliano».

MAGO OFICIAL DE NUEVA YORK

Volvemos a cruzar el Atlántico y viajamos hasta Nueva York, donde nos encontramos a Fiorello La Guardia, que estuvo al frente del consistorio municipal a partir de 1934 y que es recordado por haber sido uno de los alcaldes de la Gran

Manzana que más iniciativas intentó llevar adelante para mejorar la ciudad. Algunas de ellas algo descabelladas, como el nombrar a un ilusionista como mago oficial de la ciudad.

Fiorello La Guardia llegó a la alcaldía de Nueva York en uno de los momentos en los que la crisis económica, por la Gran Depresión, más estaba afectando a los ciudadanos estadounidenses. Gracias a su política intervencionista del New Deal, auspiciado por el presidente Franklin D. Roosevelt, logró ganarse la simpatía de gran parte de sus conciudadanos a lo largo de los casi doce años que se mantuvo al frente del consistorio, a pesar de que también fue acusado por un sector como alguien autoritario, debido al intervencionismo de su política económica y el desmesurado afán que tenía por no tener nada fuera de su control. Una de las numerosísimas iniciativas que puso en práctica fue su incansable lucha contra la corrupción y las mafias locales, tan en auge durante los años de la ley seca, mandando detener a capos de la mafia neoyorquina como Lucky Luciano o Frank Costello. También logró involucrar a los propios habitantes en las políticas municipales de la ciudad.

Recordadas son sus intervenciones radiofónicas a través de la emisora pública WNYC. La Guardia se dirigía a los ciudadanos, les aclaraba dudas, les explicaba los proyectos municipales e incluso les leía las famosas tiras cómicas de los periódicos. Esto último tuvo mucho éxito sobre todo durante la huelga de prensa de 1945, en la que los periódicos dejaron de salir a la calle. El alcalde logró reunir las viñetas directamente de los ilustradores, debido a que era la sección más popular de los diarios de la época, y diariamente se las leía a los oyentes. Otros de los hechos sorprendentes de este peculiar alcalde fue nombrar al ilusionista Abraham Hurwitz como mago oficial de la ciudad de Nueva York. Hurwitz era un popular mago que impartía clases en la Universidad Yeshiva, donde enseñaba a otros adultos el oficio de mago.

Pero el alcalde quería que toda la sabiduría del ilusionista llegara también a los más jóvenes, así que puso todo lo necesario a disposición de Abraham Hurwitz para que impartiera clases de magia en todos los colegios e institutos públicos de la ciudad. A lo largo de los siguientes dieciocho años el profesor Hurwitz enseñó sus técnicas a más de un millón de alumnos, además de crear, en los inicios de la década de 1940, el Peter Pan Magic Club, posteriormente rebautizado como Future American Magical Entertainers (FAME), una institución de la que salieron la mayoría de los grandes magos e ilusionistas de la segunda mitad del siglo XX. A través de las didácticas clases de magia, Hurwitz y La Guardia consiguieron aficionar a muchísimos niños y jóvenes pero, sobre todo, lograron que estos no anduvieran por las calles delinquiendo. Así, descendieron drásticamente los delitos en aquellos barrios en los que mayor era la afluencia de alumnos a las clases del mago oficial de Nueva York.

EL SUPUESTO ZAPATEADO DE JRUSHCHOV

Y fue precisamente en la ciudad de Nueva York donde tuvo lugar otra de las anécdotas más famosas de la Historia del siglo XX. Fue en la Asamblea General de las Naciones Unidas, celebrada el 12 de octubre de 1960. El protagonista, el dirigente soviético Nikita Jrushchov. Mucho se ha hablado de su repentino ataque de ira durante la mencionada reunión, en el que golpeó repetidamente con su zapato contra la mesa. Una historia de la que se ha escrito hasta la saciedad, pero que en realidad nunca ocurrió tal y como se explicó en los medios.

Sí es cierto que Jrushchov, en un momento dado de la asamblea, perdió los nervios, cuando el representante filipino, Lorenzo Sumulong, empezó a criticar la falta de libertad y represión en los países y pueblos de la Europa del Este. También lo es que el mandatario soviético golpeó su mesa, pero no fue con el zapato sino con su propio puño, llegando incluso a romper el reloj de pulsera que llevaba. Acto seguido se sacó el zapato y lo blandió en el aire enseñándolo y pareciendo que podría llegar a lanzarlo, pero lo depositó sobre la mesa, eso sí, dejándolo caer y haciendo ruido. La gran cantidad de personas que había en la reunión y el desconcierto que se formó hicieron que cada uno de los presentes se formara su propia idea de lo ocurrido. También la prensa de la época se ocupó de adornar los artículos, lo que dio lugar a la leyenda urbana que se ha estado compartiendo a lo largo de las últimas seis décadas.

Esa tergiversación de los hechos también le fue bien al bloque comunista en plena Guerra Fría y como demostración de fuerza ante el pulso político que el dirigente soviético mantenía con su homólogo estadounidense, Dwight D. Eisenhower. Pero en realidad numerosos fueron los testimonios, tanto de representantes de la ONU como periodistas, que aseguraron que Nikita Jrushchov no llegó a golpear repetidamente su zapato contra la mesa, solo el puño, además del golpe que se escuchó cuando dejó caer el calzado. La famosa imagen en la que aparece el líder ruso blandiendo el zapato, y que ha sido repetidamente compartida, ha sido demostrado que fue un montaje fotográfico.

A la izquierda, la fotografía manipulada de Nikita Khrushchev blandiendo el zapato en la ONU en 1960, a la derecha la imagen original.

EL PERRO DE ALCIBÍADES

Con los líderes políticos de la actualidad estamos acostumbrados a que, cuando a ellos no les interesa que se hable de alguna cuestión en concreto sobre su persona o partido al que pertenecen, desvíen la atención hacía otros temas más livianos y superfluos, esperando que con el tiempo y esa nueva distracción se olvide el asunto. Hoy en día es casi imposible que funcione esta técnica, debido a que la prensa y los usuarios de las redes sociales están permanentemente alerta de lo que dicen, hacen y publican los representantes públicos. Cuando los internautas ven que alguien intenta desviar la atención o desmentir algo, empiezan a recurrir a las hemerotecas, vídeos o capturas de pantallas. Pero hasta hace unas décadas era mucho más complicado que ahora y los políticos lo tenían más fácil para jugar al despiste.

Esa táctica era conocida como «el perro de Alcibíades» y hacía referencia a una anécdota, acontecida en la Antigua Grecia, protagonizada por el militar ateniense Alcibíades Clinias Escambónidas durante el siglo V a. C. Este destacó por ser un gran estadista y estratega militar, pero también por ir cambiando de bando según le iba interesando: traicionó a los atenienses con los espartanos y a estos con los persas. No se sabe a ciencia cierta el momento exacto en el que se produjo el episodio que dio origen a la expresión o si esta ocurrió realmente, pero, según cuentan la inmensa mayoría de cronistas (cada uno con su propia versión), en cierta ocasión Alcibíades compró un perro por el que pagó una importante suma de dinero y acto seguido mandó cortarle el rabo, que era una de las peculiaridades más llamativas del can. Parece ser que ese acto lo hizo para que el consejo y los ciudadanos no hablasen de la corrupción de su gobierno y estuviesen entretenidos criticando la acción de haberle cortado el rabo al pobre perro.

EL PRIMER POLÍTICO CORRUPTO DE LA HISTORIA

Y ya situados en la Antigua Grecia, vamos a avanzar un siglo más hacia adelante (hasta el IV a. C.). Allí nos encontrarnos con Demóstenes, uno de los más grandes políticos atenienses de su época, consejero y brillante orador, a quien acudían con regularidad a pedir consejo y autorización. También fue uno de los primeros políticos corruptos de la Historia.

En la obra *Noches áticas*, del escritor romano Aulo Gelio (siglo II d. C.), podemos encontrar el relato atribuido al filósofo griego Cristolao, el cual titula «Historia de los embajadores de Mileto y del orador Demóstenes», en el que se explica cómo acudieron hasta el político ateniense unos diplomáticos provenientes de la ciudad de Mileto con el fin de pedir

Demóstenes ejercita su oratoria frente el mar. Grabado de Leon Cogniet, *Magasin Pittoresque*, 1882.

ayuda y exponer un asunto de Estado. Tras la intervención de los abogados que habían sido contratados para hablar a favor de los milesios, Demóstenes fue duro en su respuesta, dando a entender que los habitantes de Mileto no eran dignos de recibir ayuda alguna. Visto el rumbo que estaba tomando el encuentro se decidió retomar las conversaciones en la siguiente jornada. Fue precisamente esa misma noche cuando Demóstenes recibió en su casa a los representantes, quienes le rogaron que al día siguiente no hablase de forma negativa de sus representados. Para ello el político puso un precio por su silencio, que fue satisfecho por los abogados, quienes se llevaron el firme compromiso de que no diría ni una sola palabra en contra de ellos.

Y así lo cumplió Demóstenes, pero de un modo algo original: apareció en la reunión con una larga bufanda (o manto) que le daba varias vueltas al cuello y tapaba su boca indicando que no podía pronunciar palabra alguna por culpa de unas anginas. Pero hubo quien entre los presentes no se creyó la falsa excusa del político y le recriminó que lo que realmente no le dejaba hablar no era unas anginas sino la estrechez de la garganta que le había producido la plata que había recibido para estar callado. Con este indecoroso acto protagonizado por el que había sido uno de los más inmaculados y rectos políticos se produjo uno de los primeros y más famosos casos de corrupción de la Historia.

Pero aquí no acaba el relato de Cristolao, ya que este continua explicando la anécdota de cómo, durante un encuentro entre Demóstenes y el actor trágico Aristodemo de Atenas, le preguntó cuánto le habían pagado por cierta actuación. El actor contestó que un talento (moneda de la época), a lo que el político dijo con total orgullo: «Pues yo recibí mucho más por estar callado». Cabe destacar que el propio Aulo Gelio señala en *Noches áticas* que una historia similar (si no la misma) es relatada por Cayo Sempronio Graco, pero poniendo como protagonista al también político ateniense Démades, coetáneo de Demóstenes, aunque no gozó de la misma relevancia y respeto y fue recordado más bien por ser un político traidor y sin escrúpulos.

CORRUPTOS SOBRECOGEDORES

Desde entonces hasta ahora, a pesar de que han pasado más de dos mil años, algunos políticos siguen ejercitando la innoble práctica de la corrupción. Famosos son los casos en los que en algunas formaciones se han repartido sobres repletos de billetes, del llamado *dinero negro*, los cuales tenían un desconocido y oscuro origen, y que servirían para facilitar la concesión de algún suculento contrato, recomendación a ciertas personas, empresas o grupos o financiación ilegal del partido. Durante un tiempo, a aquellos individuos que recibían ese tipo de gratificación se les estuvo denominando con el curioso apelativo de «sobrecogedores», en clara alusión a quienes recibían, a escondidas, esos sobres con billetes. Pero no se trata de algo moderno, sino que ya hay constancia de su uso hacia el siglo XIX, y no se originó en el mundo de la política sino en el de la tauromaquia. Se conocía como sobrecogedores a los periodistas y críticos taurinos que debían escribir en el periódico una crónica sobre alguna determinada faena y que, previamente, eran gratificados por parte del apoderado del torero para que sus artículos fuesen totalmente favorables a los intereses de sus representados. También hay alguna constancia de que esa misma práctica se llevó a cabo en el mundo del teatro con los críticos teatrales que debían escribir sobre algún estreno.

PONIENDO Y QUITANDO POLÍTICOS

Pero la corrupción a lo largo de la Historia no solo se ha dado para proporcionar ganancias económicas a personas o grupos, sino que también se ha utilizado para beneficiar a alguna formación o partido poniendo o quitando candidatos según les ha convenido. Uno de los ejemplos lo tenemos con la Tammany Hall, una organización estadounidense que, durante casi dos siglos (entre 1789 y 1960), se dedicó a estos menesteres, convirtiéndose en un importante y fundamental apéndice del Partido Demócrata-Republicano de Thomas Jefferson. El propósito era ayudar a los más desfavorecidos y a aquellos inmigrantes que llegaban en busca de una oportunidad. La masiva llegada de irlandeses a Nueva York hizo que en poco tiempo estos fuesen admitidos dentro de la organización y acabasen controlándola, provocando que a mediados del siglo XIX la mayoría de los candidatos pertenecientes al Partido Demócrata fuesen colocados en los principales cargos públicos y de importante relevancia de todo el Estado.

En 1858 accedería al control de la Tammany Hall un nefasto personaje que hizo y deshizo a su antojo, controló, anuló y dio el visto bueno a aquellos candidatos que él quería. Entre las muchas acciones ilegales que realizó se encuentran malversación de fondos y cobro de comisiones, que se calcula que alcanzaron los 200 millones de dólares. Su nombre, William M. Tweed, aunque sería conocido con el apodo de el Jefe Tweed. A lo largo de las casi dos décadas en las que Tweed se encontró al frente de la organización, además de conseguir ser elegido senador, hizo que no se decidiera ni un solo cargo político sin que él diera el visto bueno. Algunas fuentes llegan a señalar que su poder estaba tan extendido en todo el Estado de Nueva York que incluso era él quien decidía quiénes debían ser los candidatos del partido de la oposición.

A pesar de haber nacido en Nueva York era descendiente directo de inmigrantes irlandeses, lo que hizo que se volcara en fomentar y promocionar los negocios y políticos que tenían sus mismos orígenes. Pero era tal la corrupción que el jefe Tweed manejaba que en 1872 se tuvo que poner freno a su voraz control y se abrió una causa judicial contra él. Se investigó toda la trama de sobornos, favores y malversación de fondos que había llevado a cabo. Fue detenido, juzgado y enviado a prisión. Salió de esta tras pagar una cuantiosa fianza. Una vez en libertad volvió a presentarse como candidato al Senado, y gracias a su popularidad y los contactos que tenía fue reelegido. Pero siguió haciendo de las suyas

William Magear Tweed (1823 - 1878).

y nuevamente fue llevado a disposición judicial. Tras pagar una nueva fianza fue puesto nuevamente en la calle, lo que aprovechó para huir del país y acabar escondido en España. Aquí fue localizado por las autoridades de la época y extraditado a EE. UU. Falleció a causa de una neumonía tras pasar dos años encerrado en la cárcel.

El escándalo de Tweed dejó muy mermado el poder de la organización Tammany Hall, a la que le costó recuperarse cerca de una década para volver a mantener el control político del Estado de Nueva York. Desaparecieron las coruptelas y la malversación de fondos que durante tanto tiempo se había estado haciendo, pero siguió siendo decisivo para elegir candidatos y colocar personas de confianza en cargos estratégicos, tal y como lo fue a lo largo de los anteriores ciento diez años. La organización volvía a tener un papel relevante al iniciarse el siglo XX y mantuvo su poder durante las tres primeras décadas. Fue en 1932 cuando se encontraron con un grave inconveniente debido a que el presidente de la nación, el neoyorquino Franklin D. Roosevelt, y por tanto, buen conocedor de lo que era y cómo funcionaba la organización, decidió retirar el apoyo institucional y financiero que desde la Casa Blanca se le concedía a la Tammany Hall. La estocada vino cuando Roosevelt medió para que el candidato del Partido Republicano, Fiorello La Guardia, fuese elegido alcalde de Nueva York gracias a una coalición con los demócratas, algo a lo que se habían opuesto desde la organización. Ese fue el principio del fin de Tammany Hall, quien se vio debilitado estrepitosamente tras la aparición del Comité de Votantes Democráticos de Nueva York, una organización creada por la primera dama y que acabó con el control y liderazgo de la Tammany. Desapareció a mediados de la década de los 60.

UN MÍSTICO BIOTERRORISMO POLÍTICO

Hacer trampas para obtener un provecho político es algo que ha sido muy común a lo largo de la Historia. Muchos son quienes afirman que en política todo vale. Se han dado múltiples casos, que han salido a la luz, de juego sucio, descalificación entre candidatos contrincantes, financiaciones ilegales de partidos o invención de datos para tener un mejor currículum de cara a los electores. En noviembre de 1984 tuvo lugar un sorprendente hecho que afectó de lleno a unas elecciones locales en el Estado de Oregón (Estados Unidos). Un ataque bioterrorista, por controlar y manipular las mencionadas votaciones municipales, afectó a 751 personas, que fueron intoxicadas con agua y alimentos contaminados con salmonela. Afortunadamente de todas ellas tan solo 45 tuvieron que ser hospitalizadas y ninguna falleció a consecuencia del acto terrorista.

Curiosa era la identidad de los autores materiales: el movimiento rajnishe, seguidores del líder místico indio Bhagwan Shri Rajnísh Osho, más cercanos a ser una peligrosa secta que una comunidad basada en la espiritualidad. Pero mucho más sorprendente fue el motivo por el que lo realizaron: incapacitar al mayor número posible de votantes de la población de The Dalles, en Oregón, y así evitar que acudiesen a las urnas, con el fin de ser los más de cinco mil miembros del movimiento rajnishe quienes votasen y salir elegidos con mayoría los representantes que ellos presentaban. Toda una estrategia milimétricamente pensada con el propósito de ir alcanzando cada vez más poder.

No se trataba de una pequeña comuna de seguidores. Para 1984 ya llevaban cuatro años instalados en lo que era conocido como Rajnishpuram, una ciudad controlada totalmente por ellos en el condado de Wasco. Lo que había comenzado siendo como un pequeño grupo místico instalado al noroeste del país se convirtió en poco tiempo en una próspera y multitudinaria comunidad cuyo poder e influencia iba en aumento. Las elecciones de noviembre de 1984 eran un trampolín perfecto para conseguir tener dos representantes (de los tres que había) en el distrito judicial del condado y con ello controlar todas las decisiones administrativas, teniendo el control absoluto. En un principio la táctica era que las miles de personas que vivían en aquella comunidad, que superaban con creces a los habitantes de las poblaciones lindantes, irían a votar y lo harían por los candidatos presentados por los rajnishe, pero desde las oficinas del condado de Wasco se enteraron de que la inmensa mayoría de esos habitantes de la comunidad se acababan de instalar. Para evitar fraudes electorales se dictó una norma que exigía un tiempo mínimo de empadronamiento a los electores, algo que provocó que tan solo una cuarta parte de los residentes pudiesen ejercer el derecho al voto, yéndose al traste el plan. Este fue el principal motivo por el que contraatacaron con otro plan: hacer enfermar a los votantes de las localidades cercanas a Rajnishpuram para que de ese modo fuesen más numerosos los miembros de rajnishe que acudiesen a las urnas.

El primero de los ataques bioterroristas con salmonela fue realizado el 29 de agosto de ese mismo año y consistió en la contaminación del agua que ofrecieron a dos comisionados del condado que habían acudido a Rajnishpuram en una visita con el propósito de saber cuál era el verdadero número de habitantes allí empadronados. Estos dos hombres les sirvieron de conejillos de Indias para comprobar la efectividad de esa arma bacteriológica. En total fueron 751 personas residentes en la población de The Dalles las que cayeron enfermas, lo que provocó una investigación oficial para averiguar la razón por la que tantos habitantes de una misma localidad habían enfermado de salmonelosis. Tal y como se inició la investigación, sospechosamente la comunidad rajnishe retiró a sus candidatos a las elecciones de representantes del condado.

Tiempo después se supo que la persona que había ideado y puesto en marcha todo el plan fue Shila Silverman, la lugarteniente de Bhagwan Shri Rajnísh, que acabó abandonando la comunidad junto a aquellos que le habían ayudado. Fue el propio Osho quien puso en conocimiento de las autoridades la identidad de los responsables del ataque bioterrorista. Shila fue juzgada y condenada a más de 20 años de prisión, de los que tan solo cumplió 29 meses. Quedó en libertad por buen comportamiento.

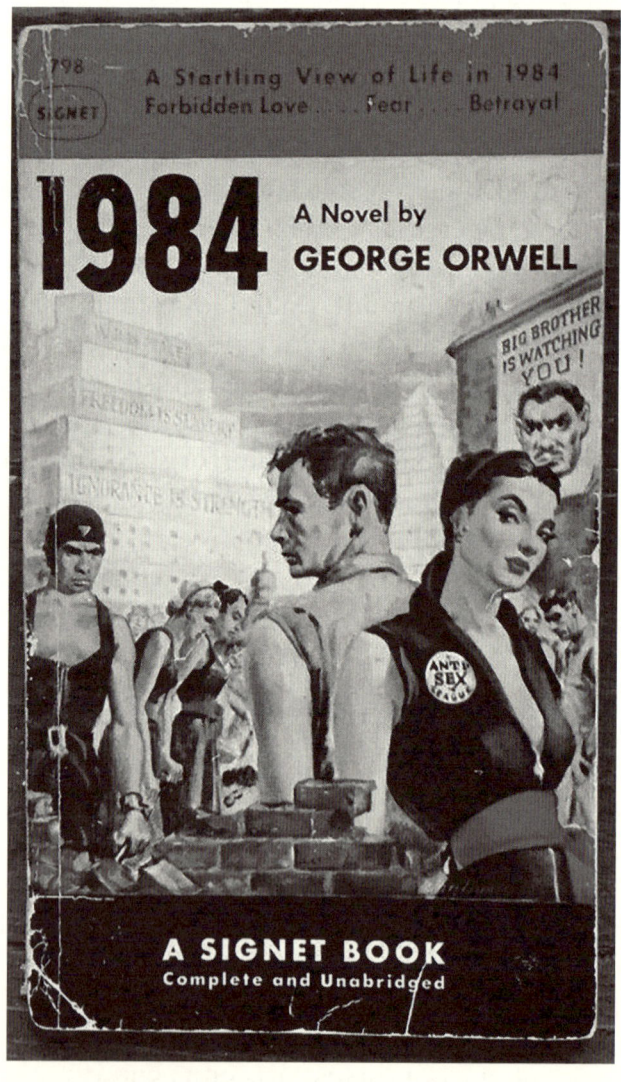

Portada de la obra *1984*, de George Orwell (1949).

DELATANDO AL PADRE

La trama de la magistral novela *1984*, de George Orwell (1949) gira en torno a una sociedad futura en la que todo está controlado por el Estado. Sus miembros están sometidos a un férreo control de voluntades, actos y pensamiento. Algunos de los personajes mencionados y claves son los del «heroico niño», «jóvenes viborillas» (como los llama el protagonista) que estaban al servicio de la Policía del Pensamiento. Se dedican a espiar, acusar y delatar a todo aquel que no comulgaba con la doctrina del partido y contando todo lo que oían en casa, dándose casos de acusar a sus propios padres de herejía e incluso de haber hablado mal del régimen en sueños.

George Orwell basó buena parte de la historia en su crítica hacia los regímenes totalitarios que ejercían el control total hacia los ciudadanos: en aquellos momentos el de la URSS con Stalin al frente o anteriormente el nacismo del Tercer Reich alemán de Adolf Hitler. Este tipo de regímenes basaban gran parte de su estrategia en realizar campañas propagandísticas en las que realzar el pensamiento político y, sobre todo, a personajes claves de la sociedad, a los que encumbraban a la categoría de héroes y servían como ejemplo y modelo que seguir. Uno de esos personajes clave en la historia de la propaganda política en la Unión Soviética, y que llegó a convertirse en todo un símbolo nacional, fue Pável Morozov, un niño a medio camino entre la pubertad y la adolescencia que pasó a la gloria bolchevique por el hecho de haber delatado a su propio padre ante las autoridades bolcheviques.

Pavlik, como era conocido familiarmente el muchacho, era uno de esos cachorros a los que el régimen bolchevique había conseguido atrapar con sus consignas. Lo primero y fundamental para él era el ideario político comunista, muy por encima de cariños o afectos hacia familiares o amigos. Se había convertido en un joven líder, que se dedicaba a reclutar y convencer a otros niños más pequeños para que estos fuesen fieles a Stalin y ayudasen a crear un Estado sólido e invencible. Por el contrario, Trofim, su padre, era uno de esos tipos que tras un par de décadas viviendo bajo el yugo comunista se había comenzado a desencantar del ideario bolchevique; algo que, a pesar de su destacada posición dentro del consejo del pueblo, llamado *soviet*, lo llevó a hablar mal del Gobierno y realizar unos actos que serían objeto de denuncia por parte de su propio hijo.

Trofim manejaba importante y valiosa información. Se dedicaba a falsificar ciertos documentos que después vendería a personas tachadas como «bandidos y enemigos del Estado soviético». Al joven Pavlik, testigo de los tejemanejes realizados por su progenitor, no le tembló la voz cuando se presentó ante las autoridades y acusó a su padre de traidor al Gobierno e ideario bolchevique. Miembros del OGPU, la policía política de la URSS, detuvieron al progenitor, que fue juzgado y condenado a pasar diez años a un gulag, aunque no lo cumpliría totalmente ya que fue ejecutado acusado de alta traición. La detención y deportación a un campo de trabajos forzados hizo que varios miembros de la familia Morozov entrasen en cólera contra el muchacho, acusándolo de haber traicionado a su propio padre y dejarlos señalados de por vida. Fue tal la furia y el odio que sintieron hacia él que sus dos abuelos paternos, junto a su tío y un primo, decidieron llevarse a Pavlik y su hermano menor a un bosque y acabaron con la vida de ambos cortándoles el cuello con una sierra. Poco después los viles asesinos, a excepción del tío, fueron detenidos y fusilados por petición masiva del pueblo, que mandó miles de telegramas.

El gobierno del Kremlin decidió convertir al muchacho en un mártir de la lucha soviética. Le rindieron honores y le incluyeron dentro de la propaganda comunista que se lanzaba a la población. En todas las escuelas se empezó a estudiar la vida del joven Pavlik Morozov, héroe glorificado y caído por la causa bolchevique. Los niños de la URSS escribían poemas y cuentos basados en los hechos de esta joven celebridad nacional. Pero no solo los más pequeños le dedicaban sus trabajos, se escribieron también gran número de obras e incluso se compuso una ópera en torno a su figura.

Son muchos los historiadores que quitan credibilidad a esta historia, asegurando que la misma fue una invención del propio aparato de propaganda bolchevique para crear héroes en los que el pueblo pudiese verse reflejado. Otros apuestan por la veracidad, solo en parte, de los hechos, viendo en el trasfondo de toda la historia un cúmulo de maltratos físicos ejercidos por parte del padre hacia sus hijos y esposa. La denuncia política sería una excusa para poder apartar de la vida de los Morozov al maltratador Trofim.

REPARTIÉNDOSE EL PASTEL EUROPEO

Dice un antiquísimo dicho que los extremos se tocan. Viene a significar que, en multitud de ocasiones, dos posturas totalmente enfrentadas, dentro de su radicalización, pueden llegar a tener algunos puntos en común que faciliten el entendimiento entre ambos bloques, a pesar de que hay muchísimas más cosas que los distancian. Como ejemplo práctico podemos encontrarnos con el conocido como Pacto Ribbentrop-Mólotov, un acuerdo de no agresión mutua entre la Unión Soviética y el Tercer Reich que fue firmado en Moscú, el 23 de agosto de 1939, ante la presencia del entonces todopoderoso líder soviético Iósif Stalin. Adolf Hitler envió a la firma del tratado a su ministro de Asuntos Exteriores, Joachim von Ribbentrop, por lo que Stalin decidió que quien representara al Gobierno de la URSS fuese Viacheslav Mólotov, homólogo del alemán.

Con la firma del Tratado de no Agresión entre Alemania y la Unión de Repúblicas Socialistas Soviéticas, Hitler y Stalin querían asegurarse el poder campar a sus anchas por el continente europeo anexionándose países y territorios sin la intromisión de la parte contraria. A pesar de ser de ideologías políticas totalmente opuestas, ambas naciones acabaron llegando a un entendimiento debido a que tenían en común el carácter ambicioso de ambos líderes, que a su vez llegaron a ser dos de los mayores genocidas de la Historia. La firma del pacto Ribbentrop-Mólotov sirvió para que nueve días después, 1 de septiembre de 1939, la Alemania nazi invadiera Polonia, un acto que determinó el inicio de la Segunda Guerra Mundial.

Reino Unido y Francia, junto a otras naciones como Canadá, Australia, Nueva Zelanda o Sudáfrica, no tardaron en declarar la guerra a Alemania. La declaración en un principio fue considerada como papel mojado, debido a que tan solo fue una amenaza hacia el Tercer Reich, pero no se tomaron represalias contra el Gobierno alemán ni se inició ninguna ofensiva militar. Todo se discutía en los despachos y mientras tanto el ejército alemán seguía avanzando por territorio polaco.

El mutismo de la URSS también era sospechoso, hasta que el 17 de septiembre las tropas soviéticas también entraron en Polonia, pero no para defenderla de los nazis, sino con intención de repartirse el país con estos. Mientras tanto, británicos y franceses observaban atónitos cómo el pacto contra natura de no agresión mutua entre soviéticos y alemanes, firmado casi un mes antes, no era algo efímero y que todo parecía indicar que, muy posiblemente, esa extraña alianza entre Hitler y Stalin podría llegar muy lejos. A pesar de ello, los Gobiernos del Reino Unido y Francia seguían sin mover ficha y a esa rocambolesca situación de haber declarado la guerra y no hacer absolutamente nada al respecto se la bautizó como la «Guerra de broma» (*«Phoney War»* en inglés y *«Drôle de guerre»* en francés).

La invasión de Finlandia por parte de la URSS, el 30 de noviembre de aquel mismo año, tampoco consiguió que los Aliados intervinieran. Solo lo hicieron varios meses después, cuando Alemania invadió Noruega y Dinamarca, en abril de 1940. Se iniciaron entonces los ataques franco-británicos en territorio noruego. Cuando realmente se tomó partido en la Segunda Guerra Mundial fue a partir de la Batalla de Francia, en el mes de mayo, y que acabaría con la invasión del país galo por parte de los alemanes y la capitulación francesa ante el Tercer Reich. El siguiente paso de los alemanes fue intentar la invasión de Inglaterra, sometiéndola a intensos bombardeos entre julio y octubre de aquel mismo año. Mientras tanto Stalin miraba hacia otro lado y no intervenía en ese conflicto militar e iba anexionando más territorios a la URSS como Estonia, Lituania o Letonia, además de parte del Reino de Rumanía.

Pero todo cambió a partir de mediados de 1941, cuando Adolf Hitler puso en marcha el más ambicioso de sus planes: la Operación Barbarroja. Con ella pretendía invadir la Unión Soviética. A partir de la traición de Führer y su incumplimiento del pacto de no agresión, Stalin se pasó al bando aliado con el fin de acabar con el ya declarado enemigo común nazi. Una vez finalizado el conflicto militar, en 1945, y aniquilado el Tercer Reich, los aliados se repartieron el pastel europeo, dividiendo Alemania en dos. Acto seguido la Unión Soviética se convirtió en el enemigo común del bloque occidental, encabezado por Estados Unidos y Reino Unido. Se iniciaba la Guerra Fría.

UN DESFAVORABLE TRATADO
PARA LOS HOLANDESES

Numerosos han sido los acuerdos políticos a los que las diferentes naciones han llegado con el propósito de poner fin a algún tipo de conflicto. En ellos se dejaba por escrito todo aquello a lo que se renunciaba o se percibía. Sin ir más lejos en España se firmó a inicios del siglo XVIII el famoso Tratado de Utrecht, con el que se finalizaba la Guerra de Sucesión, que dio la corona española al francés Felipe V; en contrapartida, a los británicos se les cedía la soberanía y control sobre algunos lugares estratégicos, como el Peñón de Gibraltar o la isla de Menorca (esta última recuperada tiempo después por los españoles). Entre los innumerables tratos firmados por diferentes naciones a lo largo de la Historia quiero destacar el conocido como Tratado de Breda, firmado entre

Inglaterra y los Países Bajos el 31 de julio de 1667, y del que todavía deben estar arrepintiéndose los holandeses, por el mal negocio que hicieron.

De sobra conocida fue la importante presencia neerlandesa que hubo en Norteamérica y, más concretamente, en el control de lugares tan importantes que hoy conocemos como Nueva York, Nueva Jersey, Delaware o Connecticut. Muy posiblemente la Historia de los Estados Unidos (y del planeta en general) hubiese cambiado mucho si en el último cuarto del siglo XVII los holandeses no hubiesen cedido los Nuevos Países Bajos (modo en el que eran llamado ese territorio) a Inglaterra. Con la firma del Tratado de Breda se ponía fin a la Guerra Anglo-Holandesa y se realizaban una serie de concesiones, de una nación a otra, entre las que figuraba el intercambio de territorios bajo el dominio de uno u otro. Los holandeses habían mantenido a lo largo de prácticamente todo aquel siglo su control sobre los territorios norteamericanos mencionados, unas colonias que eran de la máxima prioridad de los ingleses para sus propósitos y

Última página del Tratado de Breda (Karel II van Engeland, Nationaal Archief, Staten-Generaal Archiefinventaris, Holanda).

empresas de importación y exportación. Pero costaba creer que los neerlandeses pudieran acabar cediéndolos (por el gran valor comercial y estratégico que tenían) si no era a cambio de algo mucho mejor.

Lo sorprendente del intercambio fue que los Países Bajos cedían sus posesiones norteamericanas, entre ellas la isla de Manhattan, llamada por aquel entonces Nueva Ámsterdam, por una decena de minúsculas islas volcánicas, llamadas islas de Banda, y que estaban perdidas en el océano Pacífico occidental (Sureste asiático) en el archipiélago de Indonesia. El motivo de este inesperado trueque de territorios era un producto que se consideraba milagroso en aquella época: la nuez moscada. Por aquel entonces se tenía el convencimiento que esta especia podía curar cualquier enfermedad, entre ellas la temida peste, y era utilizada para confeccionar remedios medicinales y ungüentos. En aquellos momento tan solo había un lugar en todo el planeta (al menos era lo que se creía) en el que se podía encontrar el árbol de la nuez moscada que producía el preciado elemento. El poder tener el control absoluto sobre las islas de Banda convertía a los neerlandeses en propietarios de la producción mundial de esta especia y, por tanto, les proporcionaría unas ganancias económicas incalculables.

Hasta aquel momento, los Países Bajos habían estado en continuas guerras y disputas por el control de las islas de Banda tanto con portugueses como con ingleses. La firma del Tratado de Breda, en 1667, con Inglaterra, les daba el control único y total a los neerlandeses sobre la preciada especia y, por tal motivo, no hubo dificultades para que cedieran al control de los territorios norteamericanos. Pero los holandeses estaban equivocados (portugueses e ingleses también) en cuanto a que las islas de Banda era el único lugar del planeta donde crecían los árboles de nuez moscada. Se descubrió posteriormente que podía encontrarse en otros lugares como la India e incluso en algunas islas del Caribe.

Por cierto, los Países Bajos perdieron el control de las islas de Banda en 1810 cuando fueron invadidas por los británicos. Estos obligaron a los neerlandeses a rendirse y cederlas.

IX. CHURCHILLADAS

Uno de los políticos más relevantes de la Historia ha sido, sin lugar a duda, Winston Churchill, primer ministro del Reino Unido en dos etapas (1940-1945 y 1951-1955). También fue ministro, líder del Partido Conservador británico y de la oposición, además de tener una importante carrera militar. Entre otros cargos fue primer *lord* del Almirantazgo. También tuvo una fructífera carrera como escritor, que le valió para ganar el Premio Nobel de Literatura en 1953. Todo ello y un sinfín de logros más fue lo que hizo que haya sido considerado como el político más importante e influyente del siglo xx. Por tal motivo, el célebre estadista británico merece tener en este libro un capítulo dedicado exclusivamente a él y a sus churchilladas, modo en el que se conoce a aquellas cosas que hizo y dijo este peculiar y singular personaje.

Churchill protagonizó innumerables anécdotas a lo largo de su vida. Algunas muy conocidas, otras no tanto, e incluso muchas de las que se le adjudican no son ciertas, estando englobadas en lo que se conoce como leyenda urbana; o no son del todo correctas. En este capítulo encontrará, a modo de menú degustación, un poco de todo ello.

Winston Churchill en Downing Street saludando con su famoso gesto de la V de victoria en 1943 (Imperial War Museums).

TOMANDO EL TÉ CON LADY ASTOR

Y no puedo iniciar el capítulo dedicado a las churchilladas sin nombrar una de las más conocidas y que, según los historiadores, es apócrifa y no ocurrió jamás (cabe destacar que hay quien defiende que sí que pasó, aunque cambiando algunos detalles).

Conocida era la enemistad que existía entre el primer ministro Winston Churchill y la parlamentaria Nancy Witcher Langhorne, célebremente conocida como Lady Astor. Esta fue la primera mujer que ocupó un escaño en la Cámara de los Comunes del Parlamento Británico. Según explican los relatos, en cierta ocasión, mientras ambos políticos estaban realizando una visita oficial a los duques de Marlborough, John Albert William Spencer-Churchill y Alexandra Mary Cadogan, justo en el momento en el que se sirvió el té, Lady Astor dijo a su adversario político: «Si usted fuera mi esposo, envenenaría su té», a lo que Churchill respondió: «Señora, si usted fuera mi esposa, me lo bebería». Algunos son los historiadores que apuntan que en realidad no fue el propio Churchill quien protagonizó esta anécdota sino su mejor amigo, el célebre político y aristócrata, Frederick Edwin Smith, primer conde de Birkenhead, y comúnmente conocido como FE Smith.

QUÉ CHACHI ES CHURCHILL

Curiosamente en España, y concretamente en la provincia de Cádiz, hay quien defiende que el apellido Churchill sirvió para dar origen al conocido término *chachi*, utilizado coloquialmente para indicar que alguna cosa, persona o situación es de nuestro agrado, estupenda e incluso muy buena. Por ejemplo, «este libro es chachi».

Los primeros años de la posguerra española, coincidiendo con la Segunda Guerra Mundial, fueron una época de carestía en la que el contrabando que se realizaba desde Gibraltar estaba a la orden del día. Muchos eran los productos de primera necesidad que se traían desde este territorio perteneciente al Reino Unido, siendo el primer ministro británico el mencionado Winston Churchill. Según apuntan, quienes defienden el origen gaditano del término, eran de tan buena calidad esos productos que se referían a los mismos con el apellido del mandatario inglés: Churchill, siendo pronunciado como *charchil* y que con el tiempo derivó en chachi. Eso sí, la mayoría de etimólogos consultados apuestan a que el vocablo chachi realmente proviene del término en caló *chachipé* o *chachipen* cuyo significado es «verdad» o «realidad». Parece ser que se utilizaba en expresiones como *chachi que sí*, que venía a significar «verdad que sí», «claro que sí», aunque no queda muy claro cómo acabó derivando en «estupendo» o «muy bueno».

SANGRE, SUDOR Y LÁGRIMAS

También se le atribuye a menudo al premier británico ser quien originó la famosa expresión «sangre, sudor y lágrimas», que se utiliza para señalar el enorme esfuerzo que puede haber costado la consecución de un fin. Pero ese reconocimiento no es del todo correcto, no fue Churchill quien lo pronunció por primera vez, aunque sí el que mayor repercusión tuvo, y de ahí que se le atribuya frecuentemente a él. En realidad, la primera constancia documentada que existe de la expresión aparece en la obra del poeta Lord Byron *La Edad de Bronce*, publicada en 1823. También fueron pronunciadas esas palabras por Giuseppe Garibaldi, el 2 de julio de 1849, durante la batalla que lo enfrentó al ejército francés de Napoleón III durante la defensa de la República Italiana. Otra obra literaria que la incorporó fue *Las bostonianas* de

Henry James, en 1886 e incluso hay constancia de que en 1897, el entonces secretario de la Marina estadounidense, Theodore Roosevelt, las dijo durante un discurso ante los alumnos de la academia naval.

Pero el personaje más popular en decir eso de «sangre, sudor y lágrimas» fue Winston Churchill el 13 de mayo de 1940, tres días después de haber tomado posesión como primer ministro, en un discurso que ofreció en la Cámara de los Comunes. Sus palabras exactas fueron «Nada puedo ofrecer aparte de sangre, esfuerzo, lágrimas y sudor» (*I have nothing to offer but blood, toil, tears and sweat*) y con ellas el político británico pretendía exaltar el valor de los soldados del ejército británico durante la Segunda Guerra Mundial. Eso sí, no se sabe por qué, pero el término *esfuerzo* de la expresión original que el político inglés pronunció quedó olvidada por el camino.

BURLANDO LA LEY SECA

1931 no fue un buen año para Churchill. El Gobierno conservador del que había formado parte como ministro de Hacienda fue derrotado dos años antes y desde entonces no ocupaba ningún cargo de importancia, a excepción de parlamentario por el Partido Conservador en la Cámara de los Comunes. En octubre de ese mismo año unas elecciones anticipadas dieron un triunfo ajustado a su formación política pero, debido a los delicados momentos de crisis que se vivían, se decidió que hubiera un Gobierno de concentración y el primer ministro fuese el laborista Ramsay MacDonald, quien no contó con Churchill para ningún ministerio ni cargo de relevancia.

Esto motivó que a finales de ese mismo año Winston Churchill decidiera realizar un viaje a Estados Unidos, donde aprovecharía para escribir y realizar varias conferencias a las que había sido invitado. Pero el 13 de diciembre de

O. C. PICKHARDT, M.D.
117 EAST 80TH STREET
NEW YORK

January 26, 1932.

This is to certify that the post-accident convalescence of the Hon. Winston S. Churchill necessitates the use of alcoholic spirits especially at meal times. The quantity is naturally indefinite but the minimum requirements would be 250 cubic centimeters.

Signed:-

OCP:P

OTTO C. PICKHARDT, M.D.

Receta médica para que Churchill pudiera beber alcohol durante la Ley Seca en EE.UU. (The Churchill Project).

1931, mientras estaba en Nueva York, el político británico tuvo un gravísimo percance que pudo costarle la vida.

Churchill se dirigió en taxi hasta la casa del importante e influyente financiero estadounidense Bernard Mannes Baruch, quien vivía en la Quinta Avenida, entre las calles 76 y 77. Una vez en su destino bajó por la puerta del lado del conductor, que daba al medio de la calzada. Como inglés que era, y acostumbrado al sentido de circulación en su país, miró hacia el lado contrario al que debía mirar y se puso a cruzar hacia la acera de enfrente, con tan mala suerte que fue atropellado por un automóvil conducido por un joven llamado Edward F. Cantasano. El político británico fue llevado rápidamente al hospital Lenox Hill, que se encontraba en aquella misma calle, y allí permaneció ingresado durante unos días para recuperarse, bajo la supervisión del doctor Otto C. Pickhardt, de las dos costillas rotas, una fractura en la nariz y el fuerte traumatismo en la cabeza que el atropello le había provocado. Pero Churchill, que por aquel entonces contaba con 57 años, estaba acostumbrado a ciertos placeres de los que no quería prescindir a pesar de su convalecencia: uno de ellos era la comida, el otro fumarse sus puros habanos y el tercero era tomar su correspondiente copa de vino durante las comidas.

Para las dos primeras no hubo problema alguno (recordemos que en aquella época pocos eran los médicos que prohibían fumar o comer opíparamente), pero lo que podía resultar un inconveniente era el tomar sus copitas de vino o cualquier otra bebida alcohólica debido a que estaba en vigencia en los Estados Unidos la conocida como Ley Seca. Por tal motivo, y para no tener ningún problema con las autoridades locales, Churchill pidió al doctor Pickhardt que le prescribiera la necesaria ingesta de 250 centímetros cúbicos diarios de vino con las comidas para una más rápida recuperación. Por impensable que parezca, el facultativo así lo hizo. Tras unos días ingresado en el hospital Churchill fue dado de alta y decidió ir a descansar unos días a las Bahamas antes de retomar la gira de cuarenta conferencias que debía ofrecer en varias poblaciones de los EE. UU., a partir de febrero.

UN VISITANTE INCÓMODO

Numerosos fueron los viajes que realizó Winston Churchill a los Estados Unidos, pero hay uno que fue recordado especialmente por los inquilinos de la Casa Blanca. El político británico se convirtió en una incómoda visita para el matrimonio formado por Franklin Delano y Eleanor Roosevelt.

En plena Segunda Guerra Mundial el ataque japonés a Pearl Harbor, el 7 de diciembre de 1941, fue el detonante para que los Estados Unidos entraran en el conflicto bélico. Se convocó una reunión de urgencia por parte del presidente estadounidense Franklin Delano Roosevelt con el primer ministro británico Winston Churchill, quien hasta aquel momento había sido la autoridad más relevante en la guerra por parte del bando aliado. Se fijó tal encuentro, conocido con el nombre de Conferencia Arcadia, para el 22 de diciembre de aquel mismo año y se prolongaría hasta el 14 de enero. Debido a la larga estancia de tres semanas, se habilitó una amplia ala de la Casa Blanca para alojar allí al matrimonio Churchill y todo su séquito. Una de las peticiones expresas por parte del mandatario británico fue que no faltara champán, brandy, cigarros puros y, sobre todo, botellas de whisky en su estancia. Este detalle no fue del agrado de Eleanor Roosevelt, quien a pesar de ser una mujer cordial y buena anfitriona, hubiese preferido que aquellas fechas navideñas fuesen algo más abstemias y tradicionales. Además, influía el hecho de que su hermano menor, Hall Roosevelt, había fallecido en septiembre de aquel mismo año a causa de sus problemas con el alcohol.

El matrimonio Roosevelt tenía unas costumbres muy rutinarias y llevaban una vida muy sencilla cuando no estaban de viaje y se encontraban en la Casa Blanca, cenaban ligero y se acostaban temprano, sobre todo porque al presidente le gustaba madrugar y empezar a trabajar a primerísima hora de la mañana. Eleanor tuvo desde el primer momento la percepción de que la visita de Churchill y su séquito iba a ser larga y molesta y, sobre todo, en unas fechas tan señaladas como eran las navidades, las cuales prefería celebrar de manera recogida y religiosa. Tenía la completa convicción de que el primer ministro británico trastocaría por completo los horarios y rutinas de su esposo. La intuición de la primera dama no falló. No satisfechos con las largas reuniones políticas que mantenían el líder norteamericano y su homólogo inglés, seguían hablando hasta horas intempestivas, en las que Churchill bebía y fumaba de manera descontrolada, además de tener la molesta costumbre de pasearse de madrugada, cuando el resto de los huéspedes ya estaban acostados, por las diferentes dependencias de la Casa Blanca, entrando en despachos, alcobas o aquellas estancias que llamaban su atención.

Pero la gota que colmó el vaso de la paciencia de Eleanor se produjo la noche en la que Winston Churchill, ataviado con su pijama y un puro en mano, entró a las tres de la madrugada en el dormitorio del matrimonio Roosevelt porque quería seguir hablando con Franklin. El enfado de la primera dama fue tal que convenció a su esposo para que, en un futuro, se habilitara otra residencia en la que alojar a los invitados oficiales. Tras la marcha de Churchill el 14 de enero de 1942, Eleanor se puso manos a la obra en la busca de un lugar adecuado donde alojar a partir de entonces a los ilustres huéspedes. El lugar escogido fue un edificio muy cercano a la Casa Blanca, conocido como Blair House, que en alguna ocasión había servido para alojar a los nuevos presidentes de Estados Unidos la noche antes de su toma de posesión o cuando habían realizado obras en la Casa Blanca. Tras casi un año de negociaciones, el 20 de febrero de 1943, el edificio Blair House pasaba a ser propiedad del Departamento de Estado de EE. UU. por el módico precio de 175 000 dólares. Tras una importante reforma (se compraron posteriormente los edificios colindantes para ampliarlo), aquel lugar se convirtió en la residencia oficial para los invitados ilustres del presidente y la primera dama.

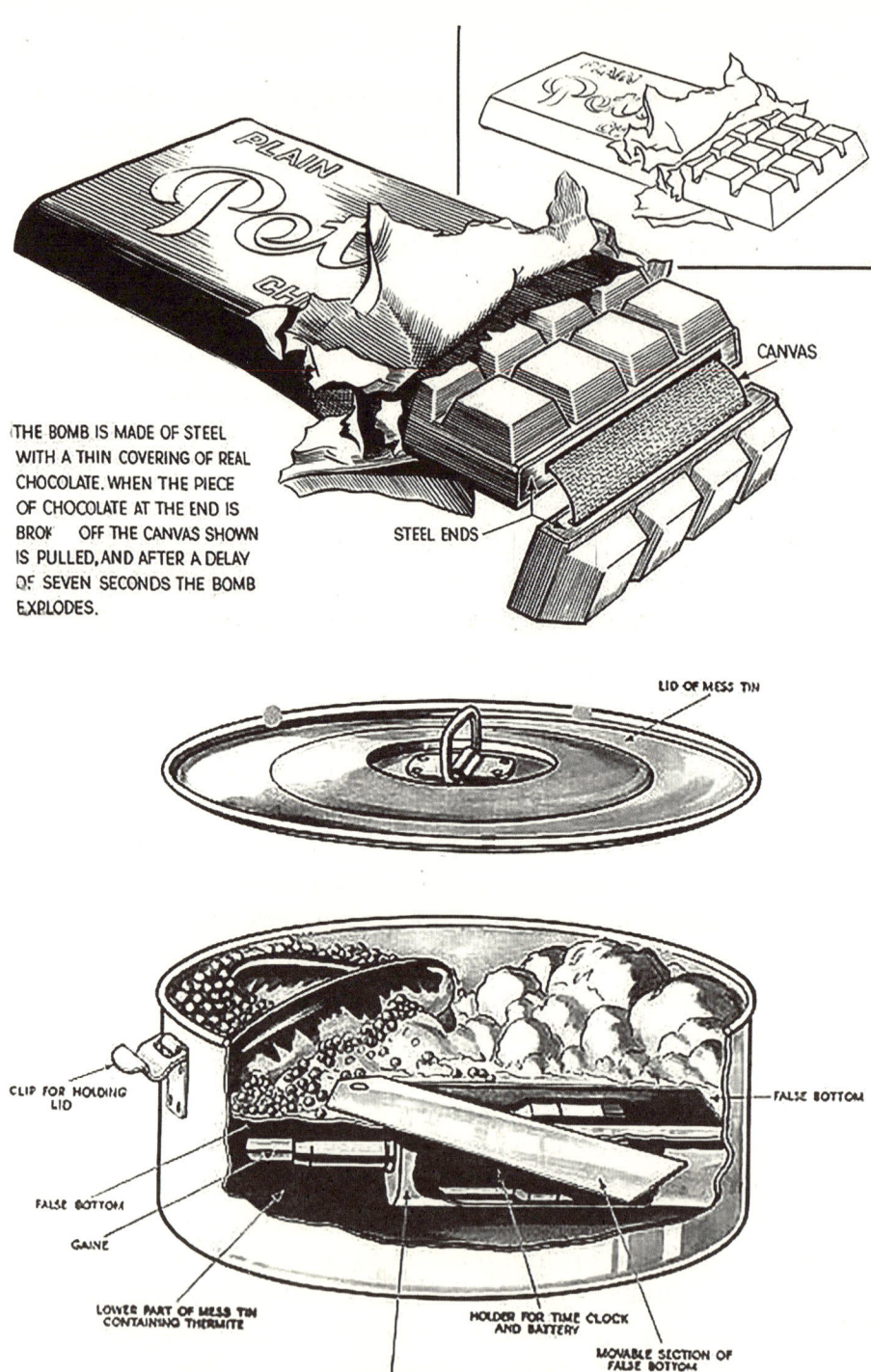

Los saboteadores alemanes diseñaron trampas explosivas, camufladas como tabletas de chocolate y ollas con alimentos, durante la Segunda Guerra Mundial (National Archives/SWNS).

ARRIESGADA GLOTONERÍA

Durante la Segunda Guerra Mundial varias fueron las veces en las que la Alemania nazi puso su punto de mira sobre Churchill para acabar con su vida. Fue prácticamente una obsesión para Adolf Hitler. Se probaron varias maneras para asesinarlo, pero todas fallaron. Me gustaría destacar una que llama la atención por lo bien tramado que estuvo el plan y cómo la gran eficacia del servicio de inteligencia británico, MI5, pudo abortar el complot.

Debemos situarnos en 1943. La Segunda Guerra Mundial está en un punto en el que su triunfo se puede decantar para cualquiera de los dos bandos: las potencias del Eje, con el Tercer Reich alemán al frente, y los Aliados liderados por los británicos. De sobra conocida era la afición del premier británico a comer, beber y fumar desmesuradamente. Y fue precisamente su glotonería hacia el chocolate negro lo que llegó a poner en peligro su vida. En las reuniones que Churchill organizaba para intercambiar información con su equipo de Gobierno, y que se celebraban en el comedor de su propio domicilio, en el número 10 de Downing Street de Londres, nunca faltaban unas ricas tabletas de chocolate. Conocedores de ello, los alemanes urdieron un casi perfecto y estratégico plan: elaborar tabletas de la marca Peter's chocolate, la predilecta del primer ministro, que en realidad contenían en su interior potentes explosivos recubiertos.

El interior de la tableta contenía un mecanismo que se accionaba tal y como se partía una de las onzas de chocolate y provocaba una explosión siete segundos después, y la onda expansiva alcanzaría a todo aquel que se encontrara a varios metros. Las tabletas iban convenientemente envueltas con la elegante etiqueta negra y las letras doradas que caracterizaba a la famosa marca de chocolates. Pero la pericia del servicio de seguridad descubrió la maquinación e interceptó el chocolate explosivo.

Artículo sobre el «sarcófago» de Churchill (*Life*, 10 de febrero de 1947).

CÁPSULA AÉREA

Durante los años en los que tuvo lugar la Segunda Guerra Mundial la salud de Churchill se mermó de una manera considerable. El ataque cardiaco que sufrió en 1941, junto a la bronconeumonía que le afectó dos años después, no eran más que una consecuencia directa del estresante estilo de vida que llevó durante aquel periodo de tiempo, en el que no dormía más allá de cuatro horas seguidas, siempre andaba con un cigarro puro en la boca y tenía una desmesurada glotonería. Estaba a punto de cumplir los 70 años y su apretadísima agenda como primer ministro, además de los consiguientes quebraderos de cabeza provocados por los acontecimientos bélicos que se estaban viviendo, provocaban que día a día su estado de salud fuese a peor. Tras numerosos chequeos, su médico personal, Charles McMoran Wilson, determinó que, a todos sus malos hábitos, había que sumarle otro factor de riesgo: los múltiples viajes en avión que estaba realizando. Muchos eran los días que pasaba más horas viajando por el aire que con los pies en tierra. Pero el riesgo no venía ante un hipotético accidente o atentado aéreo, sino por la altitud en la que volaban los aviones, que superaban los 8 000 pies de altura, cuando lo recomendable para la salud coronaria del primer ministro era no pasar de los 5000.

Para ello se diseñó una cápsula que preservaría la presurización, algo que todavía no estaba desarrollado totalmente en los aviones que se fabricaban en aquella época. Era una especie de sarcófago aéreo que iba equipado con todo tipo de comodidades en el que Churchill viajaría tumbado y con suficiente espacio para poder girarse y no padecer claustrofobia, además de ocho ventanas desde las que podría ver el exterior. También disponía de un teléfono y un sofisticado sistema de ventilación interno que permitía fumar sin que el humo se convirtiera en un inconveniente.

En 1943 estaba listo para ser instalado en el flamante y recién estrenado avión Avro 685 York LV633 Ascalon, que se iba a convertir en el transporte aéreo personal del primer ministro. Pero se encontraron con un problema a la hora de instalarlo en el cuatrimotor: el sarcófago aéreo no cabía por la puerta, por lo que había que desmontar parte del fuselaje del avión para poder introducirlo. Esto hizo que se desestimara montar ahí la cápsula, a la espera de otras alternativas. Tras diferentes búsquedas de opciones donde colocar el sarcófago, se pensó en un moderno Douglas C-54 Skymaster norteamericano, el mismo que se utilizaba para trasladar al presidente de los EE. UU. Franklin D. Roosevelt. Este avión iba equipado con todo tipo de comodidades, e incluso algunas excentricidades solicitadas por el propio Churchill: un retrete con calefacción eléctrica incorporada o ceniceros especialmente diseñados para sus cigarros puros. Pero nuevamente se encontraban con otro problema respecto a la cápsula, ya que tenía un peso muy superior al que podía asumir el propio avión, por lo que nuevamente se descartó y el artefacto que debía ayudar a proteger la salud del primer ministro británico quedó finalmente en el olvido y sin ser ni tan siquiera estrenado. No fue hasta 1947 cuando se tuvo conocimiento público del mencionado sarcófago. Fue la revista *Life* la que publicó un artículo, el 10 de febrero, en el que aparecía la cápsula. Fue la única ocasión en la que se mostró públicamente y, por tanto, la única fotografía existente.

Winston Churchill fotografiado en 1941 por Yousuf Karsh. La fotografía de la izquierda fue publicada por la revista *Life* y se hizo inmensamente famosa.

UNA ICÓNICA IMAGEN

Y precisamente fue en esta prestigiosa revista donde se hizo mundialmente famosa una de las fotografías más icónicas que Winston Churchill se tomó a lo largo de su vida. Se trata de la que realizó el 30 de diciembre de 1941, el fotógrafo armenio, nacionalizado canadiense, Yousuf Karsh. En ella aparece el primer ministro británico de pie, apoyando la mano derecha sobre el respaldo de una silla y la izquierda en su espalda, a la altura de las lumbares, en una pose muy característica del político. En esa fotografía se puede apreciar a Churchill con un semblante serio, pero destaca, sobre todo, que tiene el ceño fruncido, por lo que se nota que el premier no estaba demasiado cómodo mientras posaba para la instantánea.

Aquel día Churchill acababa de ofrecer un discurso ante los parlamentarios de la Cámara de los Comunes de Canadá y se encontraba bastante cansado, pero aun así decidió conceder dos únicos minutos de su tiempo a Karsh, quien había preparado todo el equipo fotográfico y de iluminación durante la noche anterior. Pero la culpa del semblante serio en la mencionada fotografía no la tuvo el cansancio, sino que fue provocado por el propio fotógrafo, quien en el momento justo de ir a disparar se percató que el primer ministro tenía un puro en la boca que se acababa de encender, por lo que decidió acercarse a él y con mucha educación se lo quitó mientras le pedía disculpas por ello.

Cuando volvió a la cámara vio cómo el semblante del político era de enojo y, sin pensárselo dos veces, decidió disparar una fotografía. Acto seguido Churchill le pidió a Karsh que le tomase otra foto, cosa que el fotógrafo hizo encantado. En ella el político salió en una pose relajada y luciendo la mejor de sus sonrisas. Pero curiosamente fue la fotografía del ceño fruncido la que escogió la prestigiosa revista *Life* para ilustrar su portada del 21 de mayo de 1945.

Harry S. Truman fotografiado en 1941 por Yousuf Karsh.

TELÓN DE ACERO

Tras ser derrotado en las urnas, en julio de 1945, y dejar el cargo de primer ministro del Reino Unido, Winston Churchill se dedicó a viajar a varias capitales de Europa y Estados Unidos, donde ofrecía elocuentes discursos en los que hacía profundas y sabias reflexiones sobre la situación política del planeta. El 5 de marzo de 1946, invitado personalmente por el presidente de los Estados Unidos, Harry S. Truman, brindó ante los asistentes del Westminster College de Fulton (Missouri) una de sus alocuciones más brillantes y recordadas. Había acudido hasta allí para hablar sobre el peligro que suponía para el planeta el comunismo soviético, criticando la política de Iósif Stalin, quien había sido aliado de los británicos y estadounidenses durante la Segunda Guerra Mundial, finalizada apenas medio año antes. Ante un aforo expectante hacia su discurso, el ex primer ministro inició la conferencia elogiando el fundamental papel político de los EE. UU. e insistió en la necesidad de seguir colaborando conjuntamente ambas naciones con el fin de evitar la expansión de la Unión Soviética.

Fue entonces cuando utilizó el término *iron curtain*, literalmente traducido como «cortina de hierro» aunque en español se popularizó como «telón de acero», al introducirla en la siguiente frase: «Desde Stettin, en el Báltico, a Trieste, en el Adriático, ha caído sobre el continente un telón de acero» (*From Stettin in the Baltic to Trieste in the Adriatic an iron curtain has descended across the Continent*).

Pocas horas después los medios de comunicación hacían referencia a la expresión, que se convirtió a partir de entonces en el término por antonomasia más utilizado para referirse a la frontera ideológica que separó los dos grandes bloques durante la Guerra Fría. Pero el término, a pesar de haberse hecho tan popular, en realidad no era invención del estadista británico, sino que otros la habían pronunciado mucho antes que él. Sucedía algo muy similar a lo que le había ocurrido en mayo de 1940 con su famosa frase «sangre, sudor y lágrimas».

La primera referencia al telón de acero, con el sentido que se le da de frontera ideológica entre el comunismo y el capitalismo, la encontramos en 1918, en la obra *Apocalipsis de nuestros tiempo*» del escritor ruso Vasily Rozanov. Antes que Rozanov también consta que había sido utilizada en un par de ocasiones, pero estas con un sentido muy diferente: en 1895 en la novela *Los tres impostores*, del británico Arthur Machen. También en 1914 fue pronunciada por la reina Elisabeth de Bélgica, que hizo un símil a la situación política que existía en aquel momento entre Bélgica y el imperio alemán. Pero fue tras la aparición en el libro de Vasily Rozanov cuando se popularizó en la URSS, siendo utilizada a partir de entonces con asiduidad en múltiples artículos de carácter político en la prensa soviética.

El libro de Rozanov se tradujo al inglés en 1920 y ese mismo año la activista británica Ethel Snowden introducía el término *iron curtain* en su libro *A través de la Rusia bolchevique*. A partir de ahí numerosísimas son las referencias al término, encontrándonos que a lo largo de las siguientes dos décadas fueron docenas las veces en las que alguien la mencionó en alguna obra literaria, artículo periodístico o discurso. Sorprendente también es el hecho de que en mayo de 1943, en la revista propagandística de la Wehrmacht *Signal*, el ministro para la Ilustración Pública y Propaganda de la Alemania nazi, Joseph Goebbels, titulase un artículo de su autoría como «Detrás de la cortina de hierro». No se sabe a ciencia cierta de cuál de las múltiples referencias tomó prestado Churchill la expresión, pero lo que sí que es seguro es que fue gracias a pronunciarla él en su discurso en el Westminster College donde se popularizó definitiva y mundialmente.

X. AMERICANADAS

Numerosísimos serían los personajes políticos estadounidenses y las anécdotas que han protagonizado, a lo largo de los últimos dos siglos y medio, que merecerían un capítulo para cada uno de ellos, pero ante la imposibilidad de añadirlos todos, me he decantado por hacer una selección de unos cuantos curiosos episodios que abarca desde los tiempos de la Guerra de Independencia y el nacimiento de los Estados Unidos, tal y lo conocemos actualmente, hasta prácticamente nuestro días. Pero permítame, estimado lector, que no lo haga de una forma cronológica.

EL ESPAÑOL QUE PUSO LA PRIMERA PIEDRA

Uno de los mayores símbolos políticos que tienen los estadounidenses es la residencia presidencial, conocida como Casa Blanca, y que al mismo tiempo es el lugar de trabajo y reuniones del máximo mandatario del país. Muchas son las curiosidades que ha habido alrededor de ella a lo largo de los años, desde que se empezó su construcción el 12 de octubre de 1792, coincidiendo con el 300 aniversario del descubrimiento del continente americano por parte de Cristóbal Colón, en el 1600 de Pennsylvania Avenue de Washington DC. La capital se había llamado originalmente Georgetown hasta que el 9 de septiembre de 1789 pasó a llamarse

Washington Distrito Columbia. Y fue precisamente el primer presidente de los Estados Unidos, George Washington, quien escogió dónde debería construirse la nueva capital del país y en qué lugar, levantarse la residencia presidencial; aunque él no llegó a ocuparla, debido a que terminó su mandato en 1797, tres años antes de finalizar las obras. Entre los datos curiosos alrededor de su construcción está el hecho de que fue precisamente un español, nacido en Navarra sobre 1766, quien colocó la primera piedra: Pedro Casanave.

Peter Casanave, como posteriormente llegaría a ser conocido, fue nombrado alcalde de Georgetown. Entre los muchos méritos que logró dentro de la sociedad de la nueva capital de los Estados Unidos está que fue la persona encargada de dirigir los trabajos de construcción de la Casa blanca, que inicialmente fue bautizada como Casa Presidencial, además de colocar la piedra angular. Bajo esa primera piedra colocada por Casanave se puso una placa de bronce en la que se podía leer: «Esta primera piedra de la Casa Presidencial se colocó el día 12 de octubre 1792, y en el decimoséptimo año de la independencia de los Estados Unidos de América».

EL HOMBRE QUE JAMÁS SONREÍA

George Washington, además de ser el primer presidente de los Estados Unidos y uno de los padres fundadores de la patria, también será recordado como «el hombre que no sonreía nunca». Infinidad son los retratos que existen de él (muchos pintados en su propia época) y en todos aparece con un semblante serio. Pero esa fama de ser un hombre que jamás sonreía en público no la había adquirido a raíz de su carácter apático y contundente que tantas biografías sobre su figura señalan que tenía, sino que la mayoría de historiadores coinciden en asegurar que se trataba más de una cuestión estética y no del mal humor que solía caracterizarle.

Washington padeció desde bien joven de problemas bucales y a partir de los 22 años empezó a perder piezas dentales. Llegó a los 56 años, con los que fue nombrado presidente, con tan solo un diente, por lo que tuvo que utilizar dentadura postiza. Esta le causaba grandes dolores y además le deformaba la mandíbula. A lo largo de muchísimo tiempo corrió como la pólvora una leyenda urbana que aseguraba que la dentadura postiza utilizada por el padre de la patria había sido realizada de madera, motivo por el que se estuvo avergonzando y por el que no abría nunca la boca en público. Varias fueron las dentaduras postizas que le hicieron, pero ninguna estaba hecha de madera, como decía la creencia popular. Las había de metal y dientes de diferentes animales, pero la más famosa era de marfil de hipopótamo, obra del Dr. John Greenwood. En ella había un agujero por la que asomaba el único diente que le quedaba (el canino inferior izquierdo). Las piezas dentales de la prótesis la componían los dientes de distintos animales como vacas, caballos o burros, pero también de dientes humanos. Según consta en un libro de cuentas de 1784, George Washington pagó 122 chelines por nueve dientes que pertenecían a esclavos que trabajaban en Mount Vernon, la plantación de su propiedad. Actualmente, en el Museo Nacional de Odontología Dr. Samuel D. Harris, en Baltimore, se exponen varias de las dentaduras postizas que llevó a lo largo de su vida uno de los más importantes personajes históricos de los Estados Unidos, quien, a pesar de tan insigne puesto, no pudo esbozar ni una tímida sonrisa en público por culpa del terrible dolor que le ocasionaba la prótesis y la vergüenza que llegó a sentir por el hecho de llevarla.

PREDICANDO CON EL EJEMPLO

Siguiendo en la Casa Blanca, pero avanzando hacia adelante un siglo y medio, nos encontramos con Woodrow Wilson, vigesimoctavo presidente de los Estados Unidos entre 1913 y 1921. Junto a su esposa Edith Bolling y sus tres hijas, predicaron con el ejemplo y aplicaron para sí mismos y su forma de vivir las mismas leyes restrictivas que el mandatario había ordenado poner en marcha tras la entrada del país en la Primera Guerra Mundial.

En 1917 Wilson pidió un esfuerzo extraordinario a los norteamericanos para contribuir a que la economía del país no se hundiera e instó a todos los ciudadanos a realizar pequeños gestos de austeridad y altruismo. Entre las peticiones estaba no consumir carne ni trigo para que estos alimentos fuesen reservados y destinados a la las tropas que estaban dando su vida por la nación. Todos los miembros de la familia Wilson fueron los primeros que dieron ejemplo instalando un huerto en los jardines de la Casa Blanca en el que cosecharon verduras y hortalizas con las que se alimentaban. También se llevó un rebaño de 48 ovejas, que por allí pastaron con el fin de comerse toda la hierba que crecía alrede-

Ovejas pastando en los jardines de la Casa Blanca durante la Primera Guerra Mundial (Library of Congress).

dor de la residencia presidencial y así ahorrar dinero al erario con el coste que representaría contratar operarios que lo realizasen. Según datos que facilitó la presidencia norteamericana, tras finalizar la Primera Guerra Mundial, el ahorro obtenido gracias a las ovejas fue de 52 823 dólares, teniendo en cuenta que se trataba de hace un siglo. También se donó todos los beneficios de la venta de la leche y la lana, que fueron a parar a la Cruz Roja.

La señora Wilson por su parte también organizó varios actos públicos en los que reunió en la escalinata principal de la Casa Blanca a un puñado de célebres artistas del Hollywood de la época como Charlie Chaplin, Mary Pickford, Marie Dressler o Douglas Fairbanks, en los que se recaudaron importantes donaciones a través de subastas solidarias. Un distintivo de color rojo, blanco y azul se colocó en una de las ventanas de la residencia presidencial, lo que indicaba que los Wilson no consumían ni carne ni trigo, toda una serie de medidas que fueron del agrado de la inmensa mayoría de ciudadanos norteamericanos, que estaban pasando penurias y veían cómo su país se había involucrado en una guerra. De este modo, la Casa Blanca simbolizó el esfuerzo que había que hacer en cada una de las casas de los estadounidenses, un esfuerzo colectivo que ayudaría a salir del grave bache económico por el que atravesaba la nación y que sería un impulso para ayudar a ganar la Gran Guerra.

HARRISON EL BREVE

Henry Harrison fue el noveno en ocupar el cargo de presidente y el que ostenta el *record* de haber sido el que menos tiempo lo ha hecho: un mes. Tomó posesión una fría mañana de invierno del 4 de marzo 1841 (hasta 1933 el juramento se realizaba en esa fecha y a partir de ese año se trasladó al 20 de enero, tal y como se hace en la actualidad).

El acto de juramento, como era costumbre, se realizó a la intemperie. Harrison, de 68 años, acudió poco abrigado, sin guantes ni bufanda. Cabe destacar que el discurso inaugural que pronunció está considerado como el más largo de todas las tomas de posesión de la Historia estadounidense. A consecuencia de ello cogió un resfriado que, a lo largo de los siguientes días, fue empeorando y acabó convirtiéndose en una neumonía que le provocó la muerte el 4 de abril de 1841, tan solo un mes después de su toma de posesión.

MARCHA REIVINDICATIVA HACIA WASHINGTON

El 1 de mayo de 1944, Jacob S. Coxey, con 90 años recién cumplidos, se situaba en la escalinata del edificio del Congreso de los Estados Unidos en Washington y pronunciaba un discurso escrito cincuenta años antes, pero que, medio siglo atrás, le habían impedido leer. A finales del siglo XIX, Coxey había destacado por ser un rico hombre de negocios y aspirante a la alcaldía de Massillon, una pequeña ciudad ubicada en el condado de Stark, perteneciente al estado de Ohio, aquejada por la grave crisis económica que azotaba el país a principios de la década de 1890. Tres años después centenares eran las huelgas y manifestaciones que se convocaban en todos los rincones de EE. UU. como protesta de la acuciante crisis, en las que se reclamaba algún tipo de solución. Jacob S. Coxey veía cómo miles de vecinos estaban pasando por verdaderos apuros económicos por tal motivo y, aunque él tenía empleado a un buen número de trabajadores, le era imposible poder dar trabajo a todos, por lo que pensó en alguna solución para tal problema.

Las infraestructuras de comunicación terrestre que había en el país eran pésimas, lo que le dio una idea para crear un plan en el que el Gobierno podría poner en marcha una serie de iniciativas con las que construir líneas ferroviarias y carreteras, mejorar las existentes y dar trabajo a cientos de miles de estadounidenses que vivían por debajo del umbral de la pobreza. Tras redactar todos los puntos, en los que se incluía el modo de financiación y ejecución de las obras, convocó una marcha cuyo destino sería el Capitolio de Washington, con el propósito de leer un discurso y entregar la propuesta a los representantes políticos de la nación. La idea era que desde cada Estado saliese una comitiva de manifestantes y llegasen todos a la capital del país, donde el 1 de mayo, coincidiendo con el Día internacional del Trabajador, pronunciaría un discurso y entregaría la propuesta, todo dentro de un ambiente reivindicativo pero cordial.

La convocatoria fue todo un éxito. El grupo que él encabezaba salió de Massillon el domingo 25 de marzo de 1894. Por delante quedaban centenares de kilómetros de camino que hacer andando y algo más de un mes para recorrerlo. Durante los primeros días miles fueron las personas que se unieron a la marcha bautizada como «el ejército de Coxey», alcanzando los cien mil (algunas crónicas llegaron a doblar dicha cifra), pero la verdad es que cuando Jacob S. Coxey llegaba a Washington tan solo lo acompañaban quinientas personas, muy lejos de los miles que en algún momento se unieron al recorrido de la marcha.

Sin embargo, las autoridades de la capital, que ya estaban avisadas de la llegada del grupo de desempleados y manifestantes encabezados por Coxey, aguardaban con un millar de policías preparados para dispersar al grupo y con órdenes específicas de impedir la llegada de Jacob S. Coxey hasta el Capitolio. El líder del ejército ciudadano, junto a los cabecillas del grupo, fueron detenidos, pero asombrosamente el motivo por el que se les encerró y se les impuso una multa de cinco dólares por cabeza fue por pisar el césped del Capitolio.

Coxey se quedó con las ganas de poder leer su discurso y presentar su propuesta a los representantes políticos, por lo que en los siguientes años intentó meterse en política y tener un acceso directo a todos ellos, aunque una vez tras otra fracasaba en su empeño. En 1914, veinte años después de la primera marcha del ejército de Coxey, organizó una nueva expedición de voluntarios hacia el mismo destino y con el mismo objetivo.

Esa vez, aunque no había tenido el mismo éxito de convocatoria que la primera, sí que se le permitió leer su discurso desde las escalinatas y entregar la propuesta, la cual fue estudiada, debatida y rechazada por la mayoría de los congresistas.

El 1 de mayo de 1944, coincidiendo con el cincuenta aniversario de la primera marcha del ejército de Coxey, volvió hasta allí para leerlo de nuevo. A pesar de su avanzada edad y su delicado estado de salud lo hizo con total normalidad, aunque enormemente emocionado. Años después, algunos de los puntos incluidos en la propuesta de Coxey fueron aprobados y aplicados, aunque él no pudo verlo en vida debido a que falleció el 18 mayo 1951 a la edad de 97 años.

Estatua conmemorativa del encuentro entre Grace Bedell y Abraham Lincoln, Westfield, Nueva York (National Parks Service).

CON FALDAS Y A LO LOCO

Tras haber ganado las elecciones celebradas el 6 de noviembre de 1860 y antes de tomar posesión el 4 de marzo, el decimosexto presidente de los EE. UU., Abraham Lincoln, decidió realizar una gira de agradecimiento por varios Estados. Fue un viaje realizado en tren y en el que le acompañaba un importante séquito. Contaba con la inestimable colaboración del detective Allan Pinkerton, quien se encargaba de su seguridad. Pinkerton averiguó que alguien querría atentar contra Lincoln a su llegada a Baltimore, por lo que, tras informarle, se decidió que este se apeara del tren en el que realizó la gira en la estación de Harrisburg, una antes de llegar a Baltimore. Lo curioso del asunto es que para que nadie supiera que se trataba de Lincoln lo disfrazaron con ropa de mujer e hicieron que tomase el siguiente tren acompañado por miembros de su seguridad personal. Llegó a su destino sano y salvo.

MEJOR CON BARBA

Una de las curiosidades de esa gira de agradecimiento que realizó Lincoln por los Estados Unidos fue que el flamante presidente lucía una barba que hasta entonces no había llevado. El motivo de dejarse crecer el vello facial, que acabó convirtiéndose en una de sus características personales, fue la carta que había recibido unos meses antes de una niña de doce años llamada Grace Bedell, quien instaba al candidato del Partido Republicano a dejarse la barba, pues la pequeña había observado, en unos de los carteles de la campaña electoral, que Abraham Lincoln tenía la fracciones de la cara muy alargadas y delgadas y que le favorecería el dejarse crecer la barba.

Por raro que suene, el ya presidente hizo caso a los consejos de la niña e incluso tuvo el detalle, además de contestar la carta, de reunirse personalmente con ella cuando el tren en el que viajaba realizando la gira pasó por la población Westfield, en el Estado de Nueva York, donde residía Grace. De tal emotivo encuentro llegó a erigirse un monumento en el centro de la localidad.

EL PRESIDENTE QUE DEBÍA SENTAR LA CABEZA

Grover Cleveland fue el vigesimosegundo y el vigesimocuarto presidente de los Estados Unidos, debido a que realizó ocho años de mandato en dos legislaturas no consecutivas: 1885-1889 y 1893-1897. Se convirtió en el único de la Historia de los EE. UU. en hacerlo de tal modo. Cuando tomó posesión la primera vez lo hizo siendo soltero. Cleveland era conocido por ser un juerguista empedernido. Muchas fueron las juergas que se corrió y las amantes ocasionales con las que tuvo algún tipo de relación esporádica. Durante su primer año de presidencia fue su hermana Rose quien realizó las tareas de primera dama, pero varios fueron los escándalos y líos de faldas del presidente que saltaron a la prensa. Por tal motivo le convencieron de la necesidad y conveniencia de contraer matrimonio y sentar la cabeza.

Un hecho acontecido en 1874 había salido a la luz y tuvo que acallar toda la basura que la prensa afín al Partido Republicano vertía sobre él. Se trataba de la denuncia presentada por Maria Crofts Halpin, una examante de Grover que declaraba tener un hijo fruto de una relación no consentida. Con el fin de mejorar la imagen del presidente y que los ciudadanos vieran que se había convertido en un hombre serio y familiar, sus asesores diseñaron una campaña que empezó por encontrar la candidata idónea con la que emparejarlo. Mientras le buscaban pareja llegó a visitarlo a Washington Frances Folsom, una joven estudiante que resultaba ser la hija de Oscar Folsom, el mejor amigo y socio en el bufete de abogados de Cleveland.

Desde el fallecimiento de su amigo, a causa de un accidente en 1875, Grover se había hecho cargo de la pequeña huérfana de once años, proporcionándole todo lo que le había hecho falta durante toda aquella década y pagándole los estudios. Era como una hija para él, pero parece ser que tras hacerse toda una mujer vio en ella algo más que a la desvalida huérfana que había ayudado a crecer. Durante un año intercambiaron correspondencia, le envió regalos e incluso le propuso matrimonio a través de una carta. Proposición que aceptó.

El 2 de junio de 1886, en la conocida como Sala Azul de la Casa Blanca, Grover, de 49 años, y Frances, con 21, contraían matrimonio. Es el único enlace que se ha celebrado en la residencia presidencial. Además, la muchacha pasó a ocupar el puesto de primera dama, convirtiéndose en la más joven de toda la Historia de los Estados Unidos, un *récord* que todavía ostenta. Como esposa supo darle al presidente la estabilidad y serenidad que necesitaba. Muchos fueron quienes utilizaron el término *domesticar*, para referirse a cómo consiguió quitarle todos los vicios y malos hábitos que tenía. En 1889, tras finalizar su primer mandato, Grover Cleveland no consiguió ser reelegido, pero volvió a intentarlo cuatro años más tarde. Entonces sí ganó las elecciones y tuvo un segundo periodo presidencial. Numerosas son las crónicas que explican la trascendente labor de Frances durante la campaña electoral de 1892 y cómo fue decisiva su participación en la misma para la obtención del triunfo de su esposo.

UN PAÍS EN MANOS DE UNA ASTRÓLOGA

Ronald Reagan fue elegido cuadragésimo presidente de los EE. UU. cuando estaba a punto de cumplir los 70 años, convirtiéndose en el de mayor edad en acceder al cargo. También cuenta con el privilegio de haber sido el candidato que más votos consiguió, tanto populares como electorales, ganando en 49 de los 50 Estados. Richard Nixon en 1972 también ganó en 49 Estados, pero obtuvo menos votos electorales. Otra de las peculiaridades que llevó a Reagan a la presidencia de los Estados Unidos es haber sido el primer presidente de esa nación en estar divorciado y casado de nuevo. Su primera esposa fue la famosa actriz Jane Wyman y la segunda Nancy Davis. Sí que hubo otros presidentes casados en segundas nupcias, pero lo hicieron tras haber enviudado, no divorciados.

Nancy era supersticiosa hasta niveles insospechados y era muy común que fuese a visitar con asiduidad a algunos videntes que le vaticinaban cuáles eran los mejores días y decisiones que debía tomar su esposo, en la época en que ocupaba el cargo de gobernador de California. Todo aquello que le decían los adivinos se lo transmitía a su esposo y este obraba en consecuencia. A mediados de la década de 1970, la señora Reagan fue invitada a un programa de televisión en el que conoció a la astróloga Joan Quigley. A partir de entonces les unió una fuerte amistad y desde aquel instante se convirtió en su única vidente de cabecera.

Tras el triunfo de Ronald Reagan en las elecciones presidenciales, sus asesores políticos advirtieron al presidente de la inconveniencia de vincular su imagen y, sobre todo, la gestión presidencial, a una adivina, motivo por el que Reagan se comprometió a que no tomaría decisiones fuera de su equipo de trabajo. Y así comenzó su mandato tras tomar posesión del cargo el 20 de enero de 1981. Pero el 31 de marzo de aquel mismo año, cuando salía de ofrecer una conferencia en el Washington Hilton Hotel, fue víctima de un atentado. John Hinckley disparó seis veces contra Reagan y una de las balas fue a parar al pulmón del presidente. Pero lo curioso del caso es que Nancy estaba convencida de que su esposo se había salvado gracias a un ritual que tiempo atrás había realizado un grupo de videntes, antes de conocer a Joan Quigley, debido a su creencia en una supuesta maldición que el indio nativo Tenskwatawa había lanzado en 1836 contra los presidentes de los EE. UU., en la que pronosticaba que morirían todos aquellos máximos dirigentes norteamericanos que ganasen las elecciones en un año acabado en cero.

Tras el atentado la enfermiza superstición de Nancy fue a más y en una conversación con su amiga Joan Quigley le preguntó a esta si ella hubiese podido predecirlo y evitarlo. La astróloga, como es de suponer, respondió afirmativamente. Así fue como de la noche a la mañana la vidente se convirtió en la astróloga de cabecera no solo de la primera dama sino también del propio presidente, por la nada despreciable cifra de tres mil dólares mensuales. Nancy se encargaba de consultar continuamente a la astróloga y comunicaba sus predicciones a su esposo. Este, cada vez que tenía algún asunto importante por resolver le preguntaba a su esposa: «¿Qué dice Joan?» («*What does Joan say?*"). Las predicciones de la astrologa cambiaron agendas, reuniones, días en los que debía viajar el presidente y numerosísimos actos de Estado de vital importancia para la nación. Todo ello llevado con un escrupuloso secreto para que no llegase a oídos de la prensa y la opinión pública.

Tras la destitución, en febrero de 1987, de Donald Regan, mano derecha del presidente y jefe de gabinete de la Casa Blanca durante gran parte de sus dos mandatos, este decidió publicar un libro de memorias en los que revelaba cómo las decisiones más importantes del matrimonio Reagan estuvieron influenciadas por Quigley. Pero el tema no se convirtió en un escándalo ni creó ningún tipo de crisis en el gabinete presidencial, todo lo contrario, a la sociedad norteamericana le divirtió saber del tema e incluso se frivolizó sobre ello. Por su parte, Nancy negó igualmente tales afirmaciones. La aparición en 1990 de un libro escrito por Joan Quigley, en el que confirmaba lo explicado por el jefe de gabinete, una vez que el matrimonio Reagan ya no ocupaba la Casa Blanca, volvió a poner en boca de la prensa el tema. Curiosamente tituló su libro *¿Qué dice Joan? Mis siete años como astróloga de Nancy y Ronald Reagan en la Casa Blanca*. Esta imprudencia de la astróloga le costó enemistarse con el matrimonio Reagan, quienes le habían pedido que guardase el secreto sobre todo lo acontecido durante los años en los que colaboraron estrechamente en la Casa Blanca. Asombrosamente, la importancia del asunto no levantó demasiadas ampollas ni se pidieron responsabilidades, y el tema se quedó en el olvido al poco tiempo.

ACTS OF THE TWENTY-EIGHTH CONGRESS

OF THE

UNITED STATES,

Passed at the second session, which was begun and held at the City of Washington, in the district of Columbia, on Monday, the 2d day of December, 1844, and ended the 3d day of March, 1845.

JOHN TYLER, President of the United States. WILLIE P. MANGUM, President of the Senate, pro tempore. JOHN W. JONES, Speaker of the House of Representatives.

STATUTE II.

CHAP. I.—*An Act to establish a uniform time for holding elections for electors of President and Vice President in all the States of the Union.*(a) — Jan. 23, 1845.

Be it enacted by the Senate and House of Representatives of the United States of America in Congress assembled, That the electors of President and Vice President shall be appointed in each State on the Tuesday next after the first Monday in the month of November of the year in which they are to be appointed: *Provided*, That each State may by law provide for the filling of any vacancy or vacancies which may occur in its college of electors when such college meets to give its electoral vote: *And provided, also*, when any State shall have held an election for the purpose of choosing electors, and shall fail to make a choice on the day aforesaid, then the electors may be appointed on a subsequent day in such manner as the State shall by law provide.

APPROVED, January 23, 1845.

Election day fixed.

Vacancies.

In case of no election.

STATUTE II.

CHAP. II.—*An Act to correct a clerical error in the act supplementary to an act to regulate arrests on mesne process in the District of Columbia, and to amend the title thereof.* — Feb. 4, 1845.

Be it enacted by the Senate and House of Representatives of the United States of America in Congress assembled, That the act entitled "An act supplementary to an act entitled 'An act to regulate arrests on mesne process in the District of Columbia,'" approved June seventeenth, eighteen hundred and forty-four, be corrected, so as to insert, between the words "and" and "in," in the sixth line, the words "in cases where the principal of the debt exceeds that amount, no person shall be imprisoned as aforesaid, except."

Correction of the error. Act of June 17, 1844, ch. 100.

SEC. 2. *And be it further enacted*, That the title of the said act be amended by adding the words: "and to abolish imprisonment for debt in the District of Columbia, except in cases of fraud."

Title amended.

SEC. 3. *And be it further enacted*, That nothing in the said act pass-

---

(a) Election of President and Vice President of the United States:
Constitution of the United States, art. 2, sec. 1, vol. 1, 15, 16. Twelfth amendment to the constitution of the United States, vol. 1, 22.
An act relative to the election of a President and Vice President of the United States, and declaring the officer who shall act as President in case of vacancies in the office of both President and Vice President; March 1, 1792, chap. 8.
An act supplementary to the act entitled "An act relative to the election of a President and Vice President of the United States, and declaring the officer who shall act as President, in case of vacancies in the office of both President and Vice President; March 26, 1804, chap. 50.

VOL. V.—91   3 L   (721)

Ley de 1845 por la que se dispone que las elecciones presidenciales de los EE. UU. deben celebrarse el martes posterior al primer lunes de noviembre (memory.loc.gov).

EN MARTES VOTA, PERO NI TE CASES NI TE EMBARQUES

Una de las muchas curiosidades que tiene el modelo electoral estadounidense es el hecho de que las elecciones siempre caen en martes y en noviembre. Pero no es un martes cualquiera o escogido aleatoriamente dentro de ese mes, debe ser el martes posterior al primer lunes de noviembre. Quizá la elección de la fecha para ir a votar hoy en día podría resultarnos enrevesada e incluso ridícula, pero en su día tenía una explicación lógica.

Fue el 23 de enero de 1845 cuando se estableció la fecha en la que los electores deberían acudir a las urnas a elegir al nuevo presidente. Para ello se tuvieron en cuenta una serie de factores y variables como por ejemplo la climatología y disponibilidad de los electores para poder desplazarse. La mayoría de los norteamericanos en aquella época se dedicaban a la agricultura, por lo que había que descartar los meses comprendidos entre marzo y octubre que eran los de mayor actividad laboral (los que iban desde la siembra a la recolección). Desde mediados de diciembre hasta final de febrero quedaba descartado por motivos meteorológicos: era invierno y el traslado hasta las sedes del condado donde se emitían los votos sería dificultoso, además de que el frío provocaría que muchos electores se quedaran en sus casas en lugar de ir a votar. De ahí que se decidiera que la mejor época para llevarse a cabo las elecciones era dentro de los primeros días del mes de noviembre, unos días en los que en la mayoría de los Estados Unidos las temperaturas todavía son suaves. Otro motivo era porque así también daría tiempo a que, trascurridas las cuatro semanas que marcaba la ley y con el escrutinio ya terminado, se pudieran reunir los representantes escogidos y estos podrían decidir quién era el presidente electo que tomaría posesión el 4 de marzo (el 20 de enero a partir de 1937).

El siguiente paso era decidir qué día concreto, dentro de los primeros días de noviembre, sería el idóneo para ir a votar. Teniendo en cuenta que para acudir a ejercer el voto eran muchos los ciudadanos que vivían en entornos rurales que necesitarían un día de ida y otro de vuelta, se empezó a descartar días no viables para ellos: el lunes no podía ser porque el domingo era día de culto religioso y por tanto no se podía salir de viaje. El miércoles era día de mercado en todas las poblaciones y por tanto ese día tampoco se salía de viaje, lo que provocaba que el jueves también quedase descartado. El viernes tampoco podía ser porque el viaje de regreso se hubiese tenido que realizar en sábado, también día de culto religioso para algunas religiones como la judía, en una época en la que la devoción religiosa era lo más importante para los ciudadanos. Por tanto el único día viable que quedaba era el martes, pero no podía ser cualquier martes del mes, ya que este no podía caer en día 1 de noviembre, Día de Todos los Santos, una fecha no festiva en Estados Unidos, pero que se respetaba por ser la jornada en la que muchas personas aprovechaban para honrar a sus difuntos. Así pues, de esta manera enrevesada fue como se escogió el día en que debían caer las elecciones y que este fuera el martes posterior al primer lunes de noviembre. Debido a esta norma, la fecha más temprana posible para celebrarse las elecciones es el 2 de noviembre y la última fecha posible es la del 8 de noviembre, pero siempre en martes.

Un refrán que lleva toda nuestra vida acompañándonos es aquel que dice «en martes, ni te cases ni te embarques», que viene a ser una advertencia sobre lo funesto que puede ser ese día para llevar a cabo según qué cosas, entre ellas casarse o embarcarse, no en el aspecto de viajar en barco sino en un negocio. Muchos han sido los Gobiernos y sus representantes que, llevados por la superstición, han dejado de tomar decisiones de trascendental importancia para la nación en martes, ante la creencia de que esa jornada les traería el infortunio.

Desde tiempos inmemoriales, el martes ha estado considerado como el día de la semana predestinado a los conflictos, guerras y a que todo lo relacionado con los negocios saliese mal. Esa creencia se basada en que dicha jornada estaba dedicada a Marte, el dios romano de la guerra. Pero, al igual que esta deidad proporcionaba a los ejércitos del imperio la protección, dándoles grandes triunfos en batallas y conquistas, o al menos los antiguos romanos creían que sus victorias provenían gracias a la protección que les daba esta divinidad, también sabían, o más bien creían y tenían la superstición de que esa protección que les otorgaba Marte para las guerras se la quitaba de otros asuntos más mundanos, como podía ser el realizar negocios o cerrar un trato en un día que caía en martes. Los antiguos romanos eran terriblemente supersticiosos y por tal motivo veían vinculaciones con el infortunio en cualquier cosa relacionada con el martes, de ahí que también se evitara contraer matrimonio en ese día. Debemos tener en cuenta que un casamiento, en aquella época, no se realizaba como un acto de amor entre una pareja de enamorados, sino como una unión de intereses y como cierre de un trato comercial o político entre diferentes familias o líderes de naciones que emparejaban a sus hijos. Al tratarse de un acuerdo de carácter mercantil, la superstición de que saliera mal por realizarse en martes fue lo que originó, con los años, los refranes y dichos que aconsejaban no realizar ciertas cosas ese día.

MARKETING ELECTORAL

La campaña para las presidenciales del 3 de noviembre de 1964 destacó por la dureza empleada por los candidatos a la hora de criticar y acusar al contrincante. La guinda del pastel fue la emisión de un impactante anuncio de televisión que se convirtió en decisivo, a la vez que creó una gran polémica.

Tras el asesinato de John F. Kennedy, el 22 noviembre de 1963, el vicepresidente Lyndon B. Johnson tomó las riendas del país y ejerció durante un año como presidente, tiempo en el que tendría que preparar una campaña electoral en condiciones si quería ser elegido por la mayoría de los ciudadanos para ocupar de nuevo el cargo más importante de los Estados Unidos. Se presentaba un año de mandato sumamente difícil para Johnson. Planeaba sobre él la alargada y carismática sombra de su antecesor JFK, la inestabilidad política tras el magnicidio, la reciente crisis de los misiles cubanos o la cada vez más presente tensión internacional por culpa de la Guerra Fría. Muchos de los sondeos daban una importante ventaja al senador Barry Goldwater, candidato republicano partidario de emprender acciones bélicas contra todos aquellos enemigos de la nación norteamericana.

Numerosos son los historiadores y analistas políticos que han calificado la campaña a las presidenciales de 1964 como [...]la primera en la que se pudo ver por televisión auténticos ataques entre los candidatos[...], llegando a tocar temas personales e intentado sacar todo tipo de trapos sucios. Goldwater acusaba una y otra vez a Johnson de estar impasible frente a los comunistas y la crisis económica, los dos temas de máxima preocupación para los estadounidenses. Por su parte, el demócrata acusaba a su contrincante de tener un mensaje belicista que abocaría al país a una guerra nuclear, además de tocar ciertos asuntos de índole personal como la supuesta desestabilidad psíquica y emocional de Goldwater, que le hacía perder a menudo la calma y tener brotes de ataques de nervios. ¿Podía los Estados Unidos estar en manos de un hombre que se desquiciaba con tanta facilidad? ¿Cualquiera servía para presentarse a unas elecciones en los EE. UU.?

Frente a esto, Lyndon B. Johnson debía presentarse ante el electorado de una manera firme, convincente y seguro, mientras hacía públicos supuestos documentos con opiniones realizadas por algunos psicólogos que desaconsejaban que Barry Goldwater fuese elegido presidente de la nación. Las diferentes apariciones de los candidatos en los debates televisivos eran un no parar de continuos reproches, tanto de uno como del otro. Pero el día que todo cambió, y que realmente fue decisivo para dar un empujón a la campaña de Lyndon B. Johnson para que este diese la estocada final a su contrincante político, se produjo el 7 de septiembre de 1964, durante la emisión de la película *David and Bathsheba*, cuando apenas faltaban diez minutos para llegar a las diez de la noche. El canal de televisión NBC se fue a publicidad emitiendo, entre medias de otros spots comerciales, el que se consideró como el anuncio más impactante que se había podido ver por antena hasta aquel momento. En las pantallas de 40 millones de telespectadores de todas las edades, en el momento de máxima audiencia televisiva en los hogares de las familias norteamericanas, apareció una niña de apenas 4 años que estaba desojando una margarita, mientras contaba, a su manera, del uno al diez. Era una imagen bucólica que de inmediato conquistaba el corazón de los espectadores. Pero de repente todo cambiaba en el anuncio: se escuchaba una cuenta regresiva y que acababa con una impactante explosión atómica, mientras la voz en *off* de Lyndon B. Johnson se dirigía a la población con el siguiente mensaje: «Estas son las opciones: hacer un mundo en el que todos los hijos de Dios puedan vivir o ir a la oscuridad. Debemos amarnos los unos a los otros o debemos morir».

Tras un fundido en negro se pedía el voto para Johnson en las elecciones del martes 3 de noviembre. Las centralitas de la NBC quedaron colapsadas durante las siguientes horas: miles de espectadores llamaron para dar su queja sobre la emisión de tal anuncio. Pero a pesar de dejar horrorizadas a las familias que estaban viendo la televisión en ese momento, el *spot* publicitario en sí fue uno de los más grandes aciertos electorales que hubo hasta la fecha. No tuvieron que emitirlo ni una sola vez más debido a que millones de norteamericanos hablaron de él durante los dos meses de campaña que quedaban. La prensa también ayudó, publicando centenares de artículos en todos los periódicos del país, así como ser protagonista de numerosísimos programas de televisión y radio en los que era el tema estrella. El *Daisy spot*, como se le llamó al anuncio, hizo cambiar la intención de voto de un gran número de estadounidenses. Lyndon B. Johnson se alzó como vencedor con un contundente 61,1 % de los votos.

Un modelo alemán de Amphicar (Joseph Scherschel).

Lyndon B. Johnson conduciendo el Amphicar (Wikimedia Commons).

UN PRESIDENCIAL COCHE ANFIBIO

Varias eran las aficiones que tenía el presidente estadounidense Lyndon B. Johnson. Entre ellas destacaban los automóviles y la pasión que sentía por todo lo relacionado con navegar, motivos más que suficientes para adquirir a mediados de los años 60 un Amphicar, un curioso automóvil anfibio fabricado en Alemania Occidental y del que tan solo se comercializaron 3 878 unidades. Se trataba de un coche de aspecto normal pero que si se introducía en el agua flotaba y se desplazaba como si de una lancha motora se tratara. Jugando con la ventaja de que casi nadie conocía la existencia de este tipo de vehículos, el presidente Johnson aprovechaba las visitas que le hacían a su rancho Haywood, en Texas, para gastar una broma a sus conocidos. Les invitaba a montar en su nuevo auto y decía que les iba a dar un paseo por la finca. Una vez tomado el camino que hacía pendiente e iba a parar directamente al embarcadero del lago, el presidente Johnson comenzaba a gritar y hacer aspavientos como si los frenos del coche se hubiesen estropeado.

Como es de imaginar, aquellos que iban montados en él (solía ser el propio Lyndon al volante más un par de acompañantes) entraban en pánico, sobre todo cuando el auto impactaba en el agua. Pero inmediatamente comenzaba a flotar y se deslizaba como una lancha, momento en el que el presidente comenzaba a reírse a carcajadas. Evidentemente esta broma no le hacía gracia a casi nadie, por lo que rápidamente empezó a correr la noticia entre sus conocidos para que no picasen.

Uno de los momentos anecdóticos de esta broma fue cuando en el verano de 1965 se la gastó a su recién nombrado asistente para asuntos presidenciales, Joseph Califano, quien al ver que el auto iba a impactar contra el lago intentó saltar en marcha, algo que aprovecharía Lyndon B. Johnson para reprochárselo ante su secretaria Vicky McCammon, que también iba montada en el Amphicar: «Vicky ¿has visto lo que ha hecho Joe? A él le importa un comino su presidente. Solo quería salvarse y salir del coche».

RECOGIENDO AUTOESTOPISTAS

Dwight D. Eisenhower fue nombrado trigesimocuarto presidente de los Estados Unidos tras haber pasado la mayor parte de su vida dedicado al ejército. Su intachable hoja de servicio, sobre todo durante la Segunda Guerra Mundial, lo llevó a lo más alto del escalafón militar, algo que facilitó en gran medida que ganase las elecciones celebradas en 1952. Pero, a pesar de su nueva condición de presidente, Ike, como era popularmente conocido, nunca se olvidó de su pasado militar y siempre que pudo ayudó a todo aquel que pertenecía o había formado parte de los ejércitos de EE. UU. Por tal motivo había sido muy frecuente, antes de ser inquilino de la Casa Blanca, que parase su automóvil cada vez que veía a alguien vestido de militar haciendo autoestop y lo recogiera. Pero esa costumbre no la perdió durante su presidencia y, a pesar de que ya no era él quien conducía, hubo más de una ocasión en la que yendo en el coche presidencial había ordenado a su chofer parar y recoger a soldados autoestopistas.

En las navidades de 1954, mientras se dirigía junto a su esposa Mamie Geneva Doud en el coche oficial a su residencia de invierno en Camp David, se percató de que había dos jóvenes uniformados en el arcén. Ordenó parar el auto y envió a su jefe de seguridad para que se informara de la identidad de los jóvenes y adónde se dirigían. Sus nombres eran William L. Weaver y Harold D. Payne, de 19 y 20 años respectivamente, y estaban prestando servicio en la Base del Cuerpo de Marines Camp Lejaune en Jacksonville, en Carolina del Norte. Les habían concedido un permiso navideño y se dirigían a sus respectivos hogares (William a Dewitt, Michigan y Harold a Akron, Ohio). A pesar de que el destino de los jóvenes marines no estaba dentro del trayecto del presidente, Eisenhower ordenó que les hicieran sitio en uno de los coches de la comitiva. Los acompañaron a lo largo de 65 kilómetros, hasta el punto en el que el séquito presidencial se desviaba hacia Camp David.

¡QUE VIENEN LOS TECNÓCRATAS!

La expresión *gobierno tecnócrata* se utiliza de una manera frecuente para referirse a aquellas naciones que han necesitado ser rescatadas en lo político y en lo económico y en las que se ha tenido que instalar un Gobierno conformado por especialistas en diversos campos, en lugar de políticos profesionales. Pero la tecnocracia tal y como la conocemos actualmente no es un invento moderno que haya surgido a raíz de crisis actuales, sino que originalmente surgió hace un siglo, como un movimiento social. Ha contado durante todo este tiempo con un nutrido grupo de seguidores que han defendido un cambio radical de sistema, basándose en la premisa de instaurar una sociedad más estable, igualitaria y que aproveche mucho mejor sus recursos humanos y naturales, partiendo del rechazo de la especulación y el lucro empresarial con el fin de fabricar y producir tan solo aquello que se ha de consumir.

Las bases del movimiento tecnocrático que actualmente conocemos fueron creadas por Howard Scott Warshaw, un entusiasta y supuesto ingeniero (aunque nunca se sacó el título) que se trasladó hasta Nueva York desde su Virginia natal. En 1918, ante el fin de la Primera Guerra Mundial, abogó por cambiar el sistema político de los Estados Unidos. Parecía que iba a ser un movimiento que apenas recibiría apoyo ciudadano y que desaparecería al cabo de poco tiempo, como otras muchas iniciativas que fueron surgiendo en la siguiente década en la que una grave crisis económica llevó al país a sufrir la Gran Depresión. A pesar de que a las conferencias organizadas por el movimiento tecnocrático tan solo acudían varios centenares de asistentes, se calcula que a principios de los años 30, época en la que Howard Scott se trasladó hasta California, donde centralizó su base de operaciones, el movimiento ya contaba con más de medio millón de seguidores.

Estados Unidos fue una de las naciones más afectada por la crisis económica y arrastró a otros muchos países a padecerla. Estaba comprobado que el sistema capitalista que había empujado al planeta a aquella delicada situación no funcionaba. Tampoco se había solucionado ni mejorado nada en aquellos países donde el comunismo se había instalado durante la última década a raíz de la Revolución Rusa. La tercera vía, y única solución, podía encontrarse en crear un sólido sistema tecnócrata que apostase por un cambio radical de Gobierno, administrado por hombres de ciencia, ingenieros y profesionales de los más diversos campos. Se presentaron una serie de propuestas para que fuesen puestas en práctica para aplicar aquellas técnicas, avances y descubrimientos que ya se conocían, con el fin de cubrir todas las necesidades de la población.

Acabar con la especulación y el sistema de beneficios era otro de los puntos esenciales de la propuesta, así como solicitar un mejor reparto del trabajo y el tiempo que cada individuo dedicase a él: vida laboral de veinte años, que fuera entre los 25 años y los 45, momento en el que debería llegar una jubilación obligatoria y en el que el individuo comenzaría a dedicarse al ocio y a vivir. El calendario laboral del movimiento tecnocrático estaría compuesto tan solo de 132 días anuales de trabajo, lo que provocaría un mejor reparto de los puestos para que toda la sociedad tuviera acceso a un empleo. El hecho de producir tan solo lo que se necesitaba para el consumo y no dar margen a la especulación y el enriquecimiento de minorías haría viable el plan de vida laboral.

Se acuñó el término *tecnato*, con el que se referían a aquellas regiones en las que se podía aplicar un sistema tecnocrático, las cuales podían aportar suficientes recursos naturales, industriales, científicos y suficiente personal que trabajase y sacase adelante el modelo de sociedad basado en cubrir las necesidades vitales de cada ciudadano, y no en el de la escasez como era el caso de las sociedades comunistas y capitalistas. A pesar de que se tenía el convencimiento que Estados Unidos reunía todos estos requisitos, ninguna de las propuestas del movimiento prosperó, y quedó como una utopía irrealizable. Cabe destacar que en sus inicios el movimiento tecnocrático alcanzó cierta popularidad al contar entre sus seguidores con algunos populares personajes de la época como los escritores H.G. Wells y Theodore Dreiser, el economista Thorstein Veblen o el químico Frederick Soddy.

EL CAMBIO CLIMÁTICO VIENE DE LEJOS

En 1799, dos siglos antes de que nuestros políticos empezaran a plantearse los problemas del calentamiento global, ya hubo quien se preocupó y debatió acerca del aumento de temperaturas que estaba sufriendo el planeta. Entre los debatientes se encontraban Thomas Jefferson, que en ese momento ocupaba el cargo de vicepresidente de los Estados Unidos (dos años después llegó a la presidencia), y Noah Webster, un periodista de gran calado político, experto en temas científicos y que posteriormente fue reconocido como el padre de la escolaridad y la educación norteamericana.

Thomas Jefferson manifestaba, además de vocación política, un entusiasmo notable por la climatología. Desde el 1 de julio de 1776 comenzó a registrar en un cuaderno la temperatura y el clima que se producía en Virginia. Su aspiración era tomar y anotar la temperatura dos veces al día a lo largo de los siguientes 50 años. Todo ello lo llevo a convertirse en un experto en la materia y a publicar varios libros sobre el tema. Durante las reuniones que se produjeron para llevar a cabo la Declaración de Independencia de los Estados Unidos, de la que Jefferson era uno de sus máximos ponentes, quiso introducir un asunto que le preocupaba: la incidencia del hombre sobre el clima y cómo la temperatura había cambiado en los últimos años. Para ello daba conocimiento de informes que le habían llegado, donde se recogía cómo las nevadas de invierno en algunas zonas del país ya no eran tan duraderas y profundas como antaño. Destacaba la dificultad de congelación en el caudal de algunos ríos. Noah Webster, conocido por su escepticismo, criticó la falta de rigor científico de lo expuesto por el vicepresidente y lo acusó de utilizar argumentos basados en hechos anecdóticos y extraídos de creencias populares. Sí reconoció, en cambio, la creación de microclimas en algunos lugares de los Estados Unidos, que podrían haber incidido directamente en algunos cambios climáticos. Entre sus conclusiones dijo que posiblemente la nieve aguantase menos tiempo helada tras caer, pero eso no quería decir que, necesariamente, el país recibiese cada año menos nieve en las precipitaciones. Los argumentos aportados por Webster convencieron a los presentes en ese debate, desestimando la visión de un Jefferson que siguió midiendo y estudiando el clima, incluso después de retirarse de la política, pero que no volvió a debatir o pronunciarse sobre el calentamiento global.

DOBLE INTENTO DE MAGNICIDIO

Gerald Ford hubiese pasado sin pena ni gloria como trigesimoctavo Presidente de los Estados Unidos de no haber sido por cuatro hechos significativos y por los que será recordado en los menos de tres años que residió en la Casa Blanca: durante su mandato finalizó la Guerra de Vietnam, llevó al país a una grave crisis económica (la mayor desde el Crack del 29), por conceder el indulto a su antecesor Richard Nixon (al que sustituyó el 9 de agosto de 1974 tras dimitir por el escándalo Watergate) y por haber sufrido dos intentos de atentado en poco más de dos semanas, el 5 y el 22 de septiembre de 1975. Si me permite, estimado lector, voy a centrarme en los dos intentos de magnicidio que padeció.

El primero tuvo lugar en la ciudad de Sacramento, capital de California, donde Ford había acudido para reunirse en el hotel Senator con un grupo de empresarios que andaban preocupados por la situación económica del país. Poco después de las 10 de la mañana el presidente estadounidense salió de la reunión. Mientras se dirigía por un jardín hacia la Casa Estatal de California, donde debía pronunciar un discurso, Lynette Fromme, una chica de 27 años, vestida con una especie de hábito de color rojo, se acercó hasta Ford, sacó una pistola automática Colt del calibre 45, le apuntó y apretó el gatillo. Afortunadamente para Gerald Ford el arma se encasquilló y la joven no pudo realizar ningún disparo. Fue reducida por los guardaespaldas que acompañaban al presidente.

Posteriormente se pudo saber que Lynette formaba parte de la secta liderada por Charles Manson, quien estaba en prisión por el asesinato de cinco personas en 1969, entre ellas la famosa actriz Sharon Tate, esposa del director de cine Roman Polanski. Una vez detenida declaró que había realizado ese intento de magnicidio como queja por la contaminación ambiental y sus efectos en el aire, árboles, agua, animales y todas las formas de vida. La joven, que en ningún momento se arrepintió por el intento de asesinato, fue juzgada y condenada a cadena perpetua. Pasó encerrada en prisión 34 años. Salió en libertad condicional el 14 de agosto de 2009.

El segundo atentado sufrido por Gerald Ford, y del que también salió ileso, tuvo lugar en San Francisco diecisiete días después, el 22 de septiembre de 1975. El presidente había acudido al hotel Saint Francis para pronunciar un discurso. A su salida, y entre la muchedumbre de más de tres mil personas que allí esperaban para ver al máximo mandatario estadounidense, se encontraba Sara Jane Moore, de 45 años, una activista de extrema izquierda que ya había tenido varios problemas con las autoridades. Una de las curiosidades más sorprendentes de este atentado es que Sara Jane había sido interceptada el día anterior por los servicios secretos. Le habían encontrado en su poder un arma de fuego del calibre 44 que le fue requisada, pero la dejaron marchar porque no consideraban que representaba peligro alguno para la seguridad del presidente. Evidentemente los miembros del servicio de seguridad andaban equivocados: la mujer esperaba mezclada entre un numeroso grupo de personas a que Gerald Ford saliera del hotel y se dirigiera hacia el coche oficial. Estaba situada a unos doce metros y portaba un revólver del calibre 38. La distancia a la que se encontraba no

Gerald R. Ford posa con la distinción Sports Illustrated Silver.
21 de diciembre de 1959 (Gerald R. Ford Presidential Library).

suponía ningún problema para ella, debido a que era una experta tiradora al haber estado en el Cuerpo de Mujeres del Ejército (*Women's Arly Corps*).

Pero esta vez no fue una bala encasquillada lo que salvó la vida del presidente, sino la heroica acción de Oliver Suple, un exmarine que se encontraba en ese preciso momento en aquel lugar y se dio cuenta de lo que Sara Jane pretendía hacer. Sin pensárselo dos veces se abalanzó sobre ella justo en el instante en el que estaba apretando el gatillo y desvió la trayectoria de la bala, que fue a impactar en el cuerpo de una de las personas que estaban presentes y le causó una herida, pero con la rápida intervención de los servicios de emergencia lograron salvarle la vida. Sara Jane fue detenida, juzgada y condenada (como en el caso anterior) a cadena perpetua. Salió de prisión en 2007 tras cumplir 32 años de cárcel. Por su parte, Oliver Sipple fue considerado un héroe. Cabe destacar que padecía una minusvalía debido a la explosión de una bomba mientras servía como marine en la Guerra de Vietnam.

Así fue como el presidente Gerald Ford, que ostentó el cargo en una corta legislatura que tan solo duró 29 meses, salvó su vida dos veces consecutivas en los atentados sufridos en apenas 17 días.

UN INFLUYENTE ESPAÑOL EN WASHINGTON

Durante la Guerra de la Independencia de los Estados Unidos, que tuvo lugar entre 1775 y 1783, el rey español Carlos III de Borbón decidió posicionarse a favor del bando revolucionario, comandado por el que sería primer presidente de la nación norteamericana George Washington. Ese apoyo tenía la astuta intención de ir contra intereses británicos, los grandes enemigos por aquella época de la Corona Española. Para realizar las tareas de apoyo, tanto económico como militar, se contó con la inestimable colaboración de Juan de Miralles, un próspero hombre de negocios nacido en la población alicantina de Petrel y que residía desde 1740 en Cuba, por aquel entonces colonia española.

Miralles fue nombrado en 1777 comisionado real de España, lo que vendría a ser un embajador en nuestros días, en las Trece Colonias, que se habían declarado en rebeldía contra el imperio británico. Su elección fue basada en el buen dominio del idioma y, sobre todo, la gran cantidad de contactos que poseía en toda aquella zona gracias a las actividades comerciales que realizaba traficando con esclavos. Su buen olfato para los negocios le había abierto numerosas puertas en el continente, por lo que su llegada a Norteamérica no despertaría demasiadas sospechas. Con todo y con eso, urdió un perfecto plan en el que harían creer que el barco que lo llevaba hasta Charleston, en Carolina del Sur, había tenido que ir a parar a ese puerto debido a una emergencia durante el supuesto trayecto que realizaba entre La Habana y Cádiz. Su nombramiento oficial como Comisionado Real se realizó el 21 de enero de 1778, dos semanas después de haber llegado a la zona y haber entablado los respectivos contactos. El cargo de diplomático era una perfecta tapadera para desarrollar el trabajo encargado directamente por el rey de España: realizar servicios de espionaje e informar sobre todos los pasos que fuesen realizando los británicos.

Su trabajo estaba resultando impecable. Se trasladó hasta Filadelfia, donde se encontraría con destacados miembros de la revolución, que le serían de gran ayuda para seguir desarrollando su oculto cometido para los intereses españoles. Recibió por parte de la Corona una importante dieta de 39 000 pesos, la cual la utilizaba para seguir llevando un simulado ritmo de vida de importante comerciante y a la vez poder hacer los pagos y sobornos pertinentes a cambio de la información que hacía llegar de forma cifrada a sus contactos españoles en Cuba. Su estancia en la zona le permitió abrir nuevas vías de negocio. Prosperó rápidamente y amasó una gran e importante suma de dinero. Donó una gran parte de este en forma de armas y medicinas a las tropas rebeldes que llegaban en barcos desde España, aprovechando las rutas comerciales de los negocios de Miralles.

Esto ayudó enormemente a los intereses del Ejército Continental e hizo que los miembros más destacados confiasen plenamente en él. Entre ellos se encontraba George Washington, uno de los padres fundadores de los Estados Unidos y posteriormente primer presidente del país, quien brindó su inestimable e incondicional amistad al diplomático y empresario español. A partir de ahí, la amistad forjada entre el líder norteamericano y Miralles dio sus frutos a través de grandes y numerosas veladas, donde se reunían los más insignes personajes de la época. Muchas fueron las cenas organizadas por el diplomático a las que asistiría Washington acompañado de su esposa. El centro de operaciones de la revolución americana estaba instalado en Morristown (Nueva Jersey), que se había convertido en la capital militar y sede de la residencia oficial de George Washington. Hasta allí llegó Juan de Miralles, dándole hospedaje en su propia mansión, al ser acogido con todos los privilegios.

Pero una fatal pulmonía, que llevaba arrastrando desde tiempo atrás, hizo que Miralles enfermase gravemente. Se puso a su disposición los mejores médicos de los que se disponía, pero nada se pudo hacer: falleció el 28 de abril de 1780. Fue enterrado en uno de los actos más solemnes que se habían celebrado hasta el momento. En los libros de Historia norteamericanos quedó la memoria de Juan de Miralles, un singular personaje que se codeó con la flor y nata de la Nueva Nación Americana y que entre su legado dejó a otro ilustre español, su sobrino Pedro Casanave, el hombre que colocó la primera piedra de la Casa Blanca y al que he mencionado al inicio de este capítulo.

Norton I, emperador de Estados Unidos y protector de México.

EL EMPERADOR DE LOS ESTADOS UNIDOS

Los libros de Historia de los Estados Unidos están cargados de peculiares personajes que han enriquecido cada uno de los capítulos de esa nación. Entre todos ellos, podemos encontrar uno que, sin lugar a duda, resaltará entre muchos por la singularidad de sus hechos y forma de vivir. Un personaje al que, en lugar de ser rechazado y encerrado en algún centro de salud mental, se le brindó un gran respeto por parte de los ciudadanos y las instituciones de la ciudad de San Francisco. Un hombre al que no se le trató como loco, a pesar de autoproclamarse emperador de los Estados Unidos.

Su nombre era Joshua A. Norton. Aunque no se sabía con certeza el año ni el lugar donde nació, todo apunta a que lo hizo en Londres en 1815. A muy temprana edad emigró junto a su familia hasta Sudáfrica y se instalaron en Ciudad del Cabo. Su padre pudo hacerse con una pequeña fortuna gracias a los negocios. Joshua decidió perseguir el sueño americano y en 1849, tras el fallecimiento de su progenitor, viajó hasta la ciudad de San Francisco en busca de prosperar y multiplicar la herencia recibida, que subía a 40 000 dólares, toda una fortuna en aquella época. Supo invertir y, en pocos años, ya había montado algunas empresas y adquirido varios inmuebles. Cuatro años después se calcula que su patrimonio ascendía a 250 000 dólares. Su habilidad para los negocios y la especulación lo convirtieron en un hombre muy popular entre las clases más pudientes de la ciudad, lo que hizo que frecuentemente estuviese rodeado de los personajes más influyentes de la época.

Pero su voracidad por ser cada vez más rico se topó con una mala alianza empresarial que realizó, lo que le llevó a invertir y perder todo su capital en una desafortunada transacción que no le salió como él esperaba. Mal aconsejado por sus socios, en 1848 acaparó todos los cargamentos de arroz que llegaban a San Francisco desde China, aprovechando que las importaciones estaban frenadas debido a un veto gubernamental por la precaria economía en el país de origen. Este acto especulativo disparó el precio del arroz, que subió de golpe de los 4 centavos hasta los 36 centavos de dólar. Pero con lo que no contaba Joshua A. Norton era con que esa ocasión la aprovecharían otros especuladores para mandar hasta allí un cargamento de 100 toneladas de arroz desde Perú, hecho que hizo que se derrumbase el precio del adquirido en China y, como consecuencia directa, la pérdida de todo su capital y su patrimonio.

Este hecho pudo ser el desencadenante de su vida posterior. Desapareció durante un periodo de tiempo de la ciudad y apareció en 1859 con la única pretensión de cambiar el modo de vida de los unionistas y darle a estos un modelo de estado como el que había en países como el Reino Unido. El 17 de septiembre de 1859, Joshua A. Norton se autoproclamó emperador de los Estados Unidos, haciéndose llamar «Su Majestad el emperador Norton I». Los conciudadanos se lo tomaron con buen humor. Al tratarse de un personaje que había estado en lo más alto de la sociedad de San Francisco, decidieron seguirle la corriente en aquello que decía, dándole tratamiento real cuando se cruzaban con él o simplemente iba a algún comercio, donde era invitado a comer y se le rendía pleitesía.

De vez en cuando, el emperador Norton I iba publicando edictos con intención de mejorar la calidad de vida de los residentes en el país. Pero su delirio de poder iba cada vez más allá, imponiendo impuestos de 25 centavos a los comercios y multas a aquellos que en lugar de llamar a la ciudad con su nombre real se refiriesen a esta como Frisco. Mandó disolver los partidos políticos, la Corte Suprema de California e, incluso, cuando estalló en 1861 la Guerra de Secesión, citó para reunirse con él a Abraham Lincoln y a Jefferson Davis (presidente de la Confederación) y así mediar entre ellos. Pero, como es obvio, ninguno de los dos se presentó a la reunión. En 1863 decidió hacerse cargo también de México, autoproclamándose protector del país vecino e incorporándolo a su tratamiento real: Norton I, emperador de Estados Unidos y protector de México.

Llegó incluso a emitir un billete de 10 dólares propio, que, aunque carecía de valor alguno, en los comercios se admitía como forma de pago. A lo largo de los 21 años que se mantuvo en su puesto de emperador, consiguió pacíficamente importantes cambios en la sociedad de San Francisco, interviniendo en una ocasión para frenar a una enfurecida masa de ciudadanos que quería linchar a un grupo de trabajadores de origen chino. Tras soltar unas palabras subido sobre un cajón, al más puro estilo de un charlatán de feria, y clamando que «todos eran hijos de Dios», pidió suprimir las leyes que desfavorecían a los inmigrantes por su color de piel. Su discurso calmó a la muchedumbre, que acabó marchándose hacia sus casas sin ocasionar altercado alguno y, en su mayoría, convencidos por las palabras de tan ilustre personaje. Norton tenía el respeto, admiración y cariño por parte de todos sus conciudadanos, hasta tal punto que el propio ayuntamiento de la ciudad de San Francisco iba aprobando diferentes partidas presupuestarias para proporcionarle ropa y todo aquello que era de primera necesidad para subsistir.

Un entrañable personaje que, en sus conversaciones con los demás, presumía de cartearse con la mismísima reina Victoria I. Su vida y sus actos han dado mucho de sí, tanto que se han escrito infinidad de novelas teniéndolo como personaje central e, incluso, el popular cómic *The sandman*, escrito por Neil Gaiman. Le dedicó a Joshua Norton el capítulo número 31, titulado «Tres septiembres y un enero». Norton I falleció el 8 de enero de 1880 víctima de un ataque de apoplejía. A su entierro acudió la flor y nata de la ciudad y miles de personas quisieron acudir a su último adiós, ocasionando colas de tres kilómetros. En su lápida figura la siguiente inscripción: «Norton I, emperador de Estados Unidos y protector de México».

Charles E. Coughlin, junto al senador demócrata Elmer Thomas, en la portada de la célebre revista *Time* en 1934.

PELIGROSO POPULISMO RADIOFÓNICO

A partir de la segunda mitad de la década de 1920 la radio se convirtió en el medio de comunicación más potente e influyente. Hasta entonces toda la información y los mensajes de carácter político y social llegaba a las grandes masas de población a través de la prensa, pero la inmediatez de la radio hizo que esta tomara todo el protagonismo y se convirtiera en el medio preferido de los ciudadanos. Hoy en día muy pocos son los locutores que pueden presumir de tener audiencias millonarias, pero en aquella época hubo quien alcanzó cuotas que superaban los treinta millones de oyentes. Uno de ellos fue Charles E. Coughlin, un sacerdote católico canadiense que ejerció a partir de 1923 en una parroquia de un barrio obrero de Detroit y que tres años después vio la oportunidad de transmitir su mensaje evangelizador desde una pequeña emisora local. A través de su programa radiofónico enviaba mensajes sociales a la población obrera, que era en aquel momento la más castigada por la cada vez más evidente crisis económica, que acabó convirtiéndose en la conocida como Gran Depresión a partir del crac bursátil de 1929.

El padre Coughlin no tardó en alcanzar notoriedad. Cada vez eran más las emisoras que conectaban en cadena para retransmitir sus programas. Firmó un importante contrato con la CBS. Sus mensajes poco a poco dejaron de tener un carácter religioso y se centraron en tocar temas relacionados con la crisis, la economía, la política, la denuncia social y contra las grandes fortunas. Los directivos de la CBS lo amenazaron con cancelarle el contrato si no cambiaba el tipo de mensajes. Coughlin prefirió romper el contrato y crear su propia emisora de radio, desde donde podía difundir todos los mensajes que le daba la gana. Alcanzó un meteórico éxito de audiencia que día a día llegaba a más rincones del país. Era tal su poder mediático a través de las ondas que incluso fue determinante durante la campaña electoral de 1932 para la reelección del presidente Franklin Delano Roosevelt.

Charles E. Coughlin veía en la política intervencionista de Roosevelt la mejor solución para acabar con la crisis económica y, sobre todo, para poner fin a la avaricia de los grandes banqueros y empresarios. Pero, según iba pasando el tiempo, el sacerdote reconvertido en locutor radiofónico se fue decepcionando con la política del presidente y comenzó a convertirse en un feroz crítico. A partir de 1934, desde su atalaya radiofónica, los mensajes del religioso eran cada vez más radicales. Culpaba de todos los males que ocurrían en Estados Unidos, y en el planeta en general, al comunismo soviético (que cada vez ganaba más simpatizantes entre las clases obreras estadounidenses) y, sobre todo, al judaísmo. Culpaba a los semitas de estar detrás de los graves problemas económicos que tanto dañaban al país y señalaba con nombres y apellidos a todos aquellos judíos que se encontraban dirigiendo algún banco o importante empresa. Poco a poco fue haciéndose eco de la mayoría de los mensajes antisemitas que el Führer pronunciaba desde Alemania.

Durante varios años Coughlin se convirtió en incómodo y peligroso líder populista que congregaba a millones de oyentes a través de las ondas, pero sabía que a través de la radio no podía llegar a todos los rincones del país, debido a que se iban sumando emisoras locales que decidían no prestar su dial para retransmitir sus programas, por lo que decidió, en 1938, crear su propio periódico, el *Social Justice*, que era distribuido por todos los Estados Unidos a través del servicio postal de Correos, además de la venta callejera. Coincidió que en aquellos momentos también se había abierto una importante brecha entre él y el arzobispado estadounidense, desde donde le pedían que dejase de hablar de política y se centrase en su labor evangelizadora, pero Charles E. Coughlin hacía oídos sordos pues su popularidad lo cegaba. Recibía cientos de miles de cartas semanalmente (se calculan que alrededor de 10 000 cartas diarias, muchas más que el propio presidente Roosevelt) y, según las encuestas, el 25% de los estadounidenses estaba de acuerdo con sus argumentos. Era tan descarado su apoyo a la ideología fascista de Italia y al nazismo del Tercer Reich que al igual que había ganado millones de oyentes y seguidores los estaba perdiendo, y además gran cantidad de detractores, que pedían a la Iglesia su inhabilitación como religioso.

Tras estallar la Segunda Guerra Mundial criticó al presidente Roosevelt que no entrase en la guerra y lo hiciera del lado de Alemania, con el fin de acabar con el comunismo soviético y el judaísmo. Pero tras el ataque japonés a Pearl Harbor se quedó sin argumentos razonables para defender al nazismo, aunque continuó haciéndolo. Todos los que un día lo idolatraron como líder comenzaron a odiarlo. Un cambio en el arzobispado estadounidense propició que el nuevo prelado pudiera tomar cartas en el asunto y lo amenazase con expulsarlo de la Iglesia. Dejó el programa de radio y se retiró a ejercer el sacerdocio en una parroquia de la pequeña población de Royal Oak (Estado de Michigan), donde intentó vivir lo más anónimamente posible hasta su fallecimiento, en 1979, a la edad 88 años.

NAZIS EN NUEVA YORK

Tal y como accedió Adolf Hitler al poder en Alemania, el 30 de enero de 1933, muchos fueron los emigrantes de origen germano que residían en los Estados Unidos que comenzaron a organizarse para poder trasladar el modelo de Estado del Tercer Reich hasta su nuevo país de acogida. Friends of New Germany (Amigos de la Nueva Alemania) fue uno de los grupos más potentes y que más voluntarios aglutinó para poder dar difusión al mensaje nacionalsocialista en Norteamérica. Tenía sus principales bases de operaciones en la Costa Este, mientras que en el lado del Pacífico se movían los miembros de La Legión de Plata, liderada por William Dudley Pelley.

Pero el radical extremismo que algunos de sus miembros utilizaron para poder introducirse en el día a día de los ciudadanos estadounidenses hizo que en poco más de dos años estuviesen en el punto de mira de las autoridades y de diferentes comisiones que investigaban si eran ilegales las reuniones y consignas que difundían a través de los numerosos medios de comunicación que llegaron a controlar. También influyó en contra los pequeños atentados que comenzaron a realizarse y que perjudicaban a intereses y negocios judíos. El propio Rudolf Hess, uno de los más destacados hombres de confianza de Hitler, dio orden de disolver Friends of New Germany, con el fin de reconvertirla en otra organización que no levantase tantas sospechas ni crispación, al menos durante los primeros años de expansión por los Estados Unidos. Y así fue, en 1936 apareció una edulcorada organización bautizada como German American Bund (Confederación Germano Americana) y que pretendía transmitir el mensaje y pensamiento nazi de una manera mucho más moderada, a pesar de que uno de sus líderes, Fritz Julius Kuhn, era un personaje realmente extremista. A pesar de ello consiguió convencer a un gran número de insatisfechos norteamericanos que estaban en contra de la gestión realizada por el presidente Franklin D. Roosevelt, quien no terminaba de contentar a todos sus conciudadanos y se convirtió en uno de los objetivos de crítica en los mítines políticos que los nazis organizaban.

Multitudinario desfile nazi en Nueva York el 30 de octubre de 1939.

El 20 de febrero de 1939, Kuhn celebró el mitin más multitudinario que había hecho desde la puesta en marcha del German American Bund. Tuvo lugar en el Madison Square Garden y asistieron alrededor de 20 000 fervientes seguidores de la doctrina nacionalsocialista. Los continuos ataques a Roosevelt provocaron que Kuhn y otros destacados miembros de la confederación fuesen investigados e incluso multados. Pero lo que no ayudó para que terminaran de expandirse en los EE. UU. fue la invasión alemana de Polonia y el inicio de la Segunda Guerra Mundial. A pesar de ello, todavía seguían contando con un importante número de apoyos, tal y como se demostró en el desfile organizado en Nueva York el 30 de octubre de 1939 y al que acudieron miles de personas, que llenaron las calles.

El ataque japonés a Pearl Harbor y la alianza entre nipones y germanos en la Segunda Guerra Mundial provocó que los apoyos que tenía la organización en los Estados Unidos quedasen reducidos al mínimo. A pesar de que fueron muchos los personajes públicos que en un momento u otro habían mostrado sus simpatías por los nazis, entre ellos el magnate automovilístico Henry Ford y el aviador Charles Lindbergh, poco a poco se fue diluyendo la presencia nazi en los EE. UU. La estocada que terminó prácticamente con la organización fue la imputación que se hizo desde el fisco norteamericano contra Fritz Julius Kuhn, que fue acusado de malversar 14.000 dólares. Fue juzgado e ingresado en prisión, se le retiró el permiso de residencia y fue declarado enemigo del país en 1945, año en el que tras salir de prisión fue expulsado de los Estados Unidos y deportado a Alemania. Es curioso comprobar cómo en aquella época era mucho más fácil condenar a alguien por evadir impuestos que por cualquier otro delito, aunque fuese criminal. Con la deportación de Kuhn, los años de gloria de los nazis en Norteamérica se esfumaron, aunque en todas estas décadas han ido surgiendo de vez en cuando diferentes grupos y organizaciones que han apoyado esta ideología, no teniendo, evidente y afortunadamente, el mismo éxito y apoyo que en los años 30.

LA SUPUESTA SEGUNDA LENGUA OFICIAL DE EE. UU.

Entre la amalgama de leyendas urbanas que se comparten alegremente y sin constatar su veracidad, se encuentra una curiosa historia que se sitúa en el Estado de Virginia hace algo más de dos siglos y que es a menudo explicada por personas de origen germano. Además, lo hacen con orgullo patrio y como muestra sobre cómo su idioma estuvo a punto de convertirse en la segunda lengua oficial de los Estados Unidos. Este curioso relato es conocido como la leyenda de Muhlenberg. Aunque algunos de sus detalles son verdades a medias, la mayoría de los datos que aporta y se explican son falsos.

Durante la segunda mitad del siglo XVIII hubo una gran afluencia de inmigrantes de origen alemán hacia los EE. UU. Muchos de ellos se instalaron en el Estado de Virginia. Fue tal la cantidad que, según los datos estadísticos, aproximadamente el 30% de los habitantes que allí residían eran de esta procedencia. Esto dio lugar a que hubiese barrios enteros, en algunas localidades virginianas, en los que solo se escuchaba hablar en alemán. Un grupo de descendientes de aquellos inmigrantes, de segunda generación, se movilizaron para intentar llevar una propuesta a la Cámara de Representantes de los EE. UU. por la cual intentarían conseguir que se reconociera su idioma materno como lengua oficial del país y así lograr que los rótulos y documentos oficiales no figurasen únicamente en inglés. Cabe destacar que hasta este punto todo esto son hechos verdaderos y contrastados; a partir de aquí comienzan a surgir diferentes versiones y detalles.

Se sabe con certeza que la propuesta realizada por el grupo de virginianos, de origen alemán, llegó hasta la Cámara de Representantes que se reunió en Pensilvania el 9 de enero de 1794. Pero lo que allí se debatió no fue el proyecto de ley sobre si se aprobaba que el alemán se convirtiese en idioma cooficial, y así traducir las leyes y escritos oficiales, sino que realmente lo que se decidió en esa sesión fue si se emplazaba a todos los miembros de la cámara a reunirse en una fecha futura donde se debatiría el asunto. Para decidir si se volvían a reunir los representantes o no para tratar el tema se puso a votación. Se produjo un empate técnico de 41 votos a favor y 41 en contra. Fue entonces cuando el presidente de la Cámara de Representantes, Frederick Muhlenberg, de ascendencia alemana, deshizo el empate con su voto particular, votando en contra de volver a reunirse y justificando su decisión con el siguiente argumento: «Cuanto antes se conviertan los alemanes en americanos, mejor». Los miembros del parlamento ya no volvieron a reunirse para debatir el asunto y, a pesar de que las múltiples versiones que existen sobre el tema aseguran que sí, e incluso alguna sitúa una nueva reunión y votación en 1828, cabe destacar que la aspiración de los inmigrantes alemanes que residían en Virginia de que se reconociera su idioma como segunda lengua oficial de EE. UU. quedó en aquella reunión del 9 de enero de 1794, y que no se volvió a debatir sobre el asunto.

CONTRA EL LOBBY DE LAS TABACALERAS

A principios de la década de 1980 el número de estadounidenses que eran considerados fumadores activos superaba el 33 % de la población. Se doblaba ese porcentaje si contamos a los pasivos (aquellas personas que sin fumar respiran diariamente el humo de los fumadores con los que conviven). El tabaquismo era algo que estaba instalado en la sociedad y se tenía como un acto que muchos se atrevían a calificar como de saludable. Las campañas publicitarias hasta entonces mostraban personas felices fumando y en infinidad de carteles aparecían niños e incluso médicos, como si de una recomendación saludable se tratara. Los rostros más famosos del cine y la televisión anunciaban marcas de cigarrillos y recordados son muchos de esos personajes que acabaron falleciendo de cáncer de pulmón a causa de su tabaquismo. El tabaco y su incidencia directa con la salud era algo que

Charles Everett Koop (1916 - 2013), Cirujano General de los Estados Unidos (United States Public Health Service).

casi nadie se había atrevido a tocar, sobre todo por el multimillonario negocio que se movía alrededor de él. Habitual era ver hasta entonces en cualquier filme o programa de televisión fumar a quienes aparecían y el hábito de fumar estaba instalado prácticamente en todos los hogares estadounidenses en el que los adultos eran fumadores.

En 1982, un año después de tomar posesión como cuadragésimo presidente de los Estados Unidos, Ronald Reagan nombró a Charles Everett Koop responsable máximo del Departamento de Salud Pública de la nación, un cargo conocido en inglés con el término *surgeon general*. El doctor Koop tenía una dilatada carrera como cirujano médico y pediatra. Fue responsable entre 1946 y 1981 del hospital infantil de Filadelfia, donde había puesto en marcha grandes avances de cara al cuidado y vigilancia neonatal. Reagan le encargó mejorar la salud de los estadounidenses, algo que se tomó muy en serio, batallando y enfrentándose a un gran número de enemigos que le salieron y criticaron sus informes. Una de las mayores preocupaciones de aquellos años fue el SIDA, que fue especialmente cruento durante aquella década en la que todo lo relacionado con el VIH era prácticamente desconocido. Everett Koop se negó a que se realizara un censo de estadounidenses homosexuales, tal y como exigían muchos colectivos, ya que sabía que de ese modo serían estigmatizados y señalados. Ello le costó innumerables críticas e incluso se le tachó de filogay.

Pero, además del SIDA, otra de las grandes preocupaciones del responsable de Salud Pública de Estados Unidos fue el alto índice de consumo de tabaco de la ciudadanía. Hizo público un controvertido y polémico informe en el que llegó a señalar que las propiedades adictivas de la nicotina eran comparables con las de la cocaína o la heroína. Se atrevió a asegurar que el tabaco era una peligrosa droga y, por tanto, los fumadores enfermos drogodependientes. Las declaraciones de Charles Everett Koop provocaron un gran revuelo. La hasta entonces intocable industria tabaquera se puso en pie de guerra y los responsables de las principales empresas exigieron al presidente Reagan que lo destituyese como *surgeon general*.

Los informes de Everett Koop sirvieron para concienciar a parte de la población. Al dejar su cargo en 1989 el número de fumadores en EE. UU. había descendido al 26 %, lo cual era bastante significativo. Los profesionales de la salud dejaron de ver con buenos ojos el consumo de tabaco, desaconsejándolo totalmente, e incluso se comenzaron a emitir sentencias en contra de empresas tabaqueras tras presentarse algunas demanda contra estas por parte de fumadores que habían enfermado (problemas cardiorrespiratorios y cáncer) tras no haber sido advertidos de los riesgos que corría la salud por el consumo de tabaco. Gracias a ello se puso la primera piedra en lo que hoy en día ya es una realidad: una sociedad concienciada en que el tabaco mata, que prohíbe fumar en lugares públicos, establecimientos, que no permite su venta a menores y que no deja que aparezcan imágenes de tabaco o fumadores en la mayoría de películas y series de televisión (solo en aquellas en las que es estrictamente necesario por la trama y tras haberse solicitado un permiso especial a las autoridades).

ROMPIENDO CADENAS

Hubo un tiempo que en Estados Unidos (y otros muchos lugares del planeta) el hecho de ser hijo de una esclava convertía automáticamente al neonato en siervo del mismo amo. Esto es lo que ocurrió a miles de personas que nacieron durante la época en la que la esclavitud todavía estaba permitida. Robert Smalls, nacido en Carolina del Sur en 1839, fue uno de ellos. Pero él fue uno de los afortunados que, unas cuantas décadas después, pudo conseguir ser libre gracias a la lucha de los abolicionistas. Su libertad lo llevó a convertirse en un importante político y ser elegido tres veces consecutivas como miembro de la Cámara de Representantes de los Estados Unidos por el mismo Estado en el que nació y que años atrás lo había convertido en esclavo por el solo hecho de ser negro.

Los 75 años de vida de Robert Smalls están llenos de anécdotas e historias curiosas. Su madre, Lidia Polite, fue una esclava afroamericana al servicio de una rica familia de terratenientes de Beaufort, Estado de Carolina del Sur. Cuando Robert tenía 12 años, su propietario, llamado Henry Mckee (y posiblemente padre biológico del muchacho), decidió enviarlo como trabajador a la población de Charleston, a poco más de 100 kilómetros de allí. Eso sí, el sueldo semanal del muchacho era recibido directamente por el terrateniente Mckee. Allí aprendió varios oficios y acabó trabajando en el puerto, donde realizó tareas de estibador y aprendió a pilotar barcazas. A pesar de que era una profesión en la que no se permitía ejercer oficialmente a los negros, el buen manejo que tenía el joven hizo que se le dejará ser piloto de una. Diez años después, tras el estallido de la Guerra de Secesión, se convirtió en todo un héroe tras secuestrar el USS Planter, un vapor del Ejército Confederado, y entregárselo al Ejército de la Unión. Esta gesta la consiguió tras aprovechar que los oficiales al mando se ausentaron del buque y se colocó un uniforme de capitán.

Este hecho lo hizo tan sumamente popular entre los que apoyaban la causa nordista que incluso el propio Abraham Lincoln decidió recibirlo. A Robert y un grupo de esclavos afroamericanos que le ayudaron a conseguir la heroica gesta se les asignó una importante retribución económica, además de permitirles alistarse en el Ejército de la Unión. Con parte del dinero recibido, una vez finalizada la Guerra de Secesión, decidió volver a su Beaufort natal y comprar las propiedades de la familia Mckee en la que había nacido. El resto de la retribución lo invirtió en fundar una escuela para que los niños afroamericanos aprendieran a leer y escribir. Esto también le proporcionó una inmensa popularidad, motivo por la que no tardaron en ofrecerle participar en política. Intervino activamente en la Cámara de Representantes Locales de Carolina del Sur, a partir de 1868, para posteriormente, a partir de 1875, dar el salto a la política nacional como congresista, donde fue elegido durante tres legislaturas. Robert Smalls se convirtió en todo un símbolo de la lucha afroamericana y dio ejemplo de cómo se puede combatir el odio y el racismo desde la política y la concordia. Varios son los edificios y escuelas que llevan su nombre, así como un buque militar, estatuas y numerosas placas en su recuerdo las que se reparten por todos los Estados Unidos.

COMPLOT PARA ASESINAR A GEORGE WASHINGTON

A finales de junio de 1776, una semana antes de que los representantes de las Trece Colonias firmaran la Declaración de Independencia de Estados Unidos, con la que se proclamaba la separación definitiva del imperio británico, se destapó una trama organizada por un grupo de *lealistas*, término con el que se conocía a los colonos americanos que decidieron ser leales al Reino Unido, con la que pretendían secuestrar y asesinar a George Washington, quien había sido nombrado unos días antes, el 15 de junio, comandante en jefe del Ejército Continental y trece años después alcanzaría la presidencia de los EE. UU. Este plan pudo ser descubierto gracias a la indiscreción de dos soldados del ejército comandado por Washington y a los que se les había asignado las labores de ser guardaespaldas del importante militar, pero cuya avaricia por ganar dinero fácil les hizo traicionar a los rebeldes y ayudar en el complot organizado por los *tories* de Nueva York, otro modo de llamar a los lealistas. Uno de esos soldados era Thomas Hickey, tipo de pocos escrúpulos de origen irlandés y al que no le importó ser desleal al Ejército británico (al que se alistó en un principio) para unirse a los revolucionarios y a los que posteriormente traicionó por dinero, vendiendo información sobre los planes del Ejército Continental y su comandante a los lealistas.

Y es que a Thomas Hickey le gustaba demasiado el dinero, tanto que llegó a estar envuelto en un sucio negocio de billetes falsos, que fue lo que realmente provocó que fuera encerrado en prisión junto a Michael Lynch, su compañero en el ejército y socio en este fraudulento negocio. Fue en la cárcel donde conocieron a otro preso, llamado Isaac Ketchum, encerrado allí también por falsificar dinero, con quien entablaron una amistad y acabaron teniendo la indiscreción de explicarle el plan que se había tramado para acabar con George Washington. Pero resulta que el tal Ketchum (en algunos documentos se le cita como Ketcham), además de estafador, era confidente de los Patriotas, que luchaban por conseguir la independencia, y sabía que si les filtraba la confesión que había conseguido de Hickey podría conseguir una rebaja de su condena e incluso salir en libertad.

La última semana de junio se destapó toda la trama. Thomas Hickey era juzgado el 26 de ese mismo mes acusado de alta traición. Fue encontrado culpable y condenado a ser ejecutado en la horca (pena que se llevó a cabo dos días después). En los interrogatorios que los patriotas le realizaron consiguieron sacarle valiosísima información sobre cómo iba a desarrollarse el complot contra la vida del comandante Washington, quien llevaba residiendo en Nueva York desde el 13 de abril de ese mismo año, día que se había trasladado a una casa de Richmond Hill (hoy en día en pleno Manhattan, pero por entonces una villa aislada). Un plan que contemplaba cerrar todos los accesos a Nueva York, posicionar un barco de guerra británico en el puerto, una cantidad importante de soldados en las salidas por tierra y volar todos los puentes sobre los ríos, provocando así que quedara atrapado George Washington junto al Ejército Continental.

Hickey confesó que tras el plan se encontraban varias importantes personalidades y entre los nombres que dio figuraban los de David Mathews (quien ejercía como alcalde de Nueva York desde febrero de aquel mismo año) y el Gobernador William Tryon (desde hacía cinco años en el cargo). Aunque David Mathews y William Tryon fueron apresados e investigados, no se encontraron suficientes pruebas que los incriminase y acabaron quedando en libertad y rehabilitados en sus respectivos cargos. La indiscreción de Hickey y el chivatazo de Ketchum habían ayudado a desbara-

George Washington (1731-1799). Grabado de W.Humphreys publicado en *The Gallery Of Portraits With Memoirs encyclopedia*, Reino Unido, 1837.

tar un plan. De haberse llevado a cabo tal plan la Historia de los Estados Unidos posiblemente hubiera sido otra. No fue hasta una década después cuando se pudo probar la implicación en la trama del alcalde y el gobernador de Nueva York. Y es que fue el propio David Mathews quien lo confesó estando en Nueva Escocia (Canadá), donde fue a residir tras abandonar NY ante el triunfo de George Washington y su Ejército Continental y la evacuación de las tropas británicas de la ciudad, el 25 de noviembre de 1783. Cabe destacar que, según a qué historiador se consulta, da como respuesta un objetivo diferente en el complot contra George Washington: mientras unos apoyan la teoría de que el fin era asesinarlo, otros apuestan por simplemente el secuestro para ser llevado a Londres y allí ponerlo frente a las autoridades británicas.

MITIN CON UNA BALA EN EL PECHO

Theodore Roosevelt fue el vigesimosexto presidente de los Estados Unidos, entre 1901 y 1909, en dos legislaturas seguidas. Debido al gran descontento que había en la sociedad norteamericana con su sucesor William Howard Taft, un sector del Partido Progresista decidió presentar de nuevo a Roosevelt como candidato a las primarias de cara a las elecciones presidenciales que se celebrarían en noviembre de 1913. Por tal motivo, aquella precampaña lo llevó hasta Milwaukee, Wisconsin, el 14 de octubre de 1912, donde debía ofrecer un discurso ante centenares de seguidores dispuestos a escuchar sus palabras.

Llegó a la estación de Milwaukee a las cinco de la tarde y tras reunirse con sus colaboradores se dirigieron al hotel Gilpatrick, lugar en el que cenó. Al salir, una multitud le esperaba y le aclamaba. Entre la marabunta de personas se encontraba John Schrank, un anarquista de baja estatura y que encañonaba un revólver del calibre 32. En el momento en que Roosevelt subió al vehículo descapotado y agitaba su sombrero saludando a los presentes, Schrank dio unos pasos hacia él y le disparó un tiro a bocajarro. La trayectoria de la bala se dirigió hacia la zona del corazón, pero el grueso manuscrito del discurso de 50 hojas que portaba el expresidente en el bolsillo interior de su capa hizo de amortiguación, como si de un chaleco antibalas se tratara. Varios hombres del séquito de Roosevelt se abalanzaron sobre el pistolero. Pudieron tirarlo al suelo e inmovilizarlo. Las únicas palabras que John Schrank dijo, al ser preguntado por el motivo de su atentado, fueron: «Cualquier hombre que busca un tercer mandato debería ser fusilado».

Todo ocurrió en poquísimos segundos. El expresidente no era consciente de que había recibido el impacto de un disparo en su pecho y observaba con curiosidad la escena de lo que ocurría a pocos metros de él. Tras ser informado de lo sucedido y comprobar que tenía un orificio de bala a la altura del pecho, un médico le echó un rápido examen al candidato presidencial allí mismo y dijo que solo se trataba de una herida superficial, por lo que Theodore Roosevelt se negó a ser trasladado hasta el hospital y prefirió dirigirse al auditorio donde debía dar su discurso. Allí dio un largo discurso de una hora de duración. Mientras sostenía las hojas del manuscrito en la mano los presentes podían observar cómo tenía un agujero en el centro.

Empezó el discurso mostrando el manuscrito al auditorio y diciendo: «Amigos, voy a pedirles que sean lo más silenciosos posible. No sé si ustedes saben que he sido herido, pero se necesita más que eso para matar a un alce. Afortunadamente, yo tenía mi manuscrito, para que vean que les iba a pronunciar un discurso largo, y por ahí es por donde la bala atravesó y, probablemente, me salvó evitando que entrara en mi corazón. La bala está alojada en mi pecho, por eso no puedo hacer un discurso muy largo, pero voy a tratar de hacerlo lo mejor posible». Tras su discurso, Theodore Roosevelt se desplomó y fue trasladado al hospital. Allí determinaron que era un auténtico peligro extraerle la bala del pecho y ahí la conservó hasta su fallecimiento por causas naturales en 1919.

JURANDO LEALTAD A LA BANDERA

Estados Unidos es una de las naciones donde el sentimiento patriótico está más arraigado, tanto por parte de sus habitantes como por las propias instituciones. Es muy corriente ver muchísimas casas en cuya entrada se encuentra la bandera estadounidense. En las escuelas públicas de todo el país se enseña desde temprana edad el conocido como juramento de lealtad a la bandera, el cual es pronunciado en multitud de actos, festividades y conmemoraciones. Este juramento fue escrito por un ministro bautista llamado Francis Bellamy, de ahí que también sea conocido como Juramento Bellamy, con motivo de la celebración del 400 aniversario del descubrimiento de América por Cristóbal Colón. Aquel 12 de octubre de 1892 sería la primera vez que, en honor a la bandera de los Estados Unidos y como tributo y lealtad a esta, se pronunciaría las siguientes palabras frente a la señera nacional: «Juro lealtad a mi bandera y la República a la que representa, una nación indivisible con libertad y justicia para todo».

El modo que se adoptó para hacerlo (y perduró así durante más de medio siglo) fue el que empieza por llevarse la mano al corazón (con la palma hacia abajo) durante la primera parte de la frase (Juro lealtad…). Posteriormente, a partir de «a mi bandera» acabarla con el brazo alzado, emulando al saludo de la Antigua Roma, con la salvedad de que la palma de la mano miraba hacia arriba. Y así se mantuvo este saludo con el brazo (que no la frase que tuvo varias modificaciones a lo largo de los años) hasta 1942, año en el que decidió que ya no se alzaría el brazo y que este quedaría durante todo el juramento tocando el corazón, con la palma pegada al pecho. De esta manera se evitaba que se confundiera con el saludo que los fascistas, nazis y falangistas usaban.

Pero retrocediendo a 1892 y al momento en el que Francis Bellamy escribió su famoso juramento, cabe destacar que inicialmente iba a ser diferente a como finalmente fue. En un principio Bellamy quería hacer un juramento que incluyese el lema que se estaba utilizando en Francia desde hacía un siglo y que se había convertido en inmensamente popular: «Libertad, igualdad, fraternidad» (*Liberté, égalité, fraternité*), pero finalmente decidió dejar tan solo uno de los tres términos: libertad. El motivo por el que descartó las otras

El presidente Calvin Coolidge sosteniendo la bandera.
2 de mayo de 1924 (Library of Congress).

dos palabras fue porque sabía que un gran número de los representantes políticos, que debían aprobar el texto de dicho juramento, se opondrían a que figurasen ambos términos, pues estaban en contra de reconocer los derechos de la mujer y las minorías étnicas y raciales (negros, nativos americanos…). Un texto en el que se abogase por el que todos los americanos eran iguales, y por tanto tenían los mismos derechos, y que existía una fraternidad entre ellos (estaban hermanados) hubiese molestado a una importante y numerosa parte de la población del país.

También excluyó cualquier mención a Dios, a pesar de ser Bellamy un hombre profundamente religioso. Como socialista que también era creía en una sociedad laica y sin intervención de la Iglesia. Su juramento debía ser una proclama a la unidad y al patriotismo nacional, tan deteriorado en Estados Unidos tras la Guerra de Secesión que había tenido lugar tres décadas atrás (entre 1861 y 1865). Pero este juramento sufriría varias modificaciones a lo largo de los siguientes años. Por ejemplo, en 1923 se le añadió la coletilla «Estados Unidos» que originalmente no aparecía en la primera parte del enunciado. Además, en lugar de prometer «lealtad a mi bandera» sería lealtad a la bandera, quedando del siguiente modo: «Juro lealtad a la Bandera de los Estados Unidos y a la República por la cual se encuentra, una nación, indivisible, con libertad y justicia para todos»

Pero solo se tardó un año en volver a revisarse el texto y hacerle nuevos cambios, que no serían los últimos, añadiendo la palabra «América». Así quedaba la nueva versión de 1924: «Juro lealtad a la Bandera de los Estados Unidos de América y a la República por la cual se encuentra, una nación, indivisible, con libertad y justicia para todos»

Así se mantuvo durante tres décadas, hasta que se decidió hacer una nueva modificación para añadir una clara referencia a Dios, algo que el autor original había querido evitar: «Juro lealtad a la bandera de los Estados Unidos de América y a la República a la que representa, una nación bajo Dios, indivisible, con libertad y justicia para todos».

XI. *SPAIN ISN'T DIFFERENT*

Le explicaba, unos episodios más atrás, cómo Manuel Fraga, durante el periodo en el que fue titular de la cartera del Ministerio de Información y Turismo, convirtió el lema «*Spain is different*» (España es diferente) en uno de los eslóganes más famosos y efectivos de la década de 1960, siendo todavía recordado y utilizado para señalar todas aquellas diferencias y singularidades de este gran país respecto al resto de naciones. Pero en la cuestión política, estimado lector, Iberia no es ni ha sido, a lo largo de la Historia, tan distinta. Aquí el motivo por el que, a pesar de haber referenciado e incluido en prácticamente todos los capítulos de este libro multitud de curiosidades, historias y anécdotas sobre políticos o momentos precisos de la política en España, uno de ellos completamente destinado al periodo de la Transición democrática, permítame que le dedique otro capítulo completo bajo el título «*Spain isn't different*», en el que podrá leer algunos relatos y situaciones que, quizás, no eran de su conocimiento.

PIONEROS EN LA LUCHA LABORAL

La mayoría de logros y avances, tanto sociales como laborales, que actualmente podemos disfrutar se los debemos a generaciones pasadas que lucharon incansables por acabar

Álvaro Figueroa y Torres (1863-1950), conde de Romanones.

con las desigualdades y las injusticias. Las reivindicaciones que estos realizaban eran hechas pensando en el bien colectivo de la sociedad y los trabajadores. Fue precisamente una feroz huelga que duró 44 días, y tuvo lugar en Barcelona en el año 1919, por la que se consiguió que en España se aprobara la jornada laboral de ocho horas. Fue el país pionero en toda Europa en aplicar esa medida.

La jornada laboral de ocho horas se había convertido en una reivindicación que, desde hacía varias décadas, llevaban luchando por conseguir las clases obreras. Innumerables huelgas tuvieron lugar en España desde el último cuarto del siglo XIX y principios del XX. Pero tras el auge de los movimientos anarcosindicalistas, durante los primeros años de 1900, y la irrupción en el panorama internacional del comunismo, sobre todo tras la Revolución Rusa de 1917, hubo un espectacular aumento de los colectivos y sindicatos que se implicaron en la lucha social y obrera. Una de las prioridades era la mejora salarial y de las condiciones laborales para millones de trabajadores que trabajaban infinidad de horas a cambio de un mísero salario.

Entre las muchas huelgas y jornadas reivindicativas de esa época hay una que destacó por ser determinante para conseguir la reducción de la jornada laboral. Fue iniciada el 5 de febrero de 1919 por los trabajadores de la empresa Riegos y fuerzas del Ebro, ubicada en Barcelona, que se dedicaba al suministro e instalación eléctrica. Curiosamente esta empresa era popularmente conocida como La Canadiense (La Canadenca en catalán), debido a que su mayor accionista era un banco de ese país norteamericano. Esta huelga se había convocado para solicitar la readmisión de ocho trabajadores que habían sido despedidos tras protestar, a través del sindicato CNT, por la reducción de salario que la empresa había realizado a través de unos cambios en las condiciones de trabajo. Aquella reivindicación por parte de unos pocos trabajadores del Departamento de Facturación de La Canadiense fue extendiéndose hacia el resto de los compañeros de la empresa, algo que provocó que fueran amenazados por la dirección con un despido masivo.

Como era de esperar, la amenaza enfureció a los miembros sindicales, que animaron a todos los trabajadores del sector a sumarse a la huelga, lo que provocó que hubiera innumerables momentos en el que la Ciudad Condal quedase a oscuras y sin suministro de electricidad. Cuantas más trabas ponía la patronal más colectivos de trabajadores se iban sumando. En cuestión de tres semanas eran numerosas las empresas que se habían añadido al paro reivindicativo y se había convertido poco a poco en una huelga general en prácticamente toda Barcelona. Se calcula que se consiguió que, aproximadamente, se les uniera el 75 % de los trabajadores barceloneses. Evidentemente hubo quien no quiso secundar la huelga, lo que provocó algunos altercados entre piquetes y esquiroles, con el fatal resultado de un fallecimiento y múltiples heridos.

El presidente del Gobierno, Álvaro Figueroa y Torres Mendieta, conde de Romanones, decidió intervenir en el asunto y dar el visto bueno para que el capitán general de Cataluña, Joaquín Milans del Bosch, declarase el estado de guerra y el cierre de sindicatos. Según iban pasando los días la tensión aumentaba. Los trabajadores de otras empresas y colectivos se sumaban a aquella huelga general y la crispación y desesperación se apoderaba tanto de la patronal, el gobierno y los trabajadores. Tras 44 días de huelga, numerosísimos huelguistas detenidos y unas pérdidas económicas que fueron astronómicas para la época, finalmente se llegó a un acuerdo entre la patronal y los huelguistas. Se readmitió a todos los trabajadores despedidos, se comprometieron a no realizar ningún tipo de represalia hacia los huelguistas y los sindicatos. Abrieron de nuevo aquellos que habían sido cerrados, se levantó el estado de guerra y, como broche de oro, el conde de Romanones, al que la huelga le costó el cargo, firmó el conocido como decreto de la jornada de ocho horas, que entraría en vigor a partir del 1 de octubre de 1919 y que ha permanecido inalterable desde entonces.

HACER LAS COSAS POR EL ARTÍCULO 33

La expresión *hacer las cosas por el artículo 33* ha sido utilizada por varias generaciones para indicar que alguien quiere imponer su voluntad, por ejemplo diciendo algo como «aquí se hacen las cosas por el artículo 33 y no se discute más». El mencionado artículo no consiste en una figura retórica que se inventó para dar más énfasis a una locución, sino que existió realmente. Era uno de los 36 artículos que conformaban lo que se conoció como *Fuero de los españoles,* un texto publicado en el número 199 del Boletín Oficial del Estado del 18 de julio de 1945 y que definía cuáles eran los derechos y obligaciones de los ciudadanos. Puntos como que la ley amparaba a todos los españoles sin preferencia de clases ni acepción de personas, que todos los españoles tenían derecho a recibir educación o que podían reunirse y asociarse libremente para fines lícitos y de acuerdo con lo establecido por las leyes (por poner unos pocos ejemplos) se encontraban de repente con una barrera al llegar al mencionado artículo 33 el cuál indicaba literalmente: «El ejercicio de los derechos que se reconocen en este Fuero no podrá atentar a la unidad espiritual, nacional y social de España».

Y es precisamente este texto el que hacía que, por mucho que indicase durante toda una serie de artículos que los españoles disfrutaban de una serie de garantías, derechos y libertades, lo que venía a indicar el 33 era que finalmente eran las autoridades quienes determinaban arbitrariamente qué derechos tenía realmente cada ciudadano y cuándo los podía ejercer. Por tanto, a pesar de esos escasos derechos y libertades que se otorgaban a los españoles, finalmente se hacía lo que el Gobierno de la dictadura franquista quería y dictaba arbitrariamente.

Niceto Alcalá Zamora en 1931.

VAGOS Y MALEANTES DURANTE LA REPÚBLICA

Es habitual encontrar relacionada la famosa Ley de Vagos y Maleantes con la dictadura franquista. Pero son muchas las personas que desconocen que esa ley en realidad se aprobó y se puso en marcha durante la Segunda República, durante el Gobierno de Manuel Azaña, siendo Niceto Alcalá-Zamora el presidente de la República. Fue el 5 de agosto de 1933 cuando se publicó en el boletín oficial, que por aquel entonces era llamado la Gaceta de Madrid. La Gandula, como popularmente fue conocida tiempo después esta controvertida ley, se promulgó con el fin de perseguir a aquellos individuos que eran *non gratos* para la sociedad española, como los vagabundos, los rufianes, los proxenetas, los menesterosos, los ladronzuelos y todo aquel que no pudiese demostrar tener un modo de sustento o un domicilio fijo. Tras la Guerra Civil, el nuevo Gobierno del dictador Francisco Franco, decidió mantener en vigor esta ley, aunque en los siguientes años la fue modificando (el 15 de julio de 1954) para incluir elementos que perseguir o sancionar, entre ellos a los homosexuales. La Ley de Vagos y Maleantes fue sustituida por la Ley sobre Peligrosidad y Rehabilitación Social el 5 de agosto de 1970, incluyendo en la nueva a las personas drogadictas, prostitutas e inmigrantes ilegales. A pesar de que Franco falleció en 1975, esa ley siguió teniendo validez y aplicándose (aunque con algunas modificaciones y eliminando ciertos artículos) hasta el 23 de noviembre de 1995 en que fue totalmente derogada.

EL REY DE JERUSALÉN

A pesar de no existir como reino desde finales del siglo XIII, el título de rey de Jerusalén recae por herencia dinástica a la Corona Española. El reino de Jerusalén tan solo estuvo vigente a lo largo de dos siglos (1099-1291). Se fundó a raíz de la Primera Cruzada llevada a cabo por el papa Urbano II con el propósito de conquistar todos aquellos lugares considerados como sagrados. Jerusalén era uno de ellos, al ser donde, según las Sagradas Escrituras, murió Jesús de Nazaret. Tras la conquista de aquel lugar santo por parte del francés Godofredo de Bouillón, Jerusalén fue incluido como uno de los Estados cruzados y como tal se convirtió en un reino cristiano. El propio Godofredo fue su primer gobernante (aunque no rey). Al fallecer, un año más tarde (1100), el trono y control de Jerusalén pasó a manos de su hermano Balduino I y posteriormente, tras este, el titulo fue recayendo de un descendiente a otro. En el año 1277, María de Antioquia, nieta de Isabel I, reina de Jerusalén, y pretendiente al trono, decidió vender el título, con la correspondiente bendición y aprobación papal, al rey de Nápoles, Carlos de Anjou, aunque existían disputas por el título con Hugo III, rey de Chipre. A pesar de que en el año 1291 el Reino de Jerusalén dejó de existir como tal, el título al trono siguió vinculado al de Nápoles. El nombramiento en 1504 de Fernando el Católico como rey de Nápoles se trajo hacia España también el título al trono del reino de Jerusalén y desde entonces la corona española ostenta ese cargo. Por tal motivo, el monarca actual, Felipe VI, además de España, es también el rey de Jerusalén. Anecdóticamente, Shimon Peres, quien fuera presidente de Israel y ocupó un gran número de cargos políticos de su país a lo largo de seis décadas, solía utilizar la expresión «monarca de los Santos Lugares» cuando se refería a Juan Carlos I, hoy rey emérito.

LA LEY DE LA SILLA DE CANALEJAS

La masiva incorporación de mujeres a la vida laboral, en fábricas y comercios, durante el último cuarto del siglo XIX hizo que, con la llegada de 1900, se plantearan una serie de demandas para mejorar las condiciones de trabajo de éstas, debido a que tenían unas larguísimas y duras jornadas con unos salarios muy por debajo de los hombres. Muchas fueron las iniciativas que empezaron a tomarse, no para incrementar la retribución de las trabajadoras sino para hacerles más llevaderas las largas jornadas laborales. Evidentemente, todo ello se hizo desde el convencimiento machista y heteropatriarcal que por aquel entonces se tenía, de que la mujer era el sexo débil, tenía menos aguante que cualquier hombre y, además, que su trabajo era menos productivo. Algunos informes médicos, que hoy en día carecerían de validez alguna, señalaban que el organismo de la mujer no estaba preparado para aguantar las mismas horas de pie que cualquier hombre, teniendo en cuenta que las jornadas laborales eran aproximadamente de doce horas diarias. También se señalaba que al tener que estar de pie durante mucho tiempo, esto podría ser contraproducente para su organismo a la hora de querer tener descendencia, ya que esa postura podía llegar a atrofiar sus órganos, entre ellos los ovarios y la matriz.

Así fue como el 27 de febrero de 1912, bajo el reinado de Alfonso XIII, el presidente del Consejo de Ministros y también Ministro de Gracia y Justicia, José Canalejas Méndez, aprobaba la que sería conocida como Ley de la silla y en la cual se obligaba a los empresarios a poner a disposición de todas las mujeres que trabajaran en [...] almacenes, tiendas y oficinas, escritorios, y en general en todo establecimiento no fabril, de cualquier clase que sea, donde se vendan, artículos u objetos al público o se preste algún servicio relacionado con él por mujeres empleadas, y en los locales anejos, será obligatorio para el dueño o su representante particular o compañía tener dispuesto un asiento para cada una de aquellas. Cada asiento, destinado exclusivamente a una empleada, estará en el local donde desempeñe su ocupación [...].

Esta fue la primera ley promulgada en España que defendía a la mujer como trabajadora, aunque cabe señalar que era machista y discriminatoria, debido a que no se tenía en cuenta en ningún momento al trabajador varón. Otra práctica que también parecía beneficiosa para la mujer era la que

Cartel que muestra a una mujer que trabaja en una oficina utilizando una máquina de impresión Eyquem para hacer 3000 copias de un documento.

permitía que saliera media hora antes de su puesto de trabajo respecto al horario de los hombres; pero no se hacía para que fueran a descansar, sino para que cuando llegara el trabajador a su casa la comida ya estuviera preparada. El 11 de julio de 1912, el Gobierno de Canalejas volvía a sorprender a la clase trabajadora con una nueva ley aprobada, esta vez presentada por el ministro de la Gobernación, Antonio Barroso y Castillo, y por la cual se prohibía el trabajo industrial nocturno de las mujeres en talleres y fábricas. Estas debían tener un descanso mínimo de once horas entre el término de la jornada laboral y el inicio de la siguiente, y esas horas tenían que estar comprendidas entre las nueve de la noche y las cinco de la mañana. Evidentemente se incluían una serie de excepciones, como de fuerza mayor y aquellas industrias, como la agrícola, en las que se utilizara material susceptible de alteración, siempre que no hubiera otro medio de evitar la pérdida de esas materias.

Ambas leyes también disponían apartados en los que se especificaba que si los patronos las incumplían tendrían multas que podrían ir de 20 a las 250 pesetas. La ley de prohibición de trabajo nocturno para las mujeres marcaba unos plazos para ser aplicado y no entraría en vigor hasta el 14 de enero de 1914, siendo la fecha tope, en la que ya no podría haber ninguna trabajadora nocturna el 14 de enero de 1920, tal y como recoge el artículo oficial publicado el 12 de julio de 1912 en la Gaceta de Madrid.

PROHIBIENDO LA TAUROMAQUIA

A mediados del mes de febrero de 1805 todos los españoles aficionados a la tauromaquia recibían un durísimo golpe al hacerse pública la real cédula que había sido firmada por el rey Carlos IV, el día 10 de ese mismo mes, y por la cual se prohibía en todo el reino celebrar corridas de toros, incluido novilladas, cuyo resultado final fuese la muerte del animal. Sin lugar a duda se trataba de una de las medidas más impopulares que podía dictar el monarca, y más en un país en el que la fiesta de los toros estaba tan arraigada, incluso entre numerosos miembros de la corte, la aristocracia y los intelectuales de la época. La decisión del rey había estado muy meditada y sobre todo consensuada con los miembros del Consejo que dirigía el primer ministro Manuel Godoy. Pero esta prohibición no solo estaba motivada por la animadversión del monarca y, sobre todo, de su esposa María Luisa de Parma, de la que decían que tenía como amante al insigne Manuel Godoy, motivo por el que el primer ministro apoyó en todo momento la decisión. Pero tras el dictamen real se encontraba también un motivo económico, debido al escaso aprovechamiento agrícola que se hacía de las dehesas (terrenos utilizados para que los toros pastasen).

No duró demasiado tiempo en vigor esta medida, ya que en 1808 fue derogada la cédula real y la prohibición fue levantada. El motivo no fue las protestas de aquellos que sí apoyaban los espectáculos taurinos, sino que fue una de las primeras medidas que tomó el francés José I Bonaparte tras ser coronado rey y como excusa perfecta para ganarse la simpatía de los españoles, ya que no gozaba de demasiada popularidad.

Esa no fue la primera ni única ocasión en la que las corridas de toros han sido prohibidas en España, pero tal y como se suprimían pocos años después volvían a autorizarse. En el siglo XVI el papa Pío V ya lo había hecho, aunque fue levantada por su sucesor Gregorio XIII a petición de Felipe II. Otro Felipe, en este caso V, volvió a prohibirlo en 1723 y en 1771 Carlos III hizo lo mismo, pero fueron restituidas poco después.

ASÍ SE LAS PONÍAN A...

Es habitual escuchar o utilizar la expresión «Así se las ponían a...» y el nombre de algún personaje, para referirse a las facilidades que se le da a alguien para que consiga algún propósito sin costarle esfuerzo alguno, por ejemplo, optar a un examen en el que las preguntas que le realizan son sumamente fáciles. Lo curioso es que la locución se utiliza mencionando diferentes protagonistas y se puede ver, entre otras muchas, referidas como: «Así se las ponían a Felipe II», «Así se las ponían a Fernando VII» e incluso «Así se las ponían a Franco».

Cuando se hace referencia a Felipe II suele ser para indicar la desmesurada afición de este controvertido y puritano monarca hacia el sexo y cómo era común llevarle numerosas cortesanas a su alcoba para que tuviese sus escarceos sexuales, aunque oficialmente tan solo se le conoció una amante, Isabel Osorio. Si el aludido en la expresión es Fernando VII, se refiere a su personalidad caprichosa, debido a que quería que todo se le ofreciera de forma fácil y sin complicación. Los historiadores apuntan que se originó la locución debido a la gran afición que tenía el monarca hacia el billar. Se tiraba horas enteras jugando y casualmente siempre ganaba, por el hecho de que sus contrincantes se dejaban ganar, colocándole las bolas bien situadas sobre la mesa y facilitándole el triunfo. Otro personaje con quien suele utilizarse en esta expresión es Franco y se hace como clara alusión a la afición a la caza y pesca del dictador, a quien le preparaban las mejores piezas que luego lucía con orgullo frente a la prensa, sobre todo en el NO-DO que se emitía en las salas de cine.

Cabe destacar que la inmensa mayoría de historiadores señalan que la expresión original surgió en el siglo XIX, con clara referencia a Fernando VII y no consta que se utilizara en fechas anteriores a las del reinado del Rey Felón.

Retrato de Fernando VII con el uniforme de Coronel de Guardia de Corps, con fajín rojo a la cintura, banda de la Orden de Carlos III y varias condecoraciones (obra de Luis de la Cruz, Ayuntamiento de Sevilla).

UNA REAL ESTAFA

Varias han sido las veces que he mencionado a Fernando VII a lo largo de este libro, un rey del que se guarda un nefasto recuerdo y que protagonizó varios de los momentos más funestos como monarca absolutista. A pesar de haber gozado de una relativa confianza por parte de un nutrido grupo de ciudadanos españoles (los absolutistas) en gran parte de su mandato no supo gestionar su reinado tras recuperar el trono.

Por una parte, recibió como herencia una Armada española cuya flota naval había prácticamente desaparecido a consecuencia de la batalla de Trafalgar, que tuvo lugar el 21 de octubre de 1805 bajo el reinado de su padre, Carlos IV. La posterior Guerra de la Independencia (1808-1814) contra el primer imperio francés terminó de dejar a la nación sin efectivos suficientes de buques y barcos de guerra. La que había sido durante muchísimos años la armada más poderosa y temida de todos los mares se había quedado reducida en unos pocos barcos dañados e inoperativos.

Esto hizo que en 1817 se decidiera realizar la adquisición de una nueva escuadra marina, con la intención de enviar un importante contingente militar hasta las colonias españolas en América, en un momento en el que en muchas de ellas estaban estallando conflictos bélicos en busca de la independencia. A pesar de haber estado en guerra contra Francia hasta poco tiempo antes, se realizó una primera compra de barcos al país galo. El mediador de esta transacción comercial fue el entonces ministro de Marina y hombre de confianza de Fernando VII José Vázquez de Figueroa. El acuerdo llegó a buen término y en agosto de ese mismo año ya estaban dispuestas en El Ferrol las primeras naves entregadas por los franceses. Pero los barcos adquiridos no eran suficientes para los planes que tenía el rey absolutista, que quiso adquirir una nueva remesa. Esta vez fue a través del embajador de Rusia en España, un pérfido personaje llamado Dmitry Pavlovich Tatischev, que hizo de intermediario entre el rey de España y el zar ruso, Alejandro I.

Esta nueva flota de guerra que se adquiría a los rusos no tenía el visto bueno de Vázquez de Figueroa, quien avisó al monarca de las intenciones poco claras del embajador Tatischev y, sobre todo, por el carísimo acuerdo económico que se había alcanzado (la nación española estaba pasando en ese momento una grave crisis económica). La oposición del ministro de Marina hizo que el rey se distanciara de este y lo destituyera poco después, haciendo caso omiso Fernando VII a los avisos sobre las extrañas intenciones rusas. Y así fue. Tras el pago inicial de un adelanto de los aproximadamente 70 millones de reales de vellón (una cantidad desorbitada para aquella época) que costaba la operación (en el que un buen número de personas que intervinieron en la transacción se embolsaron suculentas comisiones), el 21 de febrero de 1818 llegaban al puerto de Cádiz la flota de barcos adquiridos a los rusos. Lo que debía ser una fiesta y alegría por la adquisición se convirtió en estupor al comprobar el pésimo estado con el que llegaron los barcos. La mayoría tenían la madera con la que habían sido realizados podrida, además de haber sido usados en varios conflictos marinos por parte de la Armada rusa. Evidentemente se encontraban frente a una estafa en toda regla, algo que le recriminó Vázquez de Figueroa al monarca, por lo que la relación entre ambos terminó por deteriorarse totalmente.

De todos los barcos recibidos tan solo uno pudo ser aprovechado, tras una importantísima inversión para repararlo por completo. El resto tuvieron que ser destruidos, no pudo aprovecharse prácticamente nada. Los rusos se escudaron en que en el contrato firmado por ambas partes no se especificaba por ningún lado que lo barcos estarían, o deberían estar, en buen estado. A pesar de ello, el zar Alejandro I se comprometió a mandar tres fragatas de regalo, las cuales también llegaron en unas pésimas condiciones. Esto provocó que Fernando VII desoyera el reclamo por parte de los rusos para pagarles el resto de lo acordado, pero al mismo tiempo debía evitar que la ciudadanía se le pusiera en contra a raíz de este tema, aunque en realidad ya lo estaba desde hacía bastante tiempo debido a su nula capacidad para reinar la nación. Para ello tergiversó la historia en los diarios y mandó publicar que el acuerdo por la adquisición de la flota rusa había resultado todo un éxito. En toda esta historia, José Vázquez de Figueroa fue quien peor salió parado, aunque, según apuntan los escritores Nikolay W. Mitiuckov y Alejandro Anca Alamillo en su libro *La escuadra rusa adquirida por Fernando VII en 1817*, el ministro de Marina tuvo mucha más culpa de lo sucedido que la que realmente se le dio, además de sostener que la estafa no lo fue tanto.

HACIENDO EL PRIMO

Leyendo la historia anteriormente explicada podríamos pensar que, con el asunto de la compra de los barcos a Rusia, Fernando VII hizo el primo. Y es que esta locución tan castiza y que es utilizada para indicar que a alguien lo han engañado o tomado el pelo debido a su ingenuidad o torpeza, tiene mucho que ver, desde el punto de vista etimológico, con la época. Debemos situarnos a principios del siglo XIX, concretamente en el levantamiento del 2 de mayo de 1808, que dio origen a la Guerra de Independencia española. Era costumbre protocolaria que en aquella época el rey diese tratamiento de *primo* a los grandes de España en las cartas privadas y documentos oficiales que despachaba con estos (y así aún queda recogido en el Diccionario de la Real Academia de la Lengua).

A raíz de los mencionados sucesos de 1808, el infante don Antonio Pascual de Borbón, hermano menor del recién abdicado rey Carlos IV y tío de su sucesor Fernando VII, recibió una carta del general francés Joaquín Murat. El infante en aquellos momentos estaba presidiendo la Junta Suprema de Gobierno, que venía a ser un órgano de regencia, ante la ausencia de su sobrino durante el viaje de este a Francia para entrevistarse con Napoleón Bonaparte. En la mencionada carta el general francés se dirigía al infante con el pro-

Portada de la obra *El ángel rojo*, de Alfonso Domingo, publicada en Almuzara.

tocolario «Señor primo» y en la misma lo presionaba con el fin de que tomase una serie medidas que serían impopulares para la ciudadanía.

Antonio Pascual de Borbón se caracterizaba por tener un carácter bonachón y acabó cediendo a las exigencias galas, lo que provocó que la población quedase descontenta con su decisión y comenzasen a correr mofas y chascarrillos por la Corte y Villa de Madrid con el que, de manera burlesca acabaron convirtiendo el tratamiento real de primo en sinónimo de ingenuo y bobo, de ahí la famosa expresión.

CAER BIEN A LOS DOS BANDOS

De todos los tipos de conflictos armados que existen, posiblemente, una guerra civil es el que se podría considerar de los más crueles, debido a que mayoritariamente los contendientes que se enfrentan entre sí son personas de un mismo país y a los que les unen muchas más cosas de lo que realmente les separa. Llega a darse el caso de que en bandos opuestos, por cuestiones de ideología, religión o demarcación territorial, estén luchando entre ellos miembros de una misma familia. Entre los miles de relatos sobre personajes que tuvieron un papel fundamental durante la Guerra Civil española (1936-1939) deseo destacar la historia de Melchor Rodríguez García, un hombre que fue considerado un héroe para los dos bandos y que fue apodado el Ángel Rojo.

Nacido en el sevillano barrio de Triana en 1893, Melchor Rodríguez estaba llamado a ser alguien dentro del mundo del toreo, pero unas cogidas que sufrió en los inicios de su carrera provocaron que tuviese que abandonar su ansiada afición y buscase trabajo como chapista en Madrid, oficio que ya había realizado en sus años de juventud en su Sevilla natal. Fue a partir de 1920 cuando empezó a entrar en contacto con los movimientos obreros y sindicalistas de la capital. Se afilió en un principio a la UGT y años después fue a parar a la CNT, en el momento de despegue y auge del anarquismo en España. Poco a poco se fue convirtiendo en un destacado miembro anarcosindicalista, algo que le reportó más de un problema, incluyendo la detención e ingreso en la cárcel durante la dictadura del general Miguel Primo de Rivera (1923-1930). Allí padeció represión y castigo por tener un pensamiento político diferente al del régimen, algo que le dejó muy marcado y sería fundamental en su manera de ser y obrar unos años después, tras ser proclamada la Segunda República y empezar a ocupar pequeños cargos que con el tiempo se iban convirtiendo en más importantes.

El Alzamiento Nacional del 18 de julio de 1936 y el posterior estallido de la Guerra Civil dividió el país en dos zonas dominadas por ideologías opuestas: los nacionales, que aglutinaba la derecha ideológica en su amplio espectro, entre los que se encontraba el catolicismo y un nutrido grupo de militares; y los republicanos, que representaba a la izquierda y los movimientos obreros. Madrid estaba dentro de la zona republicana, por lo que se siguió ejerciendo las políticas establecidas tras las elecciones de febrero de ese año en las que ganó la coalición de izquierdas denominada Frente Popular. El nombramiento del destacado anarquista Juan García Oliver en el cargo de ministro de Justicia propició que este designase a su camarada y leal amigo Melchor Rodríguez como delegado general de Prisiones. Este desde 1934 ya había estado ocupando cargos políticos, había sido concejal en el Ayuntamiento de Madrid.

La mala experiencia vivida por el propio Melchor durante el tiempo que estuvo encerrado en una cárcel durante la dictadura de Primo de Rivera provocó en él que quisiera ser lo más justo y humanitario posible con todos aquellos presos que, por el hecho de tener una ideología política diferente, habían sido encerrados. No quería que sufrieran malos tratos o atropellos injustificados por parte de los funcionarios que los custodiaban. Las prisiones se abarrotaban de presos políticos y, lamentablemente, se ejercía un desmedido castigo hacia ellos, aunque esto era algo que ocurría tanto en las cárceles de un bando como del otro. En lo que respectaba a las competencias de Melchor Rodríguez, existía el empeño y el compromiso de garantizar derechos humanitarios y un trato lo más justo posible. Muchos fueron los excarcelados por orden directa del que se estaba ganando el apodo de el Ángel Rojo y que pudieron salvar sus vidas gracias a su intervención, a pesar de ser tener ideas políticas opuestas. La mayoría de las decisiones que tomó fueron acertadas, aunque no todas compartidas por muchos de sus correligionarios, que preferían ejercer una política mucho más represora ante sus adversarios. Eso no impidió que siguiese firme en su propósito de realizar cuantas más misiones humanitarias mejor. Fueron numerosas las personas a las que consiguió arreglar los papeles para que pudiesen salir de la zona republicana y dejaran de sufrir la persecución política.

En 1939, cuando la Guerra Civil comenzaba a ver su fin y parecía que todo ya estaba decantado hacia el bando de los nacionales, Melchor seguía ocupando su cargo de concejal en el Ayuntamiento de Madrid. Fue uno de los encargados en realizar el traspaso de poderes en el momento en que la ciudad se rindió, por lo que se le nombró provisionalmente alcalde. Fue designado para el puesto por los propios falangistas, hasta que estos nombraron pocos días después a Alberto Alcocer y Ribacoba, afín al régimen franquista que se iniciaba en el país. Tras el fin de la guerra, Melchor Rodríguez García fue detenido y juzgado. Resultó condenado a 20 años y un día de prisión, pero él ya era un héroe para muchos de los implicados de los dos bandos, por lo que solo cumplió un corto periodo de la condena. Falleció en 1972 y a su entierro acudieron miembros políticos de ambos bandos, que le mostraron su respeto y admiración.

BOMBAS CONTRA LÁPICES

Uno de los episodios de este libro es el titulado «Lápices letales como balas», en el que le he explicado cómo, desde la dictadura franquista, se persiguió la libertad de expresión y hubo represión para aquellos que, desde la prensa, criticaron el régimen. Puse como ejemplo la historia del dibujante de viñetas humorísticas Carlos Gómez Carrera, quien fue perseguido, encarcelado, juzgado en un Consejo de Guerra y finalmente ejecutado mediante fusilamiento en 1940.

Casi cuatro décadas después, cuando Franco ya había fallecido y España se encontraba en pleno camino hacia la transición democrática, seguía habiendo grupos terroristas en el país que atentaban contra periodistas o medios de comunicación por cuestiones ideológicas, tanto por parte de la extrema derecha como de la extrema izquierda. Recordados son, entre otros muchos, el atentado cometido por activistas ultras contra el diario *El País* el 30 de octubre de 1978, que se saldó con un muerto y dos heridos; o el asesinato, por parte de la banda terrorista ETA, del periodista y escritor José María Portell, el 28 de junio de 1978.

Pero entre la cantidad de atentados ideológicos contra medios que tuvieron lugar durante aquella época, déjeme explicarle, estimado lector, el que ocurrió en Barcelona el martes 20 de septiembre de 1977, en las oficinas de la revista satírica *El Papus*. A las 11:40 de aquella mañana un joven hacía entrega de un paquete, dirigido a la publicación, al portero de la finca, Juan Peñalver. El envío le explotó a éste poco rato después, cuando se disponía a entregarlo a los destinatarios. Fue la única víctima mortal del atentado, aunque hubo un total de diecisiete personas heridas. El ataque fue posteriormente reivindicado por el grupo terrorista de extrema derecha Alianza Apostólica Anticomunista, comúnmente conocida como Triple A.

Los provocadores contenidos que publicaba *El Papus* habían molestado al sector más ultracatólico de la sociedad, en unos años en que se estaban dando los primeros pasos hacia la democracia, pero en los que todavía existían demasiados vestigios del reciente pasado franquista. Se trataba de una revista de humor y, como tal, cumplía su función de retratar de una forma satírica todo aquello que estaba enquistado en la sociedad. Ejercía su derecho a la libertad de expresión y lo realizaba impecablemente y con un gran sentido del humor en un país recién salido de una dictadura y que tenía unas enormes ganas de poder criticar y reírse de aquello que le apeteciese, al no poder hacerlo durante las cuatro décadas anteriores. Pero había una serie de personajes que se habían quedado anclados en el pasado represor del país y que decidieron no permitir ese ejercicio de libertad que cada semana realizaba la revista, la cual era la quinta más vendida en toda España con una tirada media de 250 000 ejemplares semanales.

Desde su creación en 1973, estando aún vigente la dictadura franquista, múltiples fueron las ocasiones en las que se suspendió la revista o alguno de sus números fue secuestrado por orden judicial o por parte de los censores del régimen. También eran docenas las denuncias que recibía cada vez que uno de sus números salía a la calle y rara la semana en la que Xavier de Echarri, el director, no acudía medio docena de veces a los juzgados de Barcelona a responder por las querellas interpuestas. Pero todo esto no dejaban de ser nimiedades al lado de lo que sucedió aquella mañana del 20 de septiembre, en la que intentaron acallar sus afilados y satíricos lápices con un paquete bomba. A pesar de existir numerosas evidencias sobre quiénes habían sido los autores materiales en la creación del paquete bomba y de dónde se había sacado el explosivo con el que se confeccionó, tanto las autoridades como la justicia española miraron hacia otro lado y el caso se cerró sin condenados y sin depurarse ni una sola responsabilidad. Casualmente la mayoría de los acusados estaban relacionados, directa o indirectamente, con importantes cargos policiales o políticos del antiguo régimen, por lo que lo más sencillo para los magistrados que se hicieron cargo del caso fue no condenar a nadie y desestimar los numerosos recursos que interpusieron la revista, los 17 trabajadores heridos y la familia del fallecido. Ni tan siquiera se consiguió percibir la indemnización solicitada.

Francisco Franco en 1954 (*Enciclopedia Británica*).

FALLIDOS ATENTADOS CONTRA FRANCO

A lo largo de las cuatro décadas en las que Francisco Franco se mantuvo al frente del poder en España como jefe de Estado fue objeto de innumerables atentados, todos fracasados. Estas tentativas no solo se produjeron durante los 36 años que duró la dictadura, incluso en los días previos al alzamiento militar de julio de 1936 se planearon varias tentativas de asesinarlo en Canarias, aunque ninguna fructificó.

Franco se creía inmune a cualquier atentado y los diferentes intentos fallidos que se iban produciendo a lo largo de los años lo iban convenciendo de poseer esa bendición divina que lo hacía inmortal. De todos modos, y para asegurar su vida, poseía un numerosísimo cuerpo de escoltas que velaban por su seguridad. Muchos eran los policías y militares infiltrados en las filas de organizaciones anarquistas clandestinas y grupos contrarios al régimen, que se encargaban de pasar información continua de los movimientos y posibles actos delictivos hacia el Caudillo. Estas son algunas de las fallidas intentonas:

— En 1937, en plena Guerra Civil, Franco debía asistir al funeral del general Emilio Mola en Pamplona, acto que intentaría ser aprovechado para atentar contra su vida durante el cortejo fúnebre. Sin embargo, una mala coordinación por parte del ejército republicano hizo imposible llevar aviones de combate hasta allí para que lo bombardeasen.
— Tras el conflicto bélico, un grupo de generales creyeron en la posibilidad de, tras haber ganado la guerra, reemplazar a Franco por la monarquía. Recibían el apoyo de Inglaterra, pero ninguno de los planes elaborados para quitarse de encima al caudillo llegó a buen puerto.
— En los inicios de los años 40, desde la Junta Nacional de la Falange Auténtica se discutió el asesinato de quien ellos creían traidor a la causa falangista, aunque final-

mente no se produjo gracias al sistema de espionaje del régimen. A Juan Bautista Pérez de Cabo, reconocido falangista que había participado en varias reuniones, se le quitó de en medio tendiéndole una trampa en la que se le implicó en una turbia trama de fraude con un envío de harina humanitaria realizada desde Estados Unidos. Fue ejecutado por este hecho, aunque se sabía que el motivo principal atendía a la conspiración contra Franco.

—Por otra parte, el Gobierno norteamericano también estuvo sopesando la posibilidad de organizar un complot que acabase con la vida del dictador, pero se descartó tras llegar a la conclusión de que Franco solo era peligroso para los españoles y podría ser útil en los intereses que tenía Estados Unidos para traer sus bases a España y con ello controlar el norte de África y el Mediterráneo occidental.

—Obviamente, los grupos anarquistas en la clandestinidad también prepararon varios atentados a lo largo de los siguientes veinte años, pero no tuvieron ni la más mínima opción; los servicios de seguridad del Estado, dirigidos por el general Eduardo Blanco, tenían organizado un gran entramado de infiltrados en este tipo de organizaciones.

—Sin embargo, uno de estos intentos fue totalmente desconocido para los servicios de seguridad y, el 12 de septiembre de 1948, una avioneta cargada con 100 kilogramos en bombas despegó desde Biarritz en dirección a San Sebastián, lugar donde se encontraba el dictador para presenciar una regata. A pesar de este desconocimiento, el perfecto dispositivo de seguridad interceptó la avioneta y varios cazas que sobrevolaron la zona le obligaron a dar media vuelta.

—Un año más tarde, un grupo de anarquistas conocidos como los Maños se trasladaron desde Francia, donde vivían exiliados, hasta Madrid, con el objetivo de atentar en las inmediaciones del Palacio del Pardo, lugar donde Franco despachaba con los diferentes cuerpos diplomáticos. Un militar había colaborado pasando información a cambio de una generosa retribución de 200 000 pesetas, que fueron conseguidas por los anarquistas tras robar una entidad bancaria. Finalmente, todo el plan se vino abajo cuando el contacto se echó para atrás y se quedaron sin la importantísima colaboración, aunque la agrupación se quedó en la capital para planear un nuevo golpe. Fue uno de ellos, Niceto Pardillo, quién traicionó a sus compañeros y los delató a la policía. Fue apresado el 9 de enero de 1950.

— En 1958 surgió el grupo terrorista ETA, que despertó la esperanza de muchos opositores al régimen, pero no fue así. La banda terrorista proporcionó ayuda a varios comandos anarquistas para conseguir explosivos o armas con las que cometer los atentados, pero gran parte de sus miembros se oponían a asesinar a Franco para no convertirlo en un mártir. Sí lo hicieron con el presidente del Gobierno, Luis Carrero Blanco, el 20 de diciembre de 1973, en un duro golpe asestado al régimen y que acababa con la vida de quien estaba llamado a ser el sucesor del dictador.

— La final de la Copa del Generalísimo, de 1964, disputada en el Santiago Bernabéu entre el Zaragoza y el Atlético de Madrid fue también escenario de otro intento de asesinato. Las organizaciones anarquistas clandestinas contaron con la ayuda de Stuart Christie, un joven británico de 17 años que se desplazó hasta Madrid con un kilo de explosivos envuelto en su cuerpo. La carga debía ser colocada en algún lugar del estadio, pero fue nuevamente interceptado por las fuerzas de seguridad.

— Uno de los últimos actos en los que corrió peligro la vida de Franco fue el protagonizado por el militante nacionalista vasco Joseba Elósegui, el 18 de septiembre de 1970. Ese día, el dictador se encontraba presidiendo un partido de pelota vasca en el frontón de Anoeta, en San Sebastián. Elósegui intentó acceder a las gradas de asientos, aunque al final tuvo que subir hasta la segunda galería, desde donde se lanzó envuelto en llamas a lo bonzo mientras gritaba «Gora Euskadi askatuta» (Viva Euskadi libre). El kamikaze no pudo caer sobre su objetivo, aunque posteriormente se cambió la versión y se dijo que no deseaba atentar contra el dictador, sino que lo que pretendía era hacer un acto de protesta contra el bombardeo de Guernica en 1937. Aunque se estuvo debatiendo entre la vida y la muerte finalmente salvó la vida y fue condenado a 7 años de cárcel. En 1979, Elósegui se presentó en las elecciones al Senado por el Partido Nacionalista Vasco, cargo que ocupó durante tres legislaturas.

UN DINERO EXTRAORDINARIO

Cinco años después de finalizar la Guerra Civil y cuando el país intentaba superar los estragos del conflicto bélico, tuvo lugar una iniciativa por parte de la dictadura franquista, que pretendía en gran medida incentivar y subir la moral de la población. Los días previos a las navidades de 1944 los trabajadores recibieron una gratificación extraordinaria en forma de paga con el fin de compensar la carestía de la vida y la caída de salarios que se había padecido en los últimos tiempos. Era una paga correspondiente a una semana de salario y destinada a ayudar a sufragar los gastos navideños, por lo que recibió el nombre genérico de «paga extraordinaria por la Natividad del Señor». Esta fue bien recibida por los ciudadanos, que vieron que algo podría mejorar sus vidas gracias estos pequeños gestos por parte del Gobierno.

Como el resultado fue favorable y hubo un significativo repunte de popularidad del régimen, entre una importante parte de la población, desde el Ministerio de Trabajo se aprobó una disposición para que esa gratificación se realizara, a partir de entonces, con carácter anual. En 1947, y en los días previos a la conmemoración de la efeméride del Alzamiento Nacional que dio origen a la Guerra Civil y posterior inicio de la dictadura franquista, desde el Gobierno se quiso dar una segunda gratificación a los asalariados y esta vez en forma de paga extraordinaria de cara al verano, la cual fue bautizada como «paga extraordinaria del 18 de julio», otra iniciativa que fue recibida con alegría por los trabajadores que verían cómo, en unos años, esas retribuciones que correspondían a una semana de salario se convertían en el cien por ciento de lo que cobraban al mes, lo que les daba la connotación de paga doble.

Se mantuvo de ese modo durante toda la dictadura y, con la llegada de la democracia y los diferentes Gobiernos, se fue modificando, como el dejar de ser en algunos casos el 100 % del sueldo bruto para pasar a ser el del salario mínimo, e incluso quien los prorrateaba dentro del sueldo mensual. También dejó de denominarse «paga extraordinaria por la Natividad del Señor» y «paga extraordinaria del 18 de julio» a simplemente «paga extra de verano» y «paga extra de Navidad».

EL LEPERO QUE FUE REY

Muchos han sido los españoles insignes cuyos nombres son mundialmente conocidos en todos los rincones del planeta. Posiblemente, en las últimas décadas esos personajes patrios se dedican mayoritariamente al deporte profesional, seguidos a través de las redes sociales por millones de fans. Tampoco podemos olvidar a los grandes literatos de todas las épocas, grandes monarcas y conquistadores, e incluso hubo un tiempo en el que los investigadores y científicos de este país eran reconocidos universalmente por ser los mejores en sus materias. Pero en esta ocasión no voy a hablar de ninguno de los mencionados, sino de un singular personaje nacido en la población onubense de Lepe. Aunque su historia suene a chiste, por la gran cantidad de chascarrillos que existen sobre esta localidad, ocurrió realmente a inicios del siglo XVI, pero no suele aparecer mencionado en los libros de Historia sobre españoles ilustres.

El protagonista de la anécdota se llamaba Juan de Lepe, un marino buscavidas y tahúr que supo ganarse la confianza de Enrique VII de Inglaterra, que en aquel tiempo era uno de los reyes más influyentes de la Europa a medio camino entre los siglos XV y XVI. No se sabe cómo consiguió llegar hasta la corte inglesa y ganarse la confianza del monarca, para acabar compartiendo con él divertidas y entretenidas charlas, pero también ser receptor de confidencias y secretos. El marino se había convertido en poco tiempo en la distracción del monarca, siendo su hombre de confianza, juglar y bufón. Las largas estancias del rey en palacio, sobre todo en invierno, hacían que se aburriera de tal manera que buscó entretenimiento, y encontró al compañero ideal en Juan de Lepe, quien destacaba por su facilidad de palabra a la hora de animar las veladas reales.

Uno de esos entretenimientos eran las largas partidas de naipes o ajedrez, ya que, a pesar del origen humilde del marino, sus viajes le habían proporcionado una cultura y un saber estar que lo hacían digno de la compañía del rey. El episodio más destacado de la presencia de Juan de Lepe en la corte inglesa fue protagonizado el día en que el monarca y él se enfrascaron en una partida de cartas en la que los dos contrincantes llevaban todos los números para ganar. Como muestra de su superioridad, Enrique VII se apostó «las rentas y la jurisdicción de todo el reino por un día natural». Pero la mano le fue favorable a su contrincante y fue nombrado como rey por un día. Esto le reportó un pequeño capital que se trajo consigo hacia la península ibérica tras el fallecimiento de Enrique VII en 1509.

Se desconoce cuándo nació y cómo vivió el lepero. Lo poco que se sabe es que era originario de la población onubense de Lepe, lugar en el que también pasó sus últimos días y de ahí su apellido.

En su testamento, Juan de Lepe dejó escrito que cedía toda sus posesiones a la orden de los franciscanos de su localidad, con la única condición de que tras su muerte fuese colocada una lápida en la que figurase su hazaña, la de haber sido rey de Inglaterra por un día. De no existir algunos escritos como el del religioso Francisco de Gonzaga, en el que copió el texto encontrado en esa lápida, en el convento de Ntra. Sra. de la Bella, poco o nada se sabría de las tribulaciones de Juan de Lepe, ni podría darse como cierta, ante la falta de otras evidencias que demostrasen la veracidad de esta historia y su protagonista. Tampoco existen ilustraciones sobre el mismo. Algunas fuentes apuntan al episodio vivido para encontrar el origen de la expresión «sabes más que Lepe», que se aplica a las personas listas y con ingenio, pero la mayoría de los historiadores coinciden en señalar como precursor de la misma a don Pedro de Lepe y Dorantes, obispo de la diócesis de Calahorra y la Calzada, en La Rioja, durante el siglo XVII.

BIBLIOGRAFÍA Y FUENTES DE CONSULTA

Abraham Lincoln's political career through 1860 de Lincoln Financial Foundation Collection (1877) - https://archive.org/details/abrahamlincox00linc/page/n2
Adhesión de España al Tratado sobre la no proliferación de las armas nucleares (1987) https://www.boe.es/boe/dias/1987/12/31/pdfs/A38243-38256.pdf
Alfonso XIII, la II República, Francisco Franco. Diego Abad de Santillán. 1979 (Ediciones Júcar)
Anatomía de un instante. Javier Cercas. 2009 (Editorial Mondadori)
Aprobación de la Ley de la silla (1912) - https://www.boe.es/datos/pdfs/BOE/1912/059/A00565-00566.pdf
Aprobación de la Ley de Vagos y Maleantes (1933) - https://www.boe.es/datos/pdfs/BOE/1933/217/A00874-00877.pdf
Aprobación del Fuero de los Españoles (1945) - https://www.boe.es/datos/pdfs/BOE/1945/199/A00358-00360.pdf
Aprobación del Sufragio Universal masculino (1890) - http://hemeroteca-paginas.lavanguardia.com/LVE07/HEM/1890/05/01/LVG18900501-003.pdf
Aprobación del Código Penal (1928) - https://www.boe.es/datos/pdfs/BOE/1928/257/A01450-01526.pdf
Archivos sobre Margaret Thatcher - https://www.margaretthatcher.org/archive
Artículo de Ricardo de la Cierva en *El País*: "¡Qué error, qué inmenso error!" (1976) - https://elpais.com/diario/1976/07/08/espana/205624843_850215.html
Asamblea Legislativa del Territorio de la Capital Australiana - https://www.elections.act.gov.au/publications/electoral_compendium_1989_-_2013
Asesinato de José María Portell por parte de ETA (1978) - https://elpais.com/diario/1978/06/29/espana/267919230_850215.html
Atentado a la revista *El Papus* (1977) - http://hemeroteca-paginas.lavanguardia.com/LVE08/HEM/1977/09/23/LVG19770923-024.pdf
Atentado ultraderechista al despacho de abogados laboralistas de la calle Atocha - https://elpais.com/diario/2005/09/09/espana/1126216819_850215.html
Atropello de Winston Churchill en Nueva York - https://winstonchurchill.hillsdale.edu/contasino/
Biblioteca Jimmy Carter - https://www.jimmycarterlibrary.gov/
Biblioteca virtual de prensa histórica de la Hemeroteca Nacional. http://prensahistorica.mcu.es
Bioterrorismo en las elecciones - https://www.pbs.org/wgbh/nova/bioterror/hist_nf.html#cult
Blair House, la residencia de los invitados del Presidente de los EE. UU. - http://www.blairhouse.org/history/becoming-the-presidents-guest-house
Blog "Cuaderno de historias" (Yahoo! España) - https://www.yahoo.com/author/alfred-lopez
Blog "Mujeres en la Historia" - https://www.mujeresenlahistoria.com

Blog "Ya está el listo que todo lo sabe" (20minutos.es) - https://blogs.20minutos.es/yaestaellistoquetodolosabe/
Bosco, el perro alcalde - https://www.mercurynews.com/2013/08/22/bosco-sunols-dog-mayor-lives-on-in-spirit/
Canal Historia - https://canalhistoria.es
Candidatura de HB al Parlamento Europeo (1987) - http://mdc.csuc.cat/cdm/ref/collection/josepvinyal/id/3052
Carta de Gandhi a Hitler - http://www.kuriositas.com/2013/04/mahatma-gandhis-dear-friend-letter-to.html
Carta de Gandhi a Hitler - http://www.mkgandhi.org/Selected%20Letters/letter.htm
Carta de Josep Tarradellas al director de La Vanguardia (1981) - http://hemeroteca-paginas.lavanguardia.com/LVE08/HEM/1981/04/16/LVG19810416-010.pdf
Churchill y el Telón de Acero - https://www.criticalpast.com/video/65675072963_Iron-Curtain-speech_Winston-Churchill_Leader-of-Opposition_Westminster-College
Churchill y el chocolate - https://www.telegraph.co.uk/history/9405919/Death-by-chocolate-plot-to-kill-Sir-Winston-Churchill.html
Claudette Colvin - http://www.montgomeryboycott.com/claudette-colvin/
Commentariolum petitionis. Quinto Tulio Cicerón. 64 a. C. - http://catalog.perseus.org/catalog/urn:cts:latinLit:phi0478.phi003.perseus-lat1
Complot contra George Washington - http://www.revolutionarywararchives.org/scoundrel.html
Constitución española de 1869 - http://www.congreso.es/portal/page/portal/Congreso/Congreso/Hist_Normas/ConstEsp1812_1978/Const1869
Constitución española de 1869 - http://www.congreso.es/docu/constituciones/1869/1869_cd.pdf (pdf)
Constitución española de 1876 - http://www.congreso.es/portal/page/portal/Congreso/Congreso/Hist_Normas/ConstEsp1812_1978/Const1876
Constitución española de 1876 - http://www.congreso.es/docu/constituciones/1876/1876_cd.pdf (pdf)
Constitución española de 1978 - http://www.congreso.es/consti/constitucion/indice/index.htm
Constitución española de 1978 - https://www.constitucion40.com/tenemos-proyecto-de-constitucion-2/
Daisy Spot (1964) - http://conelrad.com/daisy/index.php
Diccionario histórico de la Compañía de Jesús. Charles E. O'Neill y Joaquín Mª Domínguez. 2001. (Universidad Pontificia Comillas)
Dimisión de Adolfo Suárez como presidente del Gobierno español - 30 de enero de 1981 - http://hemeroteca.abc.es/nav/Navigate.exe/hemeroteca/madrid/abc/1981/01/30.html
Discurso de don Juan renunciando a la Corona de España -14 de mayo de 1977 - (vídeo) https://www.youtube.com/watch?v=0Lha5FdBpzM
Discurso de la dimisión de Adolfo Suárez por Televisión Española (vídeo) http://www.rtve.es/alacarta/videos/fue-noticia-en-el-archivo-de-rtve/discurso-dimision-adolfo-suarez/2356932/
Discurso de Margaret Thatcher - https://www.independent.co.uk/news/uk/politics/revealed-the-speech-thatcher-dared-not-give-after-brighton-ira-bombing-9771124.html
Doctrina Sinatra - http://www.nationalreview.com/article/210798/sinatra-doctrine-william-f-buckley-jr
Doctrina Sinatra - https://www.nytimes.com/1989/10/26/world/gorbachev-in-finland-disavows-any-right-of-regional-intervention.html
Don Juan de Borbón cede sus derechos dinásticos a la corona - 15 de mayo de 1977 - http://hemeroteca.abc.es/nav/Navigate.exe/hemeroteca/madrid/abc/1977/05/15/021.html
Don Nicolás de México (el eterno candidato): vida, aventuras y episodios del

caballero andante, don Nicolás de Zúñiga y Miranda. Guillermo Mellado (1931) https://opac.navalmarinearchive.com/cgi-bin/koha/opac-detail.pl?biblionumber=6893

Duelo entre Salvador Allende y Raúl Rettig (1952) - http://fauna-politica.blogspot.com/2010/12/el-ultimo-duelo.html

El *affaire* Caillaux - https://www.herodote.net/16_mars_1914-evenement-19140316.php

El alemán lengua cooficial en EE. UU. - http://www.spiegel.de/kultur/zwiebelfisch/onionfish-german-as-the-official-language-of-the-usa-a-306711.html

El Ángel Rojo: la historia de Melchor Rodríguez, el anarquista que detuvo la represión en el Madrid republicano. Alfonso Domingo Álvaro. 2009 (Almuzara Ediciones)

El caso Galinsoga - https://www.enciclopedia.cat/EC-GEC-0028778.xml

El Consejo de Regencia asume todos los poderes de la jefatura del Estado - 20 de noviembre de 1975 - http://hemeroteca.lavanguardia.com/preview/1975/11/20/pagina-7/34198372/pdf.html?search=Alejandro%20Rodr%C3%ADguez%20de%20Valc%C3%A1rcel

El divorcio en España. Carmen Burgos Colombine. 1904 - http://bdh-rd.bne.es/viewer.vm?id=0000149063&page=1

El ejército de Coxey - http://curiosidadesdelahistoriablog.blogspot.com/2014/04/el-ejercito-de-coxey-pionera-marcha-de.html

El ejército de Coxey - http://historymatters.gmu.edu/d/5364/

El engaño de Alan Abel con la falsa candidata Yetta Bronstein - http://archive.pov.org/blog/news/2008/04/biting_back_at_the_media_1/

El engaño de la falsa candidata Yetta Bronstein - http://mentalfloss.com/article/88217/yetta-bronstein-imaginary-1960s-jewish-housewife-who-ran-president

El engaño sobre Hugo N. Frye (1930) - http://content.time.com/time/magazine/article/0,9171,739457-1,00.html

El engaño sobre Hugo N. Frye (1930) - http://hoaxes.org/archive/permalink/hugo_n._frye

El gato alcalde de Alaska - https://www.wsj.com/articles/mayor-of-alaskan-town-is-a-cat-1381889957

El Grande Oriente (Episodios nacionales). Benito Pérez Galdós. 1876 (Alianza Editorial. Edición 2015)

El joven Frederick Forsyth en Berlín Oriental - https://www.atlanticcouncil.org/blogs/new-atlanticist/the-wall-always-the-wall-frederick-forsyth-s-cold-war-berlin

El joven JFK sobre Hitler - http://www.bild.de/politik/inland/john-f-kennedy/so-schwaermte-kennedy-von-hitler-30437290.bild.html

El joven JFK sobre Hitler - https://www.dailymail.co.uk/news/article-2329556/How-JFK-secretly-ADMIRED-Hitler-Explosive-book-reveals-Presidents-praise-Nazis-travelled-Germany-Second-World-War.html

El Juramento Bellamy - https://longstreet.typepad.com/thesciencebookstore/2018/06/pledge.html

El Juramento Bellamy - https://rbscp.lib.rochester.edu/3418

El *lobby* del Palacio de Westminster - https://www.parliament.uk/about/living-heritage/building/palace/architecture/palace-s-interiors/central-lobby/

El mago oficial de Nueva York - https://www.houdini.org/fame-harry-houdini-attractions-pocono-poconos-scranton.html

El mago oficial de Nueva York - https://www.nytimes.com/1981/10/01/obituaries/abraham-hurwitz-dead-at-76-new-york-s-official-magician.html

El niño delator de la URSS, Pável Morozov - https://www.britannica.com/biography/Pavlik-Morozov

El niño delator de la URSS, Pável Morozov - https://www.rbth.com/history/329601-demon-or-hero-morozov

El Papus: anatomía de un atentado. David Fernández de Castro (documental). 2010 - http://www.rtve.es/television/documentales/el-papus-anatomia-de-un-atentado

El populismo radiofónico del padre Coughlin - https://www.ssa.gov/history/briefhistory3.html
El primer debate sobre el calentamiento global (1799) - https://www.science20.com/science_20/1799_thomas_jefferson_noah_webster_and_first_global_warming_debate-81123
El primo de Franco no quiso bombardear Asturias - https://www.lne.es/asturias/2009/10/08/aviones-primo-franco-bombardeaban/818219.html
El rey de Jerusalén - https://cadenaser.com/ser/2014/06/19/internacional/1403138719_850215.html
Elecciones presidenciales de EE. UU. (1964) - https://www.historycentral.com/elections/1964.html
Emma Goldman (An exceedingly dangerous woman). Documental filmado en 2003 por Mel Bucklin.
Emperador de los EE. UU., Joshua A. Norton - http://www.emperorsbridge.org/blog/2017/6/27/emperor-norton-c1871-72
En torno al casticismo. Miguel de Unamuno. 1895 - http://www.cervantesvirtual.com/obra-visor/en-torno-al-casticismo-253798/html/
Encyclopedia of the Central Intelligence Agency. W. Thomas Smith. 2003 (Library of Congress Cataloging-in-Publication Data)
Eslogan de Ronald Reagan - https://www.nytimes.com/1984/03/13/opinion/are-you-better-off-than-you-were.html
Estado único franco-británico - http://federalunion.org.uk/a-complete-and-indissoluble-union/
Etimologías de términos políticos - http://blogs.molinodeideas.com/
Etimologías de términos políticos - http://etimologias.dechile.net
Expresiones y dichos populares. José Calles y Belén Bermejo. 2009 (Libsa Editorial)
Filtración a la prensa del borrador de la Constitución de 1978 - http://lahemerotecadelbuitre.com/piezas/cuadernos-para-el-dialogo-publica-el-borrador-de-la-nueva-constitucion-espanola/
Franco y la ejecución de su primo-hermano, Ricardo de la Puente Bahamonde - https://www.elmundo.es/cronica/2004/457/1090254240.html
Fundéu BBVA (Fundación del español urgente) - https://www.fundeu.es/
Genocidio gitano en España de la Gran Redada de 1749 -http://www.gitanos.org/upload/59/21/36AFondo.pdf
Gobiernos y ministros españoles en la edad contemporánea. José Ramón de Urquijo y Goitia. 2008 (Editado por CSIC. Consejo Superior de Investigaciones Científicas)
Gran diccionario de la lengua castellana. Aniceto de Pagés y Puig. 1902 (Real Academia Española)
Hemeroteca Digital de la Biblioteca Nacional de España - http://hemerotecadigital.bne.es/index.vm
Héroes y villanos (españoles olvidados por la historia). Javier García Blanco. 2014 (Ediciones Cydonia)
Historia administrativa de la tecnocracia - http://archives.library.ualberta.ca/FindingAids/Technocracy/technocracy.html
Historia de la Casa Blanca - https://www.whitehousehistory.org
Historia del Partido Comunista de España. 1960 (Éditions Sociales. París)
Homenaje a Carlos Gómez Carrera Bluff - http://feco-spain.blogspot.com/2010/06/homenaje-bluff-por-lamber.html
Información sobre las Elecciones Generales del 15 de junio de 1977 (Junta Electoral Central) - http://www.juntaelectoralcentral.es/cs/jec/elecciones/Generales-1977?p=1379061494717
Ireland to America the Last Generation. Kathie Wycoff. 2009 (Editado por AuthorHouse)
Ja sóc aquí. Recuerdo de un retorno. Josep Tarradellas. 1990 (Editorial Planeta)
Jimmy Carter y el beso a la Reina Madre - https://lisawallerrogers.com/2010/07/07/the-queen-mother-the-rogue-kiss/
John F. Kennedy. Entre alemanes. Diarios de viaje y cartas 1937-1945. 2013 (Editorial Aufbau-Verlag)

Jordi Pujol: en nombre de Cataluña. Félix Martínez y Jordi Oliveres. 2005 (Editorial Debate)
Jornada laboral de ocho horas en España - https://www.historiaespanaymundo.com/sabias-que/espana-fue-primer-pais-europa-aprobo-jornada-laboral-ocho-horas
José María Ruiz-Mateos, candidato político - https://www.elmundo.es/economia/2015/09/07/55ed6c4846163fa6668b4579.html
Juan de Lepe, rey de Inglaterra - https://historiasdelahistoria.com/2011/06/21/el-dia-que-un-lepero-fue-rey-de-inglaterra
Juan de Lepe, rey de Inglaterra - https://www.elmundo.es/elmundo/2010/06/19/andalucia/1276969838.html
La Campaña de las Cien Flores de Mao Zedong - http://nowiknow.com/how-chairman-mao-turned-freedom-into-oppression/
La Tammany Hall de William M. Tweed - https://www.politico.com/story/2018/11/28/boss-tweed-extradited-spain-1876-1012699
La Tammany Hall de William M. Tweed - https://www2.gwu.edu/~erpapers/teachinger/glossary/tammany-hall.cfm
La anatomía del franquismo: de la supervivencia a la agonía, 1945-1977. Carme Molinero y Pere Ysás Solanes. 2008 (Editorial Crítica)
La astróloga del matrimonio Reagan - https://magonia.com/2014/11/04/ha-muerto-joan-quigley-la-astrologa-cuyos-vaticinios-condicionaron-la-agenda-presidencial-de-reagan
La astróloga del matrimonio Reagan - https://www.sfgate.com/bayarea/article/Joan-Quigley-astrologer-who-advised-the-Reagans-5843140.php
La dentadura de George Washington - https://www.mountvernon.org/george-washington/facts/washingtons-teeth
La Divorciadora, Carmen Burgos Colombine - http://www.bne.es/es/Servicios/InformacionBibliografica/AutoresDominioPublico/Semblanzas/Carmen-de-Burgos/index.html
La Divorciadora, Carmen Burgos Colombine - http://www.fudepa.org/FudepaWEB/Publicaciones/CarmenBurgos/Ensayo.pdf
La escuadra rusa adquirida por Fernando VII en 1817. Nikolay W. Mitiuckov y Alejandro Anca Alamillo. 2009 (Amares-División Editorial)
La Guerra de Sucesión de España (1700-1714). Joaquim Albareda Salvadó. 2012 (Editorial Crítica)
La huelga de la Canadiense (1919) - https://www.lamarea.com/2013/11/17/las-huelgas-que-se-ganaron-en-espana/
La participación de la mujer en la independencia: el caso de Manuela Sáez. Amy Taxin. 1999 (Revista Ecuatoriana de Historia, N.º 14. Corporación Editora) - http://repositorio.uasb.edu.ec/bitstream/10644/1457/1/RP-14-DE-Taxin.pdf
Las anécdotas de la política. Luis Carandell. 1999 (Editorial Planeta)
Lex Oppia en la Antigua Roma - https://teoriadelpoderenah.files.wordpress.com/2013/06/poder-sobre-mujeres.pdf
Ley de Peligrosidad y Rehabilitación Social (1970) - https://www.boe.es/boe/dias/1970/08/06/pdfs/A12551-12557.pdf
Ley de Sucesión en la Jefatura Del Estado (1947) https://www.boe.es/datos/pdfs/BOE/1947/160/A03272-03273.pdf
Ley Orgánica 5/1985, de 19 de junio, del Régimen Electoral General - https://www.boe.es/boe/dias/1985/06/20/pdfs/A19110-19134.pdf
Ley para la Reforma Política (1977) https://www.boe.es/buscar/doc.php?id=BOE-A-1977-165
Life Magazine - Vol. 18, N.º 21 - 21 May 1945 - https://books.google.co.in/books?id=50kEAAAAMBAJ
Life Magazine - Vol. 22, N.º 6 - 10 Feb 1947 - https://books.google.co.in/books?id=HEoEAAAAMBAJ
Listado de partidos políticos de broma - https://en.wikipedia.org/wiki/List_of_frivolous_political_parties

Listado de partidos políticos raros - https://www.lavanguardia.com/
muyfan/20150622/54432962459/politicos-mas-raros-mundo.html
Los leones del Congreso - https://elpais.com/politica/2018/04/02/diario_de_
espana/1522688101_593600.html
Los presidentes en zapatillas. María Ángeles López de Celis. 2010 (Espasa Libros)
Marietta Holley - https://www.britannica.com/biography/Marietta-Holley
Matilde Hidalgo Navarro, la primera mujer latinoamericana que ejerció el derecho
al voto - http://www.heroinas.net/2013/07/matilde-hidalgo-navarro.html
Memoirs of Nikita Khrushchev. Volumen III: Statesman, 1953-1964. Sergei Khrushchev.
2007. (Penn State Press)
Memoria breve de una vida pública. Manuel Fraga Iribarne. 1980 (Editorial Planeta)
Mentalidad justiciera de los irmandiños, siglo XV (Historia de los movimientos sociales).
Carlos Barros. 1993 (Siglo XXI de España Editores)
Michel Colucci Coluche, candidato a la presidencia de Francia (1981) - http://lesi-
tecoluche.free.fr/sommaire.htm
Milicia Nacional y revolución burguesa. Juan Sisinio Pérez Garzón. 1978 (Editorial
CSIC)
Modificación de la Ley de Vagos y Maleantes (1954) - https://cdnb.20m.es/
sites/76/2017/07/Modificaci%C3%B3n-Ley-de-Vagos-y-Maleantes-1954.pdf
Naciones acogidas al Tratado sobre la No Proliferación de las Armas Nucleares
(ONU) - http://disarmament.un.org/treaties/t/npt
Nikita Khrushchev y el zapato - https://www.nytimes.com/2003/07/26/opinion/
IHT-did-he-bang-it-nikita-khrushchev-and-the-shoe.html
No es lo mismo estar jodido que estar jodiendo nunca lo dijo Camilo José Cela
(Guillermo Fatás) - https://www.20minutos.es/opiniones/guillermo-fatas-no-
es-lo-mismo-estar-jodido-que-estar-jodiendo-camilo-jose-cela-2801954/
Noches áticas. Aulo Gelio (traducción de Santiago López Moreda). 2009 (Ediciones
AKAL)
Norman Mailer candidato a la alcaldía de Nueva York (1969)
- https://ephemeralnewyork.wordpress.com/2011/11/09/
when-norman-mailer-ran-for-mayor-in-1969/
Nota de prensa en *La Vanguardia* sobre la aprobación de la Ley de la Silla (1912)
- http://hemeroteca-paginas.lavanguardia.com/LVE07/HEM/1912/03/03/
LVG19120303-015.pdf
Nuevo Tesoro Lexicográfico de la Lengua Española - http://ntlle.rae.es/ntlle/
SrvltGUILoginNtlle
Objetivo: Matar a Franco. Llúcia Oliva. 1993 (Documental)
Operación 40 - https://spartacus-educational.com/JFKoperation40.htm
Orden de la jefatura del Estado para el adelanto de 60 minutos en el horario espa-
ñol (1940) https://www.boe.es/datos/pdfs/BOE/1940/068/A01675-01676.pdf
Orden ministerial del nuevo calendario universitario de Julio Rodríguez Martínez
(1974) - https://www.boe.es/boe/dias/1974/01/26/pdfs/A01481-01481.pdf
Partei für Arbeit, Rechtstaat, Tierschutz, Elitenförderung und basisdemokratische Initiative
(Partido por el Trabajo, Estado de Derecho, Protección de los Animales,
Fomento de las Élites e Iniciativas Democráticas de Base) - https://www.die-
partei.de/
Partido de los No Fumadores - http://partidonofumadores.blogspot.com/
Partido del Mutuo Apoyo Romántico - https://partidos-politicos.wikia.org/es/wiki/
Partido_del_Mutuo_Apoyo_Rom%C3%A1ntico
Partido Cannabis Por La Legalización Y Normalización (PCLYN) - https://enri-
quefornesangelesmyblog.wordpress.com/2009/05/30/texto-estatutos-partido-
politico-partido-cannabis-por-la-legalizacion-y-normalizacion-pclyn-partido-
cannabis/
Partido Reforma del Estado de Nostradamus - http://www.refesnos.com/
Partido-Anti-PowerPoint (APPP) - http://www.anti-powerpoint-party.com/es
Pedos de arenque - https://www.telegraph.co.uk/news/worldnews/europe/swe-
den/11173033/Sweden-hunts-for-suspected-Russian-submarine-in-Cold-War-
style-drama.html

Pennsylvania Dutch: The Story of an American Language de Mark L. Louden .2016 (Johns Hopkins University Press)
Piñericosas. The Clinic. 2013 (Editado por The Clinic)
Piñerismos - https://www.theclinic.cl/etiqueta/pinericosas/
Polska Partia Przyjaciół Piwa (Partido de los Amantes de la Cerveza de Polonia) - https://nowahistoria.interia.pl/polska-wspolczesna/news-polska-partia-przyjaciol-piwa-polityczne-kuriozum-w-potrojni,nId,1545289
Prelude to Downfall: the British offer of Union to France, June 1940. Avi Shlaim. 1974 - https://www.jstor.org/stable/260024
Primera ley del aborto durante la II República - https://elpais.com/diario/1983/02/13/espana/413938815_850215.html
Primera dama Edith Wilson - http://firstladies.c-span.org/FirstLady/30/Edith-Wilson.aspx
Primeras elecciones democráticas en España (1977) - http://hemeroteca-paginas.lavanguardia.com/LVE05/PUB/2007/06/15/LVG200706150211LB.pdf
Prohibición ministerial del trabajo industrial nocturno de las mujeres (1912) - https://www.boe.es/datos/pdfs/BOE/1912/194/A00094-00094.pdf
¿Protección o discriminación? A propósito de la Ley de la Silla. María Jesús Espuny Tomás y Guillermo García González. 2010 (*Universitas*. Revista de Filosofía, Derecho y Política)
Puedo prometer y prometo: mis años con Adolfo Suárez. Fernando Ónega. 2003 (Plaza & Janés Editores)
Read All About It!: A History of the British Newspaper. Kevin Williams. 2009. (Editorial Routledge)
Red Kelly, el músico de jazz candidato a gobernador - https://www.nytimes.com/2004/06/12/arts/red-kelly-76-bassist-and-mock-politician.html
Red Kelly, el músico de jazz candidato a gobernador - https://www.ourcampaigns.com/PartyDetail.html?PartyID=1746
Saint Tammany and the Origin of the Society of Tammany, or Columbian Order in the City of New York. Edwin Patrick Kilroe. 19913 (The Library of Congress) - https://archive.org/details/sainttammanyori00kil/page/n6
Siempre estuvieron ellas. Javier Santamarta del Pozo. 2018 (Editorial Edaf)
Sobrecogedores - http://blogs.periodistadigital.com/puntodevista.php/2011/07/06/p298522
Sounds produced by herring (Clupea harengus) bubble release. Magnus Wahlberg y Håkan Westerberg. 2003 - https://www.sciencedirect.com/science/article/pii/S0990744003000172
Spot Daisy Girl. Campaña electoral de las Presidenciales de Estados Unidos 1964. Candidato Lyndon B. Johnson - https://www.youtube.com/watch?v=kYk5MNjYhmk
Sucesión jefatura del Estado español. 22 de mayo 1975 - http://hemeroteca.abc.es/nav/Navigate.exe/hemeroteca/madrid/abc/1975/11/23/029.html
Teléfono Rojo entre Washington y Moscú - https://www.cryptomuseum.com/crypto/hotline/index.htm
The President I Almost Was. Mrs. Yetta Bronstein (Alan Abel). 1967 (Avon Publisher)
The Whisperers: Private Life in Stalin's Russia. Orlando Figes. 2007 (Editorial Penguin)
Torpeza diplomática de Benjamin Franklin https://www.cia.gov/library/readingroom/docs/DOC_0000872649.pdf
Tratado de Breda - https://www.ft.com/content/a3afe44c-769e-11e7-a3e8-60495fe6ca71
Tratado sobre la No Proliferación de las Armas Nucleares - https://unoda-web.s3-accelerate.amazonaws.com/wp-content/uploads/assets/WMD/Nuclear/pdf/NPTSpanish_Text.pdf
Voto a bríos - https://antoniolamadrid.wordpress.com/2015/12/20/voto-a-brios
Voto a bríos - https://cvc.cervantes.es/el_rinconete/anteriores/agosto_11/31082011_01.htm
Vuelve el listo que todo lo sabe. Alfred López. 2015 (Editorial Léeme Libros)
Web Historia Siglo XX - http://www.historiasiglo20.org

Web de Frederick Forsyth - http://www.frederickforsyth.co.uk/
Web de la Biblioteca de la Universidad de Wisconsin - https://uwdc.library.wisc.
    edu/collections/History/
Web de la Fundación Abraham Lincoln - https://www.lincolncollection.org/
Web de la Real Academia Española - http://www.rae.es/
Web del Congreso de los Diputados de España - http://www.congreso.es/
Web del Senado de España - http://www.senado.es/
Web sobre Alan Abel - http://www.alanabel.com/
Web sobre Winston Churchill - https://winstonchurchill.org
Wicked Wit of Winston Churchill. Dominique Enright. 2001. (Michael O'Mara Books)
Winston Churchill fotografiado por Yousef Karsh - https://iconicphotos.wordpress.
    com/2009/07/31/winston-churchill-by-yousef-karsh/
Ya está el listo que todo lo sabe. Alfred López. 2012 (Editorial Léeme Libros)

Este libro se terminó de imprimir, por encargo de Editorial Almuzara, el 4 de noviembre de 2019, tal día de 1995 muere asesinado por un estudiante judío extremista Isaac Rabin, Primer Ministro de Israel, Premio Nobel de la Paz y Premio Príncipe de Asturias de Cooperación Internacional.